SQL fácil

Pere Chardi García

SQL fácil

Pere Chardi García

marcombo
ediciones técnicas

SQL fácil

© Pere Chardi García, 2014

Primera edición, 2014

© MARCOMBO, S.A., 2014
Gran Via de les Corts Catalanes, 594
08007 Barcelona
www.marcombo.com

ISBN: 978-84-267-2100-6
DL: B-27673-2013

Impreso en Service Point S.A.
Printed in Spain

A Mònica, Lola y Gina

ÍNDICE

Prefacio

Este libro es fruto en primer lugar de una inquietud personal por explorar el campo de la docencia, y en segundo lugar, del fracaso cosechado al intentar encontrar un trabajo para ejercer de docente. Decidí entonces convertir este fracaso en una oportunidad para desarrollar este libro, como ejercicio personal, con el propósito de que usted encuentre en él el libro que andaba buscando.

El objetivo de este libro es ofrecer un medio para que el principiante aprenda el lenguaje de consulta estructurado SQL con «facilidad», y el iniciado comprenda mejor, y quizás descubra, ciertos aspectos de la materia. La metodología del libro pretende ofrecer un sistema de aprendizaje motivador, sin más teoría que la necesaria para empezar a abordar las bases del lenguaje SQL, y usando siempre ejemplos y casos prácticos con el propósito de facilitar la comprensión e ilustrar toda su potencia. Los ejercicios resueltos le permitirán desarrollar sus conocimientos, y, además, dispondrá de una extraordinaria herramienta, una consola SQL para practicar y jugar con el lenguaje que encontrará en la página web: sqlfacil.com. En esencia pretende ser un procedimiento de aprendizaje ameno, con el que el principiante encuentre la motivación y el interés suficiente por la materia que muchas veces no se alcanza por parecer al principio un asunto demasiado tedioso y difícil de entender, cuando en realidad no lo es, o si usted quiere, su complejidad es solamente relativa.

Durante el desarrollo del libro se ha intentado abordar los conceptos desde una perspectiva divulgativa, acompañando las explicaciones de símiles cotidianos que ayuden a comprender la materia. Esto no siempre ha sido posible y algunas partes del libro requieren más esfuerzo por parte del lector. En cualquier caso el libro profundiza en el lenguaje SQL lo suficiente como para que al finalizarlo el lector adquiera un conocimiento sólido y amplio de la materia.

Tómeselo con paciencia, lea los capítulos con calma, asimilando lo que se explica. Desarrolle los ejercicios sin mirar las soluciones de entrada, y solo hágalo después de realizarlos, haya encontrado o no una solución. Es muy importante que trabaje los conceptos con ayuda de los ejercicios. Equivocarse le indicará cuáles son sus carencias y le permitirá mejorar. Equivocarse es recorrer el camino. Hallar la solución es solo la confirmación de que ha asimilado lo que se pretendía, y será, por tanto, el final del camino.

Primera Parte

Capítulo 1

BASES DE DATOS

Las bases de datos existen desde que el ser humano empezó a almacenar datos en algún soporte. Si por datos entendemos dibujos, que lo son, entonces las primeras bases de datos fueron las paredes de las cuevas donde nuestros ancestros dibujaron las pinturas rupestres.

Posteriormente los egipcios crearon grandes estructuras arquitectónicas que usaron, entre otras cosas, como soporte para almacenar datos y narrar la historia del antiguo Egipto en sus paredes. El tiempo transcurrió hasta el punto de que el significado de todos esos símbolos se perdió, sin embargo, la base de datos perduró lo suficiente para que se consiguieran descifrar los jeroglíficos a tiempo, de modo que todos esos datos, esa faraónica base de datos, cobró de nuevo todo su sentido. De hecho, el valor de toda esa información es mayor que todos los tesoros que pudiesen esconder tumbas y templos. Los arqueólogos esperan encontrar en los nuevos hallazgos, antes que objetos y tesoros, nuevos jeroglíficos que les permitan conocer algún episodio olvidado de la historia de esta fascinante civilización. En ocasiones es esa misma información la que proporciona las pistas para descubrir nuevos hallazgos.

En la actualidad las bases de datos informáticas han quitado todo el protagonismo a sus antecesoras, los archivos de papel, que aún se siguen usando en algunos ámbitos concretos. Bases de datos informáticas han habido de varios tipos, pero las que más han proliferado son las que se tratarán en este libro, las bases de datos relacionales. Anteriormente se usaron las bases de datos jerárquicas, y, con posterioridad a estas, las bases de datos en red, actualmente sistemas en desuso. En la actualidad las bases de datos relacionales están plenamente asentadas en los sistemas de información informáticos, pero recientemente ha surgido un nuevo paradigma de bases de datos conocidas como NoSQL, un ejemplo es MongoDB, cuyo modo de funcionamiento es muy distinto al de las bases de datos relacionales que trata este libro. Estas bases de datos han sido impulsadas por las grandes compañías de Internet como Google, Facebook… ante la necesidad de procesar un enorme volumen de datos en tiempos aceptables.

Para encauzar el aprendizaje del lenguaje de consulta SQL empezaremos por conocer la estructura de almacenamiento que usa una base de datos relacional. En este caso no son paredes, ni montones de papel lo que se usa para almacenar la información, sino que se almacena en soportes informáticos bajo una estructura lógica de almacenamiento, como la tiene un archivo de papel, por ejemplo: edificio, planta, pasillo, ubicación, ficha. De este modo es posible recuperar la información que interesa de un modo ágil, gracias a los índices y la estructura organizada del archivo. A continuación se verá cómo estructura la información una base de datos relacional. Pero antes, establezcamos unas pocas definiciones.

BASE DE DATOS RELACIONAL

Una base de datos (BD), o mejor dicho, un sistema gestor de bases de datos (SGBD), es un *software* que gestiona una o más bases de datos y nos permite explotar la información almacenada en ellas de una forma relativamente simple mediante SQL.

Esta es una definición muy simplificada, pero para que el aprendizaje sea distendido lo supondremos así. De ese modo podemos centrarnos en aprender cómo y con qué propósito accedemos a los datos, dejando para más adelante cómo crear, alimentar o modificar la BD. Algunos ejemplos de SGBD son: Oracle, MySQL, SQLite, MS SQL Server…

En este libro se empleará un SGBD MySQL, de modo que los ejemplos y ejercicios están diseñados para MySQL, y la consola SQL, accesible desde la web sqlfacil.com, accede a una base de datos MySQL. **No se debe confundir con un libro para MySQL**, no lo es, aplicar lo aprendido a uno u otro SGBD será cuestión únicamente de conocer la sintaxis de cada sistema y sus funcionalidades para interactuar con sus bases de datos. Por ejemplo, si usted realiza un curso para escritores en castellano, donde aprende técnicas y trucos para escribir una novela negra, es de esperar que no tenga que realizar el mismo curso en francés porque desea escribir su novela en francés, para ello bastará con que sepa usted francés. Afortunadamente el estándar SQL empleado por los distintos SGBD es muy similar y en muchas cosas idéntico, no comparable a las diferencias que encontramos entre el castellano y el francés.

ESTRUCTURA MÍNIMA DE ALMACENAMIENTO

* **Tabla**

  Objeto de almacenamiento perteneciente a una BD. Es una estructura en forma de cuadrante donde se almacenan registros o filas de datos. Cada tabla tiene un nombre único en la BD.

* **Registro**

  Cada una de las filas de una tabla. Está compuesto por campos o atributos.

* **Campo**

  Cada uno de los «cajoncitos» de un registro donde se guardan los datos. Cada campo tiene un nombre único para la tabla de la cual forma parte, además es de un tipo (naturaleza) determinado. Por tanto, no se pueden guardar limones en el cajón de las naranjas. En términos informáticos y a modo de ejemplo, no encontraremos un dato alfanumérico (letras y números) en un campo diseñado para guardar datos numéricos. Dedicaremos un capítulo a los tipos de datos más adelante.

Estas son todas las definiciones que necesitamos. Veamos ahora un ejemplo concreto de tabla.

EJEMPLO DE TABLA

Tabla EMPLEADOS

ID_EMPLEADO	NOMBRE	APELLIDOS	F_NACIMIENTO	SEXO	CARGO	SALARIO
1	Carlos	Jiménez Clarín	1985-05-03	H	Mozo	1500
2	Elena	Rubio Cuestas	1978-09-25	M	Secretaria	1300
3	José	Calvo Sisman	1990-11-12	H	Mozo	1400
4	Margarita	Rodríguez Garcés	1992-05-16	M	Secretaria	1325.5

Cada registro o fila de datos contiene información de un empleado. En el ejemplo observamos que la tabla tiene un diseño de siete campos y que almacena cuatro registros. El nombre de cada campo viene dado por la fila de encabezado. El dato que contiene el campo ID_EMPLEADO identifica cada registro, pero por ahora no le demos importancia a esto.

Los registros o miembros de una tabla tienen en común sus atributos, no el dato en sí, que lo más probable es que difiera de un registro a otro, pero sí el hecho de que todos ellos poseen esos atributos. En el ejemplo los miembros de la tabla EMPLEADOS tiene en común que todos ellos son personas empleadas en una empresa, que tienen un nombre y un salario, una fecha de nacimiento, etc. Por lo tanto las tablas de una BD guardan información de individuos o unidades de una misma naturaleza con una serie de atributos en común.

RESUMEN

Una BD contendrá tablas que a su vez contendrán registros y en estos se encontrarán los datos distribuidos en una serie de campos. Cada registro de una tabla guarda la información particular de una unidad o miembro de un mismo grupo. El SGBD cumple la función de interfaz entre el usuario y la BD, permitiéndonos interactuar con ella mediante SQL.

Preguntarse cuándo los ordenadores podrán pensar es como preguntarse cuándo los submarinos podrán nadar.

Edsger W. Dijkstra

Capítulo 2

CONSULTAS SQL I

Si este fuese un manual de SQL, o alguno de los muchos cursos de SQL que se pueden encontrar, ahora tocaría abordar la instalación de un SGBD para posteriormente crear una BD con algunas tablas de ejemplo con las que empezar a trabajar. Pero este libro pretende ser diferente. Si ahora se expusiera lo antes mencionado, corremos el riesgo de que usted pierda el interés por la materia, además, el SQL no incluye la instalación del SGBD ni la creación de tablas. Si usted, por ejemplo, desea aprender electricidad, ¿acaso ha de fabricar bombillas, cables y el generador eléctrico con el que poder trabajar? Obviamente, no.

En este libro la BD y las tablas con las que trabajar las tiene accesibles mediante la consola SQL (disponible en la web: *http://sqlfacil.com*), así que empezaremos directamente por lo que será la tónica de este libro: las consultas SQL, que es, digamos, donde está la miga, dejando para más adelante la creación de tablas y cómo modificar la información. A fin de cuentas no tiene demasiado sentido aprender a crear tablas cuando aún no sabe qué hacer con ellas.

CONSULTAS SQL

Abordemos las consultas SQL con un caso práctico. Sobre la tabla EMPLEADOS se plantea la siguiente cuestión:

¿Qué empleados tienen un salario mayor a 1350?

ID_EMPLEADO	NOMBRE	APELLIDOS	F_NACIMIENTO	SEXO	CARGO	SALARIO
1	Carlos	Jiménez Clarín	1985-05-03	H	Mozo	1500
2	Elena	Rubio Cuestas	1978-09-25	M	Secretaria	1300
3	José	Calvo Sisman	1990-11-12	H	Mozo	1400
4	Margarita	Rodríguez Garcés	1992-05-16	M	Secretaria	1325.5

La respuesta es simple: José y Carlos tiene un salario mayor a 1350, pero si tuviésemos 500 empleados nos llevaría más tiempo responder, y al final tampoco tendríamos la certeza de no habernos equivocado. El SQL nos permite responder a estas preguntas de forma rápida y fiable, salvo error al construir la consulta o errores en los propios datos.

Vamos pues a construir la consulta que nos permita responder a esta cuestión.

PREGUNTAS DE CONSTRUCCIÓN

Para construir una consulta SQL debemos hacernos como mínimo tres preguntas:

Primero hemos de preguntarnos: ¿qué datos nos están pidiendo?
En este caso, el nombre y los apellidos de los empleados.

Lo siguiente que nos preguntamos es: ¿dónde están esos datos?
Obviamente están en la tabla empleados.

Y por último: ¿qué requisitos deben cumplir los registros?
En este caso, que el sueldo del empleado sea superior a 1350.

Vamos a suponer por un momento que el SGBD, que es quien intermedia entre el usuario y la BD, fuese una persona; la BD un archivo de papel, y el jefe pide lo siguiente: «Necesito saber: ¿qué empleados cobran más de 1350 euros?». Usted, que conoce bien el archivo (tablas) y qué datos contiene la ficha de un empleado (campos de la tabla EMPLEADOS), mentalmente se hace las preguntas de construcción y le dice a su ayudante que siempre espera ordenes concretas:

Seleccióname el NOMBRE y los APELLIDOS
del archivo EMPLEADOS
cuyo SALARIO sea mayor a 1350

El ayudante sirve la petición y se la entrega para que finalmente usted se la facilite a su jefe. ¿Qué papel ocuparían hoy en una empresa moderna? El jefe sigue siendo el jefe, eso está claro, pero usted ha pasado a ser el informático, y su ayudante el SGBD.

SINTAXIS SQL

En SQL la forma de operar es parecida. Esta información se obtiene mediante la siguiente consulta:

Código 2.1
```
select NOMBRE , APELLIDOS
  from EMPLEADOS
 where SALARIO > 1350
```

Obsérvese que en la consulta los nombres de los objetos de base de datos (tabla y campos) los escribimos en mayúsculas, mientras que para las palabras reservadas de la consulta SQL (select, from, where) lo hacemos en minúsculas; esto tiene únicamente un propósito estético, con intención de hacer el código más ordenado y legible. Puede no ser así siempre, dependiendo del SGBD y/o del sistema operativo (Windows, Linux, ...) donde trabaje el SGBD, este puede ser sensible a mayúsculas y minúsculas.

27

Y el resultado que nos devuelve el SGBD es:

NOMBRE	APELLIDOS
Carlos	Jiménez Clarín
José	Calvo Sisman

Parecido a lo que nos entregaría nuestro ayudante en el archivo, una lista con la respuesta o solución a la cuestión planteada. Como ve, tanto el modo de solicitar la información al SGBD, sea clásico o informatizado, como el modo en que este nos muestra la información, son muy similares, al menos en este caso. No podemos afirmar lo mismo del tiempo en que uno y otro tardan en facilitarnos la información solicitada.

FORMA GENERAL

En general una consulta SQL simple tendrá la siguiente forma:

Código:
```
select NOMBRE_CAMPO_1, ..., NOMBRE_CAMPO_N
  from NOMBRE_TABLA
 where CONDICION
```

El SQL permite al usuario desentenderse de cómo el SGBD ejecuta la consulta, al igual que usted se desentiende de cómo su ayudante en el archivo de papel se las ingenia para facilitarle la información. Usted esperará pacientemente tras el mostrador a que su ayudante prepare su pedido y le entregue los datos. Dicho de otro modo, basta con saber cómo pedir la información y no cómo proceder a reunirla.

RESUMEN

Hemos visto cómo construir una consulta SQL simple y concreta, que nos da la solución a una cuestión concreta.

Se ha definido la forma general de una consulta SQL simple:

Código:
```
select NOMBRE_CAMPO_1, …, NOMBRE_CAMPO_N
  from NOMBRE_TABLA
 where CONDICION
```

Destacar también la utilidad de las preguntas de construcción para ayudarnos a construir la consulta.

1. ¿Qué datos nos piden?
2. ¿Dónde están los datos?
3. ¿Qué requisitos deben cumplir los registros?

En una empresa moderna un informático cumple la función de encargado del archivo, y sus ayudantes son hoy los sistemas informatizados.

EJERCICIO

Intente hallar una consulta que devuelva el nombre, apellidos y la fecha de nacimiento de aquellos empleados que cobren más de 1350 euros.

Sugerencia: si accede a la consola SQL desde la página web **sqlfacil.com** y ejecuta el siguiente comando:

Código:
```
desc EMPLEADOS
```

El SGBD le mostrará una descripción de la tabla EMPLEADOS, de modo que tendrá presente todos los campos de la tabla. Esto le puede resultar útil para desarrollar los ejercicios.

El logro más impresionante de la industria del software es su continua anulación de los constantes y asombrosos logros de la industria del hardware.

Henry Petroski

Capítulo 3

CONSULTAS SQL II

En el capítulo anterior hemos construido con éxito nuestra primera consulta:

Código 3.1

```
select NOMBRE , APELLIDOS
  from EMPLEADOS
 where SALARIO > 1350
```

LAS TRES CLÁUSULAS Y LAS PREGUNTAS DE CONSTRUCCIÓN

Fijémonos ahora en las tres cláusulas de la anterior consulta SQL y en qué relación guardan con las preguntas de construcción:

1. Cláusula **SELECT**: donde indicamos los campos de la tabla que queremos obtener, separados por comas. Responde a la pregunta: ¿qué datos nos piden?

2. Cláusula **FROM**: donde indicamos en qué tabla se encuentran estos campos. Responde a la pregunta: ¿dónde están los datos?

3. Cláusula **WHERE**: donde establecemos la condición que han de cumplir los registros de la tabla que serán seleccionados. Responde a la pregunta: ¿qué requisitos deben cumplir los registros? Es, de hecho, donde se

establece el filtro de registros, es decir, qué registros se tomarán en consideración para mostrar sus datos y cuáles no.

MODIFICANDO LA CLÁUSULA WHERE

Imaginemos ahora la siguiente cuestión: ¿qué empleados tienen un sueldo comprendido entre 1350 y 1450?

ID_EMPLEADO	NOMBRE	APELLIDOS	F_NACIMIENTO	SEXO	CARGO	SALARIO
1	Carlos	Jiménez Clarín	1985-05-03	H	Mozo	1500
2	Elena	Rubio Cuestas	1978-09-25	M	Secretaria	1300
3	José	Calvo Sisman	1990-11-12	H	Mozo	1400
4	Margarita	Rodríguez Garcés	1992-05-16	M	Secretaria	1325.5

Si nos hacemos las preguntas de construcción:

1. ¿Qué datos nos piden?
2. ¿Dónde están los datos?
3. ¿Qué requisitos deben cumplir los registros?

Observamos que para las dos primeras preguntas las respuestas son idénticas a la anterior cuestión, pero para la tercera es distinta. Esto nos indica que las cláusulas SELECT y FROM no van a cambiar respecto a la anterior consulta, y solo lo hará la cláusula WHERE, así que podemos tomar la anterior consulta como patrón y modificarla para adaptarla a lo que se nos pide ahora.

Consulta patrón:

Código 3.1
```
select NOMBRE , APELLIDOS
  from EMPLEADOS
 where SALARIO > 1350
```

Antes el salario debía ser mayor a 1350. Ahora debe estar comprendido entre 1350 y 1450, ambos inclusive. La cláusula WHERE la construiremos de la siguiente manera:

Código

where SALARIO >= 1350 and SALARIO <= 1450

Y se lee así: donde el salario sea mayor o igual a 1350 y menor o igual a 1450.

La consulta quedaría:

Código 3.2

```
select NOMBRE , APELLIDOS
  from EMPLEADOS
 where SALARIO >= 1350 and SALARIO <= 1450
```

Si comparamos las dos consultas, se observa cómo únicamente difieren en la cláusula where.

EL OPERADOR BETWEEN

Existe otro modo de obtener la mismo resultado aprovechando más los recursos del SQL mediante el operador BETWEEN ('entre'). La consulta es equivalente y quedaría de la siguiente manera:

Código 3.3

```
select NOMBRE , APELLIDOS
  from EMPLEADOS
 where SALARIO between 1350 and 1450
```

Es decir: donde el salario esté entre 1350 y 1450 ambos inclusive.

Y el resultado que nos devuelve el SGBD es:

NOMBRE	APELLIDOS
José	Calvo Sisman

EL MOTOR SQL

Aunque en el capítulo anterior se dijo que el SQL nos permite desentendernos de cómo se reúnen los datos, en un futuro nos vendrá bien entender de forma lógica su manera de proceder. Veamos cómo ejecuta esta consulta el motor SQL del SGBD. Primero seleccionará los registros que cumplen la condición de la cláusula WHERE, para ello debe recorrer todos los registros de la tabla y decidir, en función de la condición, si lo toma en consideración o no. Al final reunirá los campos indicados en la cláusula SELECT de la tabla indicada en la cláusula FROM cuyos registros han sido seleccionados por la cláusula WHERE.

RESUMEN

Se ha dividido una consulta SQL concreta en tres cláusulas, se ha relacionado cada cláusula con las preguntas de construcción, se ha tomado como patrón una consulta para modificarla y adaptarla a los nuevos requisitos.

EJERCICIO

Intente hallar una consulta que devuelva el nombre y apellidos de los empleados que cobren menos de 1350 euros.

Capítulo 4

TIPOS DE DATO

Como ya se ha dicho la tónica de este libro va a ser *selects* y más *selects*. Sin embargo, antes de seguir desarrollando las consultas SQL, debemos hacer un alto en el camino y hablar de los **tipos de dato**, asunto que trataremos a continuación, y de los **operadores**, que veremos en el próximo capítulo. Es importante entender bien estos conceptos.

Cuando usted durante su infancia jugaba a encajar piezas en un juego similar a este:

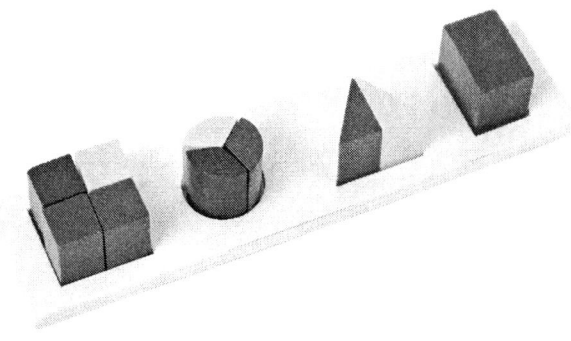

Una de las cosas que aprendía era a diferenciar tipologías de estructuras y encajarlas en una ubicación compatible. A base de prueba y error finalmente lograba completar el rompecabezas, y tras muchas sesiones el juego era trivial y su ejecución evidente, usted había asimilado completamente el concepto que el juego plantea. Podemos decir que usted aprendió a asociar tipos de objetos con tipos de ubicación después de entender que un tipo de objeto concreto solo encaja en su tipo de ubicación correspondiente.

Los tipos de dato son como este juego de niños, cualquier dato es de un tipo concreto, como las piezas del juego, y cuando diseñamos una tabla, o un impreso de papel, diseñamos los campos para ubicar un tipo de dato concreto.

Otro aspecto a tener en cuenta es el tamaño del dato, si al niño que juega con las piezas se las cambiamos por piezas de mayor tamaño, pero las ubicaciones las mantenemos igual, crearemos un conflicto. De pronto lo que funcionaba ya no funciona. El niño ejecuta como antes el procedimiento exitoso, pero por mucho que se esfuerza las piezas no logran encajar. Si el niño es muy bruto y la diferencia de tamaño entre el objeto y su ubicación es suficientemente pequeña, las piezas pueden llegar a encajar, como pasa con los impresos donde, por ejemplo, en un campo diseñado para albergar treinta letras como máximo, siempre hay quien logra escribir treinta y dos, pero en una BD relacional esto es mucho más cerrado, no se puede calzar un cuarenta en un zapato del treinta y nueve, el SGBD devuelve un error y la operación es rechazada.

Así pues diremos que todo dato es de un tipo concreto y tiene un tamaño determinado. En consecuencia, cuando diseñamos una tabla, diseñaremos sus campos para ubicar un tipo de dato concreto y estableceremos un tamaño máximo para cada campo.

TIPOS DE DATO

Tipo de dato es un concepto propio de la informática, presente en cualquier lenguaje de programación, donde cada entorno de programación tiene su modo particular de definirlos. Los hay muy diversos, clasificados por grupos, definidos por el usuario... pero para lo que aquí nos ocupa vamos a considerar solamente estos cuatro tipos de dato:

- **Cadena** (cadena de texto o alfanumérica)
- **Número entero** (sin decimales)
- **Número decimal** (parte entera + parte decimal)
- **Fecha**

Como ya se ha dicho, cada entorno tiene su modo particular de definir los tipos de dato, aunque todos ellos se rigen en mayor o menor medida por un estándar. Veamos cómo se definen cada uno ellos en MySQL:

- Cadena: **VARCHAR**(tamaño)

   Las cadenas de texto son de tipo VARCHAR, y su tamaño máximo para un campo concreto se especifica indicando su longitud entre paréntesis. Por ejemplo: Al diseñar la tabla EMPLEADOS, se debe valorar qué longitud máxima se establece para el campo NOMBRE, de manera que pueda albergar cualquier nombre de persona que se pueda dar. En el caso de la tabla EMPLEADOS se decidió que como mucho un nombre no sobrepasa las 30 letras o caracteres, de modo que el tipo de dato para este campo se definió como: VARCHAR(30). Es decir, en el campo NOMBRE de la tabla EMPLEADOS se puede guardar cualquier cadena alfanumérica de hasta 30 caracteres. Fíjese que al hablar de tamaño máximo estamos hablando de la ubicación para muchos posibles datos, no del dato en sí.

   Cuando indicamos constantes en una consulta SQL, **las cadenas de texto** a diferencia de los números, y ahora estamos hablando del dato en sí, **siempre se entrecomillarán** para indicar al SGBD que se trata de un dato de tipo cadena y no de un dato de tipo número. Por ejemplo, supongamos que queremos saber ¿qué salario tiene Elena Rubio

Cuestas?, un modo de hacerlo es realizar una consulta SQL que filtre por los apellidos. Para tal propósito estableceremos una constante alfanumérica en la cláusula WHERE exigiendo que sea igual al campo APELLIDOS, y esta deberá ir entrecomillada.

Código 4.1

```
select SALARIO
  from EMPLEADOS
 where APELLIDOS = 'Rubio Cuestas'
```

Fíjese que ahora no hablamos de tamaño máximo, en todo caso podemos hablar del tamaño concreto del dato. En el caso de la constante 'Rubio Cuestas' su tamaño es 13.

Existen más tipos de dato para cadenas, cada uno con diferentes prestaciones, pero con el tipo VARCHAR nos sobra, así que asumiremos que es el único que existe.

- Número entero **INT**:

A diferencia del tipo VARCHAR, donde establecemos el tamaño máximo, para los números enteros existen varios tipos de dato de tamaño fijo; elegiremos uno u otro en función del tamaño máximo que necesitamos establecer. Cuando tratamos números es más correcto hablar de rango que de tamaño, es decir, bajo qué rango de valores (máximo y mínimo) podemos operar con ese tipo. Como hicimos con el tipo cadena, nos quedaremos con uno para simplificar: el tipo INT.

El valor máximo y mínimo que puede alcanzar un número de este tipo es suficientemente alto y bajo como para no preocuparse por ello en el contexto de este libro. Recuerde que a diferencia de las cadenas NO debe entrecomillarse en las Consultas SQL cuando aparezca como constante.

Ejemplo de número entero: 3467

- Número decimal **FLOAT** (coma flotante):

Para los números decimales también existen varios tipos de dato con diferente rango de valores posibles, la parte entera se separa con un punto de la parte decimal. Asumiremos que solo existe el tipo FLOAT, con un rango de valores posibles suficientemente amplio. Y como aunque decimal no deja de ser un número, NO debe entrecomillarse en las Consultas SQL.

Ejemplo de número decimal: 3467.00

- Fecha: **DATE**

El tipo DATE tiene el tamaño apropiado para registrar un dato de: año + mes + día. Existe también el tipo DATATIME por ejemplo, que además del día registra la hora, y algunos más que no vamos a considerar.

Un dato de tipo DATE y/o DATETIME se expresa en forma de cadena con un formato determinado, de modo que quien procesa ese dato sabe cuál es el año, el día o el mes en función de la posición que ocupa en la cadena alfanumérica.

Por ejemplo, tenemos el siguiente dato: 4 de noviembre de 2006, para expresar este dato debemos hacerlo de la siguiente forma: 'aaaammdd' donde aaaa indica cuatro dígitos para el año, mm dos dígitos para el mes y dd dos dígitos para el día. De modo que el 4 de noviembre de 2006 lo expresaríamos así: '20061104'.

Al expresarse en forma de cadena, o si usted quiere, como una cadena con un formato concreto y sus posibles valores restringidos a una fecha válida, debe siempre entrecomillarse cuando aparece como constante en consultas SQL.

Existen otros modos de trabajar con datos de tipo DATE, pero por el momento supondremos que es el único modo que tenemos.

EJEMPLO

Para finalizar el capítulo echemos un vistazo a los tipos de dato, bajo la columna titulada TYPE, de cada uno de los campos de la de la tabla EMPLEADOS:

FIELD	TYPE	NULL	KEY	DEFAULT	EXTRA
ID_EMPLEADO	int(10) unsigned	NO	PRI		
NOMBRE	varchar(30)	NO			
APELLIDOS	varchar(50)	NO			
F_NACIMIENTO	date	NO			
SEXO	varchar(1)	NO			
CARGO	varchar(30)	NO			
SALARIO	float unsigned	NO			

No confundir int(10) con número entero de 10 dígitos, el 10 entre paréntesis no expresa el rango de valores posibles, esto es una particularidad de MySQL y tiene que ver con el formato del número para impresión y no con su tamaño. Como ya se ha dicho el rango de valores para el tipo INT es fijo y va implícito en el propio tipo de dato. Observe también que tanto para el tipo INT como para el tipo FLOAT pueden definirse como UNSIGNED (sin signo), esto permite ampliar el rango de números positivos en detrimento de los negativos, de modo que el valor mínimo en el caso de definirlo como UNSIGNED es cero y el número mayor posible a almacenar es el doble de grande que un campo numérico con signo, que sí permite números negativos. Digamos que al no necesitar números negativos se desplaza el rango de valores para tener más números positivos disponibles.

RESUMEN

Cualquier dato es de un tipo concreto y tiene un tamaño determinado, en consecuencia cuando diseñamos una tabla, diseñaremos sus campos para ubicar un tipo de dato concreto y estableceremos un tamaño máximo para cada campo.

El tamaño máximo o rango de valores puede ir implícito en el propio tipo de dato, como es el caso del tipo INT, o bien debe especificarse en tiempo de diseño como ocurre con el tipo VARCHAR.

Las constantes de tipo VARCHAR o cadenas de texto van siempre entrecomilladas, a diferencia de los números(INT y FLOAT).

Las fechas o datos de tipo DATE, se expresan en forma de cadena con un formato determinado, concretamente: 'aaaammdd' donde aaaa es el año, mm es el mes y dd es el día. Al ser cadenas deben siempre entrecomillarse.

EJERCICIOS

Ejercicio 1

Defina de qué tipo de dato crearía los campos, y su tamaño máximo si se tercia, para albergar los siguientes datos:

- 'Hola mundo'

- 9.36

- 4564

- 'Esto es un ejercicio de tipos de datos'

- 8 de enero de 1998

Ejercicio 2

Formatee en una cadena, según se ha visto en este capítulo, las siguientes fechas.

- 23 de agosto de 1789

- 8 de enero de 1998

Lo mejor de los booleanos es que si te equivocas estás a un solo bit de la solución correcta.

Anónimo

Capítulo 5

OPERADORES

Un operador, como su propio nombre indica, es quien opera, normalmente entre dos operandos, estableciendo una operación que al ejecutarla se obtiene un resultado.

Por ejemplo en matemáticas: 3 + 4

"+" es el operador, "3" y "4" son los operandos.
El resultado de esta operación es 7.

A modo de apunte diremos, aunque poco tenga que ver con este capítulo, que el SQL permite calcular ciertas operaciones matemáticas tanto en la cláusula SELECT, para obtener resultados, como en la cláusula WHERE, para establecer condiciones:

Código
```
select 3 + 4
```

A la pregunta: ¿Qué empleados tienen un salario mayor de 1350?, se puede construir la consulta SQL así, sustituyendo 1350 por: 1300 + 50.

Código
```
select NOMBRE , APELLIDOS
  from EMPLEADOS
 where SALARIO > 1300 + 50
```

LÓGICA BOOLEANA

Lo que se pretende abordar en este capítulo principalmente es la lógica booleana, que es la que nos permite establecer condiciones. Advierto que este capítulo puede resultar un poco duro, si tiene dificultades para entender lo que trata, no se preocupe e intente quedarse con la idea de fondo.

Cuando usted jugaba al ya clásico juego de ¿Quién es quién?

Usted estaba aplicando lógica booleana para descubrir el personaje que su contrincante escondía. Usted lanzaba preguntas con el propósito de saber si una característica del personaje misterioso era cierta o falsa, y si era cierta, descartaba los personajes que no presentaban esa característica. El SGBD hace algo muy parecido, usted establece una característica en la cláusula WHERE de la consulta SQL, y el SGBD descarta los registros en que la característica es falsa, mientras que mantiene aquellos en los que es cierta.

EXPRESIONES BOOLEANAS

Si usted jugando a ¿Quién es quién? preguntaba a su contrincante: ¿Tiene barba?, lo que en realidad estaba preguntando era: ¿EL PERSONAJE MISTERIOSO tiene BARBA? Pues bien, esto es una expresión booleana donde:

«tiene» es el operador, «EL PERSONAJE MISTERIOSO» es un operando variable, que depende del personaje elegido por su contrincante, y «BARBA» es un operando constante. El resultado de aplicar esta expresión a un personaje concreto dará *cierto* si el personaje tiene barba, y *falso* en caso contrario.

Cuando en la primera consulta de este libro:

Código 5.1
```
select NOMBRE , APELLIDOS
  from EMPLEADOS
 where SALARIO > 1350
```

Indicábamos en la cláusula WHERE: SALARIO > 1350 (¿es SALARIO mayor a 1350?), estábamos estableciendo una expresión booleana donde:

">" es el operador, «SALARIO» es un operando variable, que tomará valores de cada registro de la tabla EMPLEADOS, y «1350» es un operando constante. El resultado de esta expresión depende del valor que tome la variable SALARIO, pero en cualquier caso solo puede dar dos posibles resultados: cierto o falso. Por lo tanto, una expresión booleana solo tiene dos posibles resultados.

El motor SQL evalúa la expresión booleana de la cláusula WHERE para cada registro de la tabla, y el resultado determina si el registro que se está tratando se tomará en consideración. Lo hará si el resultado de evaluar la expresión es cierto, y lo ignorará si el resultado es falso.

EJEMPLOS DE EXPRESIONES BOOLEANAS

- 4 > 3 : ¿es cuatro mayor que tres?
- 3 = 12 : ¿es tres igual a doce?
- 'Aranda, Pedro' < 'Zapata, Mario' : ¿es 'Aranda, Pedro' menor que 'Zapata, Mario'?

Fíjese que los operandos son del mismo tipo, en este caso tipo INT en los dos primeros ejemplos y VARCHAR en el tercero. Sin embargo, el resultado obtenido en todos ellos es un dato de tipo booleano, sus posibles valores son: cierto o falso.

(4 > 3) = cierto
(3 = 12) = falso
('Aranda, Pedro' < 'Zapata, Mario') = cierto

Por orden alfabético 'Aranda, Pedro' está posicionado antes que 'Zapata, Mario' , por lo tanto es menor el primero que el segundo.

OPERADORES

Los operadores más usados que nos permiten construir expresiones booleanas son:

- **>** : "A > B" devuelve cierto si A es estrictamente **mayor que** B, de lo contrario devuelve falso.
- **<** : "A < B" devuelve cierto si A es estrictamente **menor que** B, de lo contrario devuelve falso.
- **=** : "A = B" devuelve cierto si A es **igual a** B, de lo contrario devuelve falso.
- **>=** : "A >= B" devuelve cierto si A es **mayor o igual a** B, de lo contrario devuelve falso.

- **<=** : "A <= B" devuelve cierto si A es **menor o igual a** B, de lo contrario devuelve falso.
- **!=** : "A != B" devuelve cierto si A es **distinto a** B, de lo contrario devuelve falso. Para este mismo propósito puede usar la notación: "A <> B".

Al construir expresiones con estos operadores, los dos operandos deben ser del mismo tipo, ya sean números, cadenas o fechas.

OPERADORES LÓGICOS

Los operadores lógicos permiten formar expresiones booleanas tomando como operandos otras expresiones booleanas. Fíjese que en las expresiones vistas anteriormente, los operandos debían ser números, cadenas o fechas, ahora sin embargo, los operandos deben ser expresiones booleanas, el conjunto forma una nueva expresión booleana que, como toda expresión booleana, dará como resultado cierto o falso.

- **AND** : "A and B" devuelve cierto si A y B valen cierto, y falso en cualquier otro caso.
- **OR** : "A or B" devuelve cierto si A o B valen cierto, y falso únicamente cuando tanto A como B valen falso.
- **NOT** : "not A" devuelve falso si A vale cierto, y cierto si A vale falso.

Veamos una aplicación en el mundo cotidiano. Supongamos el siguiente anunciado:

Mi jefe quiere contratar a una persona para repartir género, solamente pueden optar a la vacante aquellos candidatos que tengan vehículo propio y licencia de conducir automóviles. Como candidatos tenemos a Ángela, que tiene licencia pero no tiene vehículo. A Salva, que tiene licencia y vehículo. Y a Teresa, que tiene vehículo pero de momento no tiene licencia. ¿Quiénes pueden pasar al proceso de selección?

SQL fácil

Convertimos el anunciado en una expresión booleana:

Sea C: pasa al proceso de selección.

Sea A: tiene vehículo propio.

Sea B: tiene licencia de conducir automóviles.

Entonces para que un candidato satisfaga C, se debe dar A y B:

C = A and B

Resolvamos la expresión para cada candidato:

Aplicado a Ángela: **C** = (A and B) = (falso and cierto) = **falso**.

Aplicado a Salva: **C** = (A and B) = (cierto and cierto) = **cierto**.

Aplicado a Teresa: **C** = (A and B) = (cierto and falso) = **falso**.

Pot tanto solo Salva pasa al proceso de selección.

* * *

Veamos esto mismo aplicado al SQL:

Consideremos ahora la tabla PERSONAS, donde se guarda una «S» en el campo RUBIA si la persona es rubia y una «N» en caso contrario, análogamente se ha aplicado el mismo criterio para ALTA y GAFAS, es decir, para indicar si es alta y si lleva gafas.

ID_PERSONA	NOMBRE	RUBIA	ALTA	GAFAS
1	Manuel	S	S	N
2	María	N	N	S
3	Carmen	S	N	S
4	José	S	S	S
5	Pedro	N	S	N

EL OPERADOR AND

Como ya hemos dicho el operador AND devuelve *cierto* si ambas expresiones son ciertas, y *falso* en cualquier otro caso. Supongamos que queremos saber qué personas son rubias y altas. Para ello construimos la siguiente consulta SQL:

Código 5.2
```
select NOMBRE
  from PERSONAS
 where (RUBIA = 'S') and (ALTA = 'S')
```

Resultado:

NOMBRE
Manuel
José

Evaluar (RUBIA = 'S') da como resultado cierto o falso, al igual que evaluar (ALTA = 'S'), son de hecho los dos operandos booleanos del operador AND. Si para un registro ambos son ciertos el resultado es cierto, y se mostrarán los datos de ese registro que indica la cláusula SELECT.

En el caso de tener una expresión de la forma: "A and B and D" la expresión se evalúa por partes por orden de aparición:

primero se evalúa (A and B) = E y finalmente (E and D)

Si todos los operadores de la expresión son AND, entonces todas las expresiones deben valer cierto para que el resultado sea cierto.

Veamos un ejemplo de esto mientras jugamos a ¿Quién es quién? Usted pregunta:

¿Es **rubia**? Y la respuesta es **cierto**

¿Es **alta**? Y la respuesta es **falso**

¿Lleva **gafas**? Y la respuesta es **cierto**

Por lo tanto debe ser una persona que sea rubia, no sea alta y, además, lleve gafas. ¿Quién es el personaje?

Código 5.3

```
select NOMBRE
  from PERSONAS
 where (RUBIA = 'S') and (ALTA = 'N') and (GAFAS='S')
```

Resultado:

NOMBRE
Carmen

Antes de dejar el operador AND, recordar el modo equivalente y más simplificado que se comentó en el capítulo 3 en el que podemos condicionar un campo a un rango de valores mediante el operador BETWEEN:

Código

```
where SALARIO >= 1300 and SALARIO <=1500
```

---

que el salario sea mayor o igual a 1300 y menor o igual a 1500

forma equivalente:

Código

```
where SALARIO between 1300 and 1500
```

---

que el salario esté entre 1300 y 1500

EL OPERADOR OR

Con el operador OR basta que uno de los dos operandos sea cierto para que el resultado sea cierto:

Supongamos que queremos saber las personas que son rubias o bien altas, es decir, queremos que si es rubia la considere con independencia de su altura, y a la inversa, también queremos que la seleccione si es alta independientemente del color de pelo. La consulta sería la siguiente.

Código 5.4

```
select NOMBRE
  from PERSONAS
 where (RUBIA = 'S') or (ALTA = 'S')
```

Resultado:

NOMBRE
Manuel
Carmen
José
Pedro

Si todos los operadores de la expresión son OR, por ejemplo "A or B or C", entonces todos las expresiones deben valer falso para que el resultado sea falso, con que solo una valga cierto el resultado es cierto.

Supongamos que quiere seleccionar tres registros concretos de la tabla EMPLEADOS para ver sus datos, le interesan los registros con identificador 1, 2 y 4. Para esta necesidad debe usar el operador OR, puesto que su consulta debe establecer la condición: que el identificador sea 1, 2 o 4:

Código 5.5

```
select *
  from EMPLEADOS
 where ID_EMPLEADO = 1 or ID_EMPLEADO = 2 or ID_EMPLEADO = 4
```

Resultado:

ID_EMPLEADO	NOMBRE	APELLIDOS	F_NACIMIENTO	SEXO	CARGO	SALARIO
1	Carlos	Jiménez Clarín	1985-05-03	H	Mozo	1500
2	Elena	Rubio Cuestas	1978-09-25	M	Secretaria	1300
4	Margarita	Rodríguez Garcés	1992-05-16	M	Secretaria	1325.5

El asterisco presente en la cláusula SELECT equivale a indicar todos los campos de la tabla.

Fíjese como en la anterior consulta para cualquier registro de la tabla EMPLEADOS que el campo ID_EMPLEADO contenga un valor distinto a 1, 2 o 4, el resultado de evaluar la expresión será falso, puesto que todos las expresiones booleanas darán falso, pero con que una de ellas valga cierto, el registro será seleccionado. De hecho si un mismo campo aparece dos o más veces en expresiones de la cláusula WHERE como en el ejemplo anterior, carece de sentido que el operador sea AND: usted puede esperar al salir de casa encontrarse un día seco o lluvioso, pero no puede esperar encontrar un día seco y lluvioso. Del mismo modo el identificador de un registro nunca podrá ser 1 y 2, o es 1 o es 2 o es X.

Un modo de simplificar la anterior consulta es mediante el operador IN, donde se establece una lista de valores posibles que debe contener el campo indicado para que el registro sea seleccionado. El operador IN equivale a establecer condiciones sobre un mismo campo conectadas por el operador OR.

Código 5.6

```
select *
  from EMPLEADOS
 where ID_EMPLEADO in (1,2,4)
```

Resultado:

ID_EMPLEADO	NOMBRE	APELLIDOS	F_NACIMIENTO	SEXO	CARGO	SALARIO
1	Carlos	Jiménez Clarín	1985-05-03	H	Mozo	1500
2	Elena	Rubio Cuestas	1978-09-25	M	Secretaria	1300
4	Margarita	Rodríguez Garcés	1992-05-16	M	Secretaria	1325.5

EL OPERADOR NOT

Este operador tan solo tiene un operando, el resultado es negar el valor del operando de modo que:

"(4 > 3) = cierto" luego "not (4>3) = falso"

Si negamos dos veces una expresión booleana es equivalente a la expresión original:
"(4 > 3) = cierto" luego "not (not (4>3)) = cierto"

Cuando descubrimos al personaje misterioso, a la pregunta ¿es alta? la respuesta era *falso*, luego podríamos haber establecido lo siguiente: "not (ALTA = 'S')" en lugar de "(ALTA = 'N')":

Código 5.7

```
select NOMBRE
  from PERSONAS
 where (RUBIA = 'S') and not (ALTA = 'S') and (GAFAS='S')
```

Resultado:

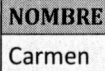

NOMBRE
Carmen

Otro ejemplo: si negamos toda la expresión de la cláusula WHERE, estaremos precisamente seleccionando los registros que antes descartábamos, y al revés, descartando los que antes seleccionábamos.

Tomemos la anterior consulta y neguemos la cláusula WHERE, si antes el resultado era: Carmen, ahora el resultado ha de ser todas las personas menos Carmen. Para hacer esto cerramos entre paréntesis toda la expresión y le colocamos el operador "not" delante, de ese modo primero se resolverá lo que está dentro de los paréntesis y finalmente se negará el resultado.

Código 5.8
```
select NOMBRE
  from PERSONAS
 where not ( (RUBIA = 'S')
             and not(ALTA = 'S')
             and (GAFAS= 'S') )
```

Efectivamente el resultado es justo el complementario, todas las personas salvo Carmen:

NOMBRE
Manuel
María
José
Pedro

Y, además, otro ejemplo de este operador combinado con el operador IN: tomemos la consulta que seleccionaba tres registros concretos de la tabla EMPLEADOS, y modifiquémosla únicamente incluyendo el operador NOT para que devuelva lo complementario, es decir, todos los registros menos los tres que antes seleccionaba:

Código 5.9

```
select *
  from EMPLEADOS
 where ID_EMPLEADO not in (1,2,4)
```

Resultado:

ID_EMPLEADO	NOMBRE	APELLIDOS	F_NACIMIENTO	SEXO	CARGO	SALARIO
3	José	Calvo Sisman	1990-11-12	H	Mozo	1400

El uso de paréntesis

Los paréntesis se comportan como en matemáticas, no es lo mismo "5 + 4 / 3" donde primero se calculará la división y después se sumará 5, que "(5 + 4) / 3" donde primero se resolverá la suma y el resultado parcial se dividirá por 3. Sin paréntesis la división tiene prioridad sobre la suma, con paréntesis forzamos a que la operación se realice en el orden deseado.

Los operadores AND y OR tienen la misma prioridad de modo que se evalúa la expresión por orden de aparición:

No es lo mismo: "RUBIA and ALTA or GAFAS" = "(RUBIA and ALTA) or GAFAS" que, "RUBIA and (ALTA or GAFAS)". En el primer caso estamos diciendo: «que sea rubia y alta, o bien lleve gafas», y en el segundo «que sea rubia y sea alta o lleve gafas».

Código 5.10

```
select NOMBRE
  from PERSONAS
 where RUBIA = 'S' and ALTA = 'S' or GAFAS= 'S'
```

Resultado:

NOMBRE
Manuel
María
Carmen
José

Código 5.11

```
select NOMBRE
  from PERSONAS
 where RUBIA = 'S' and (ALTA = 'S' or GAFAS= 'S')
```

Resultado:

NOMBRE
Manuel
Carmen
José

RESUMEN

En este capítulo se ha descrito cómo construir expresiones booleanas y cómo trabajar con ellas para establecer condiciones en la cláusula WHERE de una consulta SQL.

Las expresiones booleanas con operadores tales como (> , = , != ...) precisan operandos de tipo número, cadena o fecha, y el resultado de evaluar la expresión devuelve siempre *cierto* o *falso*.

Ejemplo: (SALARIO > 1350)

Las expresiones con operadores tales como (AND , OR , NOT) precisan expresiones booleanas como operandos, el conjunto forma una nueva expresión booleana que al evaluarla devolverá siempre *cierto* o *falso*.

Ejemplo: RUBIA = 'S' and ALTA = 'S'

El uso de paréntesis garantiza que, en una expresión compleja las expresiones simples que la forman se evalúen en el orden que usted desea.

Ejemplo: not ((RUBIA = 'S' or ALTA = 'S') and (ALTA ='N' or GAFAS = 'S'))

EJERCICIOS

Ejercicio 1

Cree una consulta SQL que devuelva las personas que son altas, o bien son rubias con gafas.

Ejercicio 2

Cree una consulta SQL que devuelva los empleados que son mujer y cobran más de 1300 euros.

En la tabla empleados se guarda una «H» en el campo SEXO para indicar que es hombre, o una «M» para indicar que es mujer.

Ejercicio 3

Usando solo expresiones (ALTA = 'S') , (RUBIA = 'S') , (GAFAS = 'S') combinadas con el operador NOT resuelva:

¿Quién es quién? Lleva gafas y no es alta ni rubia.

Ejercicio 4

Suponiendo que A vale cierto y B vale falso, evalúe la siguiente expresión booleana:

C= ((A and B) and (A or (A or B))) or A

Si la industria automovilística hubiera seguido el mismo desarrollo que los ordenadores, un Rolls-Royce costaría hoy 100 dólares, circularía un millón de millas con 3,7 litros y explotaría una vez al año, eliminando a todo el que estuviera dentro en ese momento.

Robert X. Cringely

Capítulo 6

LAS FUNCIONES DE AGREGADO

Y LA TOTALIZACIÓN DE DATOS

Dejemos de lado por ahora los tipos de dato y sus operaciones para abordar un recurso del SQL de gran potencia que resulta muy interesante: **totalizar datos**.

Tal como está planteado este libro, no podría exponerse este concepto de otro modo que no fuese mediante ejemplos prácticos. Supongamos entonces que nos piden lo siguiente:

¿Cuál es el salario medio de los empleados?

ID_EMPLEADO	NOMBRE	APELLIDOS	F_NACIMIENTO	SEXO	CARGO	SALARIO
1	Carlos	Jiménez Clarín	1985-05-03	H	Mozo	1500
2	Elena	Rubio Cuestas	1978-09-25	M	Secretaria	1300
3	José	Calvo Sisman	1990-11-12	H	Mozo	1400
4	Margarita	Rodríguez Garcés	1992-05-16	M	Secretaria	1325.5

Si recuperamos las preguntas de construcción que tanto nos ayudan para construir nuestras consultas SQL:

* ¿Qué datos nos piden?

- ¿Dónde están los datos?
- ¿Qué requisitos deben cumplir los registros?

A la pregunta: ¿dónde están los datos?, se nos plantea una duda. El dato que nos piden es: «el salario medio de los empleados», pero este dato no está en ninguna tabla, entonces ¿cómo resolvemos el problema? Afortunadamente el SQL nos permite calcularlo, para calcular el salario medio basta con sumar todos los salarios y dividirlo por el número de empleados. Esto es posible hacerlo mediante las funciones de agregado SUM(suma) y COUNT(contar) de SQL.

Obtengamos primero la suma de salarios, para ello nos hacemos las preguntas de construcción:

¿Qué datos nos piden?
La suma de los salarios.

¿Dónde están los datos?
En la tabla empleados.

¿Qué requisitos deben cumplir los registros?
Ninguno, queremos sumar todos los salarios por lo tanto no hemos de filtrar registros, los seleccionaremos todos, o lo que es lo mismo, **omitiremos la cláusula WHERE** de la consulta SQL.

La consulta la construiríamos así:

Código 6.1

```
select sum(SALARIO)
  from EMPLEADOS
```

Resultado:

sum(SALARIO)
5525.5

Fíjese que el resultado de esta consulta SQL devuelve una sola fila. Obsérvese también que el motor SQL debe recorrer toda la tabla para obtener el resultado, puesto que debe sumar todos los salarios. De hecho lo que hace el motor SQL es lo que da nombre a las funciones de agregado, ya que recorre los registros seleccionados y va agregando al subtotal el valor que contiene cada registro.

Análogamente contamos el número de empleados, es decir, el número de registros de la tabla empleados.

Código 6.2

```
select count(*)
   from EMPLEADOS
```

Resultado:

count(*)
4

El asterisco que encontramos en "COUNT(*)" equivale a decir: cualquier campo. Fíjese que en este caso queremos contar registros, por lo tanto lo mismo nos da contar nombres, que apellidos, que cualquier otro campo. Veremos en otro capítulo las particularidades de la función COUNT aplicada a un solo campo, por ahora entandamos que "COUNT(*)" cuenta los registros seleccionados.

Ahora ya podemos resolver la cuestión planteada, basta con dividir el primer resultado por el segundo, pero... vayamos más allá. De entrada estamos recorriendo la tabla dos veces, una para sumar los salarios, y otra para contar los empleados. Es de esperar que recorriéndola una sola vez el motor SQL sea capaz de reunir ambos datos. Y así es, para ello construimos la siguiente consulta SQL:

61

Código 6.3

```
select sum(SALARIO) , count(*)
  from EMPLEADOS
```

Resultado:

sum(SALARIO)	count(*)
5525.5	4

Vayamos todavía un poco más allá. En el capítulo anterior se mencionó, a modo de apunte, que el SQL permite calcular algunas operaciones matemáticas en la cláusula SELECT. No parece descabellado esperar entonces que pueda dividir estas dos columnas obteniendo, en una única columna, el resultado de la división:

Código 6.4

```
select sum(SALARIO) / count(*)
  from EMPLEADOS
```

Resultado:

sum(SALARIO) / count(*)
1381.375

Efectivamente funciona. Con esto queda resuelta la cuestión planteada.

ALIAS DE CAMPO

Este es un buen momento para hacer un paréntesis y explicar los Alias de campo de SQL.

Usted, como informático que además de construir la anterior consulta conoce bien el lenguaje SQL, no tendrá dificultades en interpretar la cabecera de la columna del resultado anterior: "sum(SALARIO) / count(*)". Pero… estaremos de acuerdo en que no podría entregar a su jefe un informe con semejante encabezamiento. Para solucionar esto el SQL pone a su disposición la palabra reservada AS, que permite rebautizar con un alias o sobrenombre las cabeceras de las columnas de resultado:

Código 6.5

```
select sum(SALARIO) / count(*) as MEDIA_SALARIOS
   from EMPLEADOS
```

Resultado:

MEDIA_SALARIOS
1381.375

Con ello usted ha conseguido un título mucho más explícito, además de ahorrarse una bronca de su jefe.

En general podemos rebautizar cualquier campo o expresión de la cláusula SELECT, para ello basta con colocar seguido del campo o expresión que interese la palabra clave AS, precediendo al ALIAS que se quiere aplicar. Pongamos otro ejemplo: nos piden una consulta que devuelva el nombre, apellidos y sueldo de todos los empleados, pero con los encabezamientos de cada columna en inglés:

Código 6.6

```
select NOMBRE as NAME,
       APELLIDOS as SURNAMES,
       SALARIO as SALARY
   from EMPLEADOS
```

Resultado:

NAME	SURNAMES	SALARY
Carlos	Jiménez Clarín	1500
Elena	Rubio Cuestas	1300
José	Calvo Sisman	1400
Margarita	Rodríguez Garcés	1325.5

En realidad la palabra clave AS es solo un modo de enfatizar que se está renombrando el campo de tabla, puede omitirla y el resultado será el mismo. El motor SQL entiende que si después de un campo o expresión en la cláusula SELECT, colocamos una palabra y ambas están separadas por un espacio en lugar de una coma, la primera es un campo de tabla y la segunda es su alias o sobrenombre. Pruebe a llevar la anterior consulta a la consola SQL, accesible desde la web sqlfacil.com, eliminando antes de ejecutarla las palabras claves AS, dejando como mínimo un espacio entre los campos de tabla y sus alias.

Sigamos con la totalización de datos. Acabábamos de explicar cómo calcular la media de salarios de la tabla EMPLEADOS. El asunto ha quedado resuelto, pero en realidad nos hemos complicado la vida sobremanera. Se ha hecho así adrede, con el propósito de ver más recursos del lenguaje y explicar mejor la totalización de datos. En SQL existe un modo más simplificado para calcular la media de un campo mediante la función de agregado AVG (average, término en inglés que significa promedio) Es de hecho una función de agregado como SUM o COUNT, pero con distinta funcionalidad. La consulta es equivalente a la que construimos anteriormente y quedaría de la siguiente manera:

Código 6.7
```
select avg(SALARIO) as MEDIA_SALARIOS
  from EMPLEADOS
```

Resultado:

MEDIA_SALARIOS
1381.375

Antes de finalizar debo insistir en que las funciones de agregado no devuelven un dato de la tabla, sino que devuelven un cálculo en función de los datos que contienen los registros seleccionados, dando como resultado una única fila. Por lo que **no tiene sentido mezclar en la cláusula SELECT campos de la tabla con funciones de agregado**. Una consulta como la siguiente **no tiene sentido**, y el SGBD devolverá un error o mostrará datos incoherentes:

Código
```
select NOMBRE, avg(SALARIO)
  from EMPLEADOS
```

Si estoy obteniendo un dato calculado sobre un grupo de registros, ¿qué sentido tiene acompañarlo de un dato singular de un solo registro? En el próximo capítulo abordaremos esto con más detalle. Pero veamos cómo esta situación puede darse fácilmente al malinterpretar este recurso. Por ejemplo, supongamos que a usted le piden: ¿qué porcentaje del dinero que desembolsa la empresa percibe cada empleado?

el porcentaje de un empleado = (salario_empleado / total_salarios) x 100

Usted puede pensar incorrectamente en crear la siguiente consulta:

Código
```
select NOMBRE, SALARIO / sum(SALARIO) * 100 as PORCENTAJE
  from EMPLEADOS
```

Pero fíjese en lo que usted pretende que el motor SQL haga. Primero debe obtener la suma de salarios. Para ello debe recorrer toda la tabla. Acto seguido, con el total de la suma resuelto, debe volver a recorrer la tabla para aplicar la formula a cada registro y obtener así los porcentajes de todos los empleados. Sin embargo, esto no funciona así. Puede ayudarle a no caer en este error el saber que en una consulta SQL donde solo interviene una tabla, el motor SQL jamás recorrerá la tabla dos veces para brindarle el resultado.

Resolvamos por partes esta cuestión:

Primero obtenemos el total de sueldos:

Código 6.1
```
select sum(SALARIO)
   from EMPLEADOS
```

sum(SALARIO)
5525.5

Y aplicado a cada empleado obtenemos los porcentajes:

Código 6.8
```
select NOMBRE,
       APELLIDOS,
       SALARIO / 5525.5 * 100 as PORCENTAJE
   from EMPLEADOS
```

NOMBRE	APELLIDOS	PORCENTAJE
Carlos	Jiménez Clarín	27.146864537146
Elena	Rubio Cuestas	23.5272825988598
José	Calvo Sisman	25.3370735680029
Margarita	Rodríguez Garcés	23.9887792959913

En la tercera parte del libro se trata cómo resolver esta cuestión realizando una sola consulta.

Para concluir veamos las funciones de agregado MAX (máximo) y MIN (mínimo), que intuitivamente ya se ve que se utilizan para obtener el valor máximo y mínimo de un campo de entre todos los registros seleccionados. Pero no voy a poner ejemplos esta vez. Le propongo a usted que intente resolver el ejercicio sobre las funciones MAX y MIN que encontrará al final del capítulo. Puede tomar como patrón las consultas de ejemplo vistas anteriormente donde aparecen las funciones SUM, COUNT o AVG, ya que las funciones MAX y MIN se aplican de igual modo a una consulta SQL.

Usted puede pensar que en esta ocasión las funciones de agregado MAX y MIN sí devuelven un dato de la tabla, y es verdad, devolverán el valor máximo o mínimo del campo que indiquemos a cada una de ellas de entre los registros seleccionados, pero en realidad no deja de ser un cálculo. El resultado no tiene por qué estar vinculado a un solo registro. El motor SQL calcula el valor máximo o mínimo sobre un grupo de registros y usted no puede saber de entrada si ese dato está en uno, dos, o más registros.

RESUMEN

Las funciones de agregado SUM (suma), COUNT (contar), AVG (promedio), MAX (máximo) y MIN (mínimo), devuelven en una sola fila el cálculo sobre un campo aplicado a un grupo de registros. Los registros que intervienen para el cálculo dependen de los filtros establecidos en la cláusula WHERE, interviniendo todos los registros de la tabla si la omitimos.

SQL fácil

Podemos realizar varios cálculos sobre el mismo grupo de registros de una sola vez indicando varias funciones separadas por comas en la cláusula SELECT, pero no podemos mezclar en dicha cláusula campos de la tabla con funciones de agregado, puesto que carece de sentido.

El SQL nos permite rebautizar cualquier campo o expresión de la consulta por un alias o sobrenombre mediante la palabra clave AS:

select CAMPO1 as ALIAS1 , CAMPO2 as ALIAS2 , ...

EJERCICIOS

Ejercicio 1

En todos los ejemplos de este capítulo se ha omitido la cláusula WHERE. Construya una consulta, donde necesitará establecer una condición en la cláusula WHERE, que devuelva el salario medio de los empleados que son hombres. Renombre la cabecera del resultado con un título que deje claro qué dato se está mostrando.

Ejercicio 2

Construya una consulta que devuelva en la misma fila el salario máximo y mínimo de entre todos los empleados. Renombre las cabeceras de resultados con un título que deje claro qué datos se están mostrando.

Ejercicio 3

Construya una consulta que responda a lo siguiente: ¿Qué cuesta pagar a todas las mujeres en total? Renombre la cabecera del resultado con un título que deje claro qué dato se está mostrando.

Capítulo 7

AGRUPACIÓN DE DATOS

En este capítulo vamos a continuar hablando de las funciones de agregado y de la totalización de datos, ya que este es un caso particular de la agrupación de datos, es decir, cuando usted totaliza datos de una tabla, en realidad está totalizando datos dentro de un solo y único grupo. De ahí que todos los ejemplos de totalización mostrados en el capítulo anterior devuelvan una sola y única fila.

Si logró asimilar lo que expone el capítulo 6, usted puede responder a la siguiente pregunta: ¿cuántos empleados hay? La respuesta es en realidad el total de registros de un solo grupo que podemos llamar: empleados. Puede responder también a la pregunta: ¿cuántos hombres hay? La respuesta no deja de ser el total de registros de un solo grupo que podemos llamar: hombres. Y podríamos seguir totalizando datos así, construyendo consultas SQL que devuelven una sola fila con el total de un solo grupo de registros, de manera que para totalizar por ejemplo el número de empleados por edades, deberíamos construir tantas consultas como grupos o rango de edades queramos evaluar. No parece práctico. ¿No sería más razonable construir una sola consulta SQL que en lugar de devolver una sola fila con el total de un solo grupo, devolviese varias filas, una por cada grupo, donde cada fila exprese el total de su grupo?

Supongamos por ejemplo una clase de alumnos, usted puede preguntarse: ¿cuántos alumnos hay?, y la respuesta es un solo dato que hace referencia a un solo grupo que podemos llamar: alumnos. Ahora dividamos la clase en dos grupos de manera que uno lo formen las chicas y otro los chicos. Una vez formados los dos grupos puede preguntarse: ¿cuántos alumnos hay en cada uno?, y la respuesta son dos datos, uno para cada grupo. El resultado es en realidad una totalización por grupos. Primero usted establece los grupos por sexo y luego totaliza la cantidad de miembros de cada uno. Pues bien, el SQL permite agrupar totales mediante la cláusula: GROUP BY.

En el capítulo anterior se dijo que no tiene sentido acompañar campos de tabla con funciones de agregado en una misma consulta SQL. Esto es así, sin embargo, existe una excepción: usted puede acompañar un campo de tabla con funciones de agregado si su propósito es agrupar totales por ese campo, en cuyo caso deberá construir una consulta SQL para ese fin. El número de grupos resultantes dependerá de los distintos valores que existen para ese campo en el grupo de registros seleccionado.

CLÁUSULA GROUP BY

Tenemos nuestra ya conocida tabla EMPLEADOS:

ID_EMPLEADO	NOMBRE	APELLIDOS	F_NACIMIENTO	SEXO	CARGO	SALARIO
1	Carlos	Jiménez Clarín	1985-05-03	H	Mozo	1500
2	Elena	Rubio Cuestas	1978-09-25	M	Secretaria	1300
3	José	Calvo Sisman	1990-11-12	H	Mozo	1400
4	Margarita	Rodríguez Garcés	1992-05-16	M	Secretaria	1325.5

Construyamos una consulta que nos devuelva el **total de empleados por sexo**. Esto se consigue con una nueva cláusula: GROUP BY, en consecuencia debemos añadir una cuarta pregunta a las preguntas de construcción:

- ¿Qué datos nos piden?
  El número de empleados.

- ¿Dónde están los datos?
  En la tabla EMPLEADOS.

- ¿Qué requisitos deben cumplir los registros?
  Ninguno, necesitamos que intervengan todos los registros.

- ¿Cómo debemos agrupar los datos?
  Por sexo.

Consulta SQL:

Código 7.1
```
select SEXO , count(*) as EMPLEADOS
  from EMPLEADOS
 group by SEXO
```

SEXO	EMPLEADOS
H	2
M	2

Observe que el resultado de la consulta devuelve dos filas, una para los hombres y otra para las mujeres, cada fila indica el número de empleados de su grupo. Advierta cómo los grupos resultantes son dos porque los distintos valores del campo SEXO en los registros seleccionados son dos: «H» y «M».

En general, cuando acompañamos uno o más campos de tabla con funciones de agregado, estos campos deberán formar parte de la cláusula GROUP BY. Un campo por el que agrupamos puede omitirse en la cláusula SELECT, aunque entonces, como puede apreciarse en el próximo ejemplo, ignoramos a qué grupo representa cada fila de resultado.

Código 7.2

```
select count(*) as EMPLEADOS
  from EMPLEADOS
 group by SEXO
```

EMPLEADOS
2
2

Pero **si un campo aparece en la cláusula SELECT junto con funciones de agregado**, entonces debemos forzosamente agrupar por ese campo, o lo que es lo mismo, **debe formar parte de la cláusula GROUP BY**.

EL OPERADOR DISTINCT

Este es un buen momento para hacer un paréntesis en la agrupación de datos y presentar el operador DISTINCT.

Con él podemos eliminar filas redundantes de un resultado SQL, por lo que permite obtener los distintos valores de un campo existentes en una tabla o grupo de registros seleccionados.

Por ejemplo, ¿qué valores distintos existen en el campo SEXO de la tabla empleados?:

Código 7.3

```
select distinct SEXO
  from EMPLEADOS
```

SEXO
H
M

Sugerencia: lleve la anterior consulta SQL a la consola SQL, accesible desde la web sqlfacil.com, elimine el operador DISTINCT y ejecute la consulta.

Si al hacer DISTINCT en una consulta SQL sobre un campo el motor SQL devuelve por ejemplo dos filas, entonces al agrupar por ese campo un cálculo de totalización también devolverá dos filas. Obviamente ambas consultas deben tener la misma cláusula WHERE, es decir, deben operar sobre el mismo grupo de registros.

En general pondremos la palabra clave DISTINCT delante de la lista de campos de la cláusula SELECT para eliminar las filas de resultados duplicadas o redundantes.

Código

```
select distinct campo_1 , campo_2 , ... , campo_n
  from tabla
```

Para seguir viendo el potentísimo recurso SQL que es la agrupación de datos, vamos a suponer que usted gestiona un centro de acogida de mascotas, al cual llegan perros y gatos abandonados o de gente que no puede hacerse cargo de ellos. Para cada nueva mascota que llega al centro creamos un nuevo registro en la tabla MASCOTAS. Cuando una mascota es acogida por alguien, damos el registro de baja para indicar que esa mascota ha abandonado el centro.

Diseño de la tabla MASCOTAS

FIELD	TYPE	NULL	KEY	DEFAULT	EXTRA
ID_MASCOTA	int(11)	NO	PRI		
NOMBRE	varchar(30)	NO			
ESPECIE	varchar(1)	NO			
SEXO	varchar(1)	NO			
UBICACION	varchar(6)	NO			
ESTADO	varchar(1)	NO			

SQL fácil

Descripción de los campos:

- **ID_MASCOTA**: Número o identificador de mascota.
- **NOMBRE**: Nombre de la mascota.
- **ESPECIE**: Campo codificado donde se guarda «P» para perro y «G» para gato.
- **SEXO**: Campo codificado donde se guarda «M» para macho y «H» para hembra.
- **UBICACION**: Jaula o estancia donde está ubicada la mascota.
- **ESTADO**: Campo codificado donde se guarda «A» para alta en el centro y «B» para baja en el centro.

Echemos un vistazo a la tabla MASCOTAS:

ID_MASCOTA	NOMBRE	ESPECIE	SEXO	UBICACIÓN	ESTADO
1	Budy	P	M	E05	B
2	Pipo	P	M	E02	B
3	Nuna	P	H	E02	A
4	Bruts	P	M	E03	A
5	Americo	G	M	E04	A
6	Sombra	P	H	E05	A
7	Amaya	G	H	E04	A
8	Talia	G	H	E01	B
9	Trabis	P	M	E02	A
10	Tesa	G	H	E01	A
11	Titito	G	M	E04	B
12	Truca	P	H	E02	A
13	Zulay	P	H	E05	A
14	Dandi	G	M	E04	A
15	Ras	G	M	E01	A
16	Canela	P	H	E02	A

Planteemos la siguiente cuestión: ¿cuántos perros de cada sexo hay en total actualmente en el centro?

Para construir la consulta SQL nos ayudamos de las preguntas de construcción:

- ¿Qué datos nos piden?

  El número de perros.

- ¿Dónde están los datos?

  En la tabla MASCOTAS.

- ¿Qué requisitos deben cumplir los registros?

  Deben ser perros y estar de alta en el centro.

- ¿Cómo debemos agrupar los datos?

  Por sexo.

Consulta SQL:

Código 7.4

```
select SEXO,count(*) as PERROS_VIGENTES
  from MASCOTAS
 where ESPECIE = 'P' and ESTADO = 'A'
 group by SEXO
```

SEXO	PERROS_VIGENTES
H	5
M	2

El resultado son dos machos y cinco hembras.

Más ejemplos: ¿Cuántos ejemplares contiene actualmente cada jaula o ubicación?

- ¿Qué datos nos piden?

  El número de ejemplares.

- ¿Dónde están los datos?

  En la tabla MASCOTAS.

- ¿Qué requisitos deben cumplir los registros?

  Las mascotas deben estar de alta en el centro.

- ¿Cómo debemos agrupar los datos?

  Por ubicación.

Consulta SQL:

Código 7.5

```
select UBICACION , count(*) as EJEMPLARES
  from MASCOTAS
 where ESTADO = 'A'
 group by UBICACION
```

UBICACIÓN	EJEMPLARES
E01	2
E02	4
E03	1
E04	3
E05	2

Obsérvese como en este caso la consulta SQL devuelve cinco filas, o lo que es lo mismo, cinco grupos resultantes. Esto es debido a que el campo UBICACIÓN contiene cinco distintos valores de entre los registros seleccionados.

Veamos ahora un ejemplo donde se agrupa por dos campos. Supongamos la siguiente cuestión: ¿cuántos ejemplares de cada especie, y dentro de cada especie de cada sexo, hay actualmente en el centro?

Para construir la consulta SQL nos ayudamos de las preguntas de construcción:

- ¿Qué datos nos piden?
  El número de ejemplares.

- ¿Dónde están los datos?
  En la tabla MASCOTAS.

- ¿Qué requisitos deben cumplir los registros?
  Deben estar de alta en el centro.

- ¿Cómo debemos agrupar los datos?
  Por especie y por sexo.

Consulta SQL:

Código 7.6

```
select ESPECIE , SEXO , count(*) as EJEMPLARES_VIGENTES
  from MASCOTAS
 where ESTADO = 'A'
 group by ESPECIE , SEXO
```

ESPECIE	SEXO	EJEMPLARES_VIGENTES
G	H	2
G	M	3
P	H	5
P	M	2

El resultado son dos machos y cinco hembras para los perros, y tres machos y dos hembras para los gatos.

Pongamos otro ejemplo, pero esta vez planteémoslo al revés: ¿qué devuelve la siguiente consulta SQL?:

```
Código 7.7
select UBICACION ,
       ESPECIE ,
       SEXO ,
       count(*) as EJEMPLARES_VIGENTES
  from MASCOTAS
 where ESTADO = 'A'
 group by UBICACION , ESPECIE , SEXO
```

UBICACIÓN	ESPECIE	SEXO	EJEMPLARES_VIGENTES
E01	G	H	1
E01	G	M	1
E02	P	H	3
E02	P	M	1
E03	P	M	1
E04	G	H	1
E04	G	M	2
E05	P	H	2

Observamos que el resultado de la consulta anterior devuelve datos totalizados en tres grupos, responde al número de ejemplares por especie y sexo que hay en cada ubicación.

RESUMEN

La cláusula GROUP BY permite obtener totales, mediante las funciones de agregado SUM, COUNT, MAX..., por grupos.

Los grupos resultantes dependen de los distintos valores que contengan, de entre los registros seleccionados, el campo o campos por los que se está agrupando. Si por ejemplo estamos agrupando por SEXO, los grupos resultantes serán como máximo dos, a no ser que consideremos hermafrodita como un tercer sexo, en cuyo caso serán tres.

Cuando acompañamos un campo de tabla con funciones de agregado, se debe forzosamente agrupar por ese campo, de modo que el campo debe formar parte de la cláusula GROUP BY.

EJERCICIOS

Ejercicio 1

Construya una consulta que devuelva el salario medio, máximo y mínimo de los empleados agrupado por sexo.

Ejercicio 2

Construya una consulta que devuelva cuántos perros y cuántos gatos han pasado por el centro y ya no están.

Ejercicio 3

Construya una consulta que devuelva cuántos perros macho hay actualmente en el centro agrupado por ubicación.

SQL fácil

Ejercicio 4

Con ayuda del filtro DISTINCT, construya una consulta que devuelva las diferentes especies que hay actualmente en cada jaula o ubicación del centro.

Recuerda: no eres torpe, no importa lo que digan esos libros. Los torpes de verdad son gente que, creyéndose expertos técnicos, no podrían diseñar hardware y software manejable por usuarios normales aunque la vida les fuera en ello.

Walter Mossberg

Capítulo 8

FILTRAR CÁLCULOS DE TOTALIZACIÓN

Si se plantea la siguiente cuestión: ¿qué ubicaciones del centro de mascotas tienen más de dos ejemplares? Usted podría responder a la tercera pregunta de construcción: ¿qué requisitos deben cumplir los registros?, lo siguiente: «que la ubicación tenga más de dos ejemplares»; y esa respuesta sería errónea. Esta pregunta nos la formulamos para construir la cláusula WHERE y aplicar filtros a los registros de la tabla, pero como el número de ejemplares de cada ubicación no lo tenemos en ninguna tabla, sino que debemos calcularlo, no podemos aplicar ese filtro en la cláusula WHERE. ¿Dónde entonces? Pues obviamente debemos filtrar las filas de resultados, es decir, de todas las filas resultantes ocultar las que no nos interesen y mostrar el resto. Puede verse como un filtro en segunda instancia, una vez el motor ha resuelto la consulta y siempre ajeno a la tabla de datos. Para ello existe una nueva cláusula: HAVING, y en consecuencia una nueva pregunta de construcción: ¿qué requisitos deben cumplir los datos totalizados?

CLÁUSULA HAVING

¿Qué ubicaciones del centro de mascotas tienen más de dos ejemplares?
Construyamos la consulta SQL que resuelve la cuestión planteada con ayuda de las preguntas de construcción:

- ¿Qué datos nos piden?

  Las ubicaciones.

- ¿Dónde están los datos?

  En la tabla MASCOTAS.

- ¿Qué requisitos deben cumplir los registros?

  Ubicaciones que contengan mascotas de alta en el centro.

- ¿Cómo debemos agrupar los datos?

  Por ubicación.

- ¿Qué requisito han de cumplir los datos totalizados?

  Que el número de ejemplares de las ubicaciones sea mayor a dos.

Consulta SQL:

Código 8.1

```
select UBICACION , count(*) as EJEMPLARES
  from MASCOTAS
 where ESTADO = 'A'
 group by UBICACION
having count(*) > 2
```

UBICACIÓN	EJEMPLARES
E02	4
E04	3

De las cinco ubicaciones que existen en el centro, solo dos cumplen la condición de la cláusula HAVING. Esta cláusula es de hecho como la cláusula WHERE, pero en lugar de filtrar registros de la tabla, filtra filas de resultado en función de las condiciones que establezcamos sobre las columnas de resultado. En realidad este recurso se usa casi exclusivamente para establecer condiciones sobre las funciones de agregado, puesto que los demás valores, los que están en la tabla, los debemos filtrar en la cláusula WHERE.

A fin de ser prácticos consideraremos la cláusula HAVING como una cláusula WHERE para los cálculos de totalización. De modo que lo que filtraremos aquí serán cosa del estilo: que la suma sea inferior a..., que la media sea igual a..., que el máximo sea superior a...., o como en el ejemplo: que el recuento de registros sea superior a dos. Siempre sobre cálculos de totalización. Por lo tanto si no hay cláusula GROUP BY, tampoco habrá cláusula HAVING.

DIFERENCIA ENTRE WHERE Y HAVING

Veamos con más detalle la diferencia entre una y otra cláusula. Cuando el motor SQL recorre la tabla para obtener el resultado, ignora los registros que no satisfacen la cláusula WHERE, en el caso anterior ignora los registros que el campo ESTADO no contenga una 'A', y estos registros no son considerados para desarrollar el cálculo. Una vez el motor SQL ha recorrido toda la tabla y ha finalizado el cálculo, de las filas resultantes ocultará las que no satisfacen la cláusula HAVING, por lo que en primer lugar: no se ahorra hacer el cálculo para las filas de resultados no mostradas, de lo contrario no podría saber si cumplen o no la condición de la cláusula HAVING; y en segundo lugar, este filtro se aplica en la fase final del proceso que ejecuta el motor SQL, y siempre sobre las filas de resultados escrutando los datos totalizados (COUNT, SUM, MAX, etc.), limitándose a mostrar o no una fila de resultado en función de las condiciones establecidas en dicha cláusula.

Todo lo expuesto sobre lógica booleana en el capítulo 5 es aplicable a la cláusula HAVING, teniendo en cuenta que lo correcto es establecer condiciones sobre las funciones de agregado, y carece de sentido establecer condiciones que podríamos perfectamente establecer en la cláusula WHERE, puesto que en ese caso estaremos haciendo trabajar al motor SQL en vano, es decir, le estaremos obligando a considerar registros que se podría ahorrar ya que finalmente se ocultará la fila o cálculo referente a ese grupo de registros. Por ejemplo:

La siguiente consulta SQL cuenta los ejemplares de alta de las ubicaciones E02 y E03.

Código 8.2

```
select UBICACION , count(*) as EJEMPLARES
  from MASCOTAS
 where ESTADO = 'A' and (UBICACION = 'E02' or
UBICACION = 'E03')
 group by UBICACION
```

Pero esta otra consulta SQL cuenta los ejemplares de alta en todas las ubicaciones y finalmente oculta aquellos en los que la ubicación no es E02 o E03. Por lo que este método no es eficiente.

Código 8.3

```
select UBICACION , count(*) as EJEMPLARES
  from MASCOTAS
 where ESTADO = 'A'
 group by UBICACION
having UBICACION = 'E02' or UBICACION = 'E03'
```

El resultado de ambas consultas SQL es el mismo, pero hacer lo segundo es no entender el propósito de cada cláusula. Para no caer en este error basta con filtrar siempre las filas de resultado únicamente condicionando funciones de agregado en la cláusula HAVING.

No queda mucho más que añadir para esta cláusula, veamos otro ejemplo antes de pasar a los ejercicios:

¿Qué ubicaciones del centro de mascotas tienen tan solo un ejemplar?

La consulta que resuelve esta cuestión es casi idéntica a la primera consulta de este capítulo. Ahora en lugar de ser el número de ejemplares mayor a dos, tan solo debe haber un ejemplar.

Código 8.4

```
select UBICACION , count(*) as EJEMPLARES
  from MASCOTAS
 where ESTADO = 'A'
 group by UBICACION
having count(*) = 1
```

UBICACIÓN	EJEMPLARES
E03	1

De hecho, como en este caso estamos forzando a que solo haya un ejemplar, podríamos ocultar la columna de recuento omitiéndola en la cláusula SELECT del siguiente modo:

Código 8.5

```
select UBICACION as UBICACIONES_CON_UN_EJEMPLAR
  from MASCOTAS
 where ESTADO = 'A'
 group by UBICACION
having count(*) = 1
```

UBICACIONES_CON_UN_EJEMPLAR
E03

RESUMEN

La cláusula HAVING permite establecer filtros sobre los cálculos de una consulta SQL que realizan las funciones de agregado (SUM, COUNT, etc.)

En la cláusula HAVING solo deben condicionarse columnas de cálculo, de modo que si en una consulta SQL no existe la cláusula GROUP BY, tampoco existirá cláusula HAVING.

EJERCICIO

Usando el operador BETWEEN que vimos en los capítulos 3 y 5, construya una consulta que devuelva las ubicaciones del centro de mascotas que tienen entre 2 y 3 ejemplares.

Capítulo 9

ORDENACIÓN DEL RESULTADO

Llegamos a la última cláusula de una consulta SQL: ORDER BY, que permite ordenar las filas de resultado por una o más columnas. Esta cláusula no se presenta en última instancia por casualidad, sino porque siempre irá al final de una consulta y el motor SQL también será la última cosa que haga, a efectos lógicos, antes de devolver el resultado.

Una última cláusula implica una última pregunta de construcción: ¿cómo deben ordenarse los datos resultantes?

CLÁUSULA ORDER BY

Supongamos que queremos obtener una lista ordenada de los empleados por sueldo, de modo que primero esté situado el de menor salario y por último el de mayor salario:

Código 9.1
```
select NOMBRE,APELLIDOS,SALARIO
  from EMPLEADOS
  order by SALARIO
```

NOMBRE	APELLIDOS	SALARIO
Elena	Rubio Cuestas	1300
Margarita	Rodríguez Garcés	1325.5
José	Calvo Sisman	1400
Carlos	Jiménez Clarín	1500

Observamos como introduciendo la cláusula ORDER BY e indicando la columna por la que ordenar, el resultado viene ordenado de forma ascendente (ASC), es decir, de menor a mayor. ¿Y si queremos ordenar a la inversa, de mayor a menor? En ese caso se debe indicar que la ordenación es descendente (DESC). Veamos esto tomando como patrón la consulta anterior:

Código 9.2

```
select NOMBRE,APELLIDOS,SALARIO
  from EMPLEADOS
 order by SALARIO desc
```

NOMBRE	APELLIDOS	SALARIO
Carlos	Jiménez Clarín	1500
José	Calvo Sisman	1400
Margarita	Rodríguez Garcés	1325.5
Elena	Rubio Cuestas	1300

Por tanto si seguido del campo por el que queremos ordenar indicamos ASC, o bien no indicamos nada, la ordenación se hará de forma ascendente, mientras que si indicamos DESC, se hará de forma descendente.

Veamos un ejemplo donde se ordena por más de un campo. Tomemos por ejemplo la tabla MASCOTAS, y obtengamos una lista de los perros que han pasado por el centro, de modo que primero aparezcan las bajas, y al final las altas, o perros que siguen en el centro. Además queremos que en segundo término la lista esté ordenada por nombre:

Código 9.3

```
select *
  from MASCOTAS
 where ESPECIE = 'P'
 order by ESTADO desc, NOMBRE asc
```

ID_MASCOTA	NOMBRE	ESPECIE	SEXO	UBICACIÓN	ESTADO
1	Budy	P	M	E05	B
2	Pipo	P	M	E02	B
4	Bruts	P	M	E03	A
16	Canela	P	H	E02	A
3	Nuna	P	H	E02	A
6	Sombra	P	H	E05	A
9	Trabis	P	M	E02	A
12	Truca	P	H	E02	A
13	Zulay	P	H	E05	A

Veamos un poco como resuelve esto el motor SQL. No vamos a entrar en los algoritmos de ordenación que usa, entre otras cosas porque tampoco los conozco, pero es un buen ejercicio trazar, como hemos venido haciendo a lo largo del libro, lo que el motor SQL hace. En la consulta anterior el motor SQL recorre la tabla MASCOTAS y selecciona aquellos registros en los que el campo ESPECIE contiene una «P», ignorando el resto. De los registros que satisfacen la cláusula WHERE tomará todos los campos, puesto que se ha indicado un asterisco en la cláusula SELECT, y una vez ha recorrido toda la tabla y tiene el resultado, lo ordenará según se indica en la cláusula ORDER BY.

Lo que debe quedar claro es que la ordenación, a efectos lógicos, se realiza siempre al final de todo, sobre las filas de resultado, al margen de la tabla, y siempre lo hará así por muy extensa y compleja que sea una consulta. La ordenación es lo último de lo último que realiza el motor SQL. Y como la ordenación se realiza sobre las filas de resultado, existen otras formas de indicar qué columnas van a establecer la ordenación. Podemos por ejemplo hacer referencia a la columna por el orden que ocupa en la cláusula SELECT, por ejemplo:

En esta consulta estamos indicando que ordene por el tercer campo de la cláusula SELECT:

Código 9.4
```
select ID_EMPLEADO , NOMBRE , APELLIDOS
  from EMPLEADOS
 order by 3
```

ID_EMPLEADO	NOMBRE	APELLIDOS
3	José	Calvo Sisman
1	Carlos	Jiménez Clarín
4	Margarita	Rodríguez Garcés
2	Elena	Rubio Cuestas

Para ordenar se puede indicar indistintamente el alias con el que se ha rebautizado la columna, o el campo de tabla tenga o no tenga alias.

Código 9.5
```
select NOMBRE as NAME, APELLIDOS as SURNAMES, SALARIO as
SALARY
  from EMPLEADOS
 order by SURNAMES
```

NAME	SURNAMES	SALARY
José	Calvo Sisman	1400
Carlos	Jiménez Clarín	1500
Margarita	Rodríguez Garcés	1325.5
Elena	Rubio Cuestas	1300

De todos modos se recomienda usar los nombres de tabla para indicar la columna por la que se quiere ordenar por dos razones:

1. Si usamos alias y este cambia, se debe modificar la cláusula ORDER BY.
2. Si usamos posición de columna y se añaden o se eliminan campos de la cláusula SELECT, es posible que se deba modificar la cláusula ORDER BY.

RESUMEN

La cláusula ORDER BY permite establecer el orden de las filas de resultado en función de las columnas que se indiquen en dicha cláusula:

Código
```
order by CAMPO_1 , CAMPO_2 , ... , CAMPO_N
```

Para ordenar en forma descendente por una columna debemos indicar a continuación del nombre de la columna la palabra clave DESC. Para hacerlo de forma ascendente no hace falta indicar nada, si se quiere enfatizar se usa la palabra clave ASC.

Código
```
order by CAMPO_1 desc , CAMPO_2 desc , ... , CAMPO_N asc
```

SQL fácil

Para hacer referencia a una columna en la cláusula ORDER BY, es indiferente usar el alias de una columna, que el orden de la columna en la cláusula SELECT, que el nombre de campo de la tabla. Sin embargo, se recomienda hacer esto último para minimizar fuentes de error.

EJERCICIOS

Ejercicio 1

Obtenga una lista de los miembros de la tabla PERSONAS, donde primero aparezcan las rubios, después los altos, y finalmente los que llevan gafas. Debe hacerse de manera que la primera persona de la lista, si la hay, será rubia, alta y sin gafas, y la última, si la hay, no será rubia ni alta y no llevará gafas.

Ejercicio 2

Obtenga el número actual de ejemplares de cada ubicación del centro de mascotas, que tengan dos o más ejemplares ordenado de mayor a menor por número de ejemplares y en segundo término por ubicación.

En el mundo del software, los activos más importantes de la compañía se van a casa todas las noches. Si no se les trata bien, pueden no volver al día siguiente.

Peter Chang

Capítulo 10

El operador LIKE. El valor NULL

Antes de finalizar la primera parte del libro deben tratarse dos aspectos relevantes del lenguaje que se han quedado en el tintero: el operador LIKE, y el valor NULL.

EL OPERADOR LIKE

Este operador se aplica a datos de tipo cadena y se usa para buscar registros. Es capaz de hallar coincidencias dentro de una cadena bajo un patrón dado, por ejemplo:

¿Qué empleados hay cuyo primer apellido comienza por «R»?
Veamos primero la consulta SQL que responde a esto:

Código 10.1

```
select *
  from EMPLEADOS
 where APELLIDOS like 'R%'
```

ID_EMPLEADO	NOMBRE	APELLIDOS	F_NACIMIENTO	SEXO	CARGO	SALARIO
2	Elena	Rubio Cuestas	1978-09-25	M	Secretaria	1300
4	Margarita	Rodríguez Garcés	1992-05-16	M	Secretaria	1325.5

SQL fácil

El interés de la anterior consulta se centra en la expresión: APELLIDOS like 'R%' , donde «like» es el operador, APELLIDOS es el operando variable que toma valores para cada registro de la tabla EMPLEADOS, y el operando constante: "R%", es un patrón de búsqueda donde el "%" representa un comodín que junto con el operador LIKE tiene el cometido de reemplazar a cualquier cadena de texto, incluso la cadena vacía, para evaluar la expresión booleana. De modo que cualquier valor que haya en el campo APELLIDOS que empiece por una «R» seguida de cualquier cosa (%) dará cierto para la expresión: APELLIDOS like 'R%'.

Veamos otro ejemplo:

¿Qué empleados hay cuyo segundo apellido termina en «N»?

En este caso interesa que el campo APELLIDOS empiece por cualquier cosa y acabe con una «N», por lo tanto la expresión que nos filtrará adecuadamente esto es: APELLIDOS like '%N'

Código 10.2
```
select *
  from EMPLEADOS
 where APELLIDOS like '%N'
```

ID_EMPLEADO	NOMBRE	APELLIDOS	F_NACIMIENTO	SEXO	CARGO	SALARIO
1	Carlos	Jiménez Clarín	1985-05-03	H	Mozo	1500
3	José	Calvo Sisman	1990-11-12	H	Mozo	1400

En MySQL la comparación de cadenas por defecto no es sensible a mayúsculas, de ahí que aun indicando una «N» mayúscula encuentre los apellidos acabados en «n» minúscula.

Obsérvese como en este caso el "%" debe aparecer antes que la «N» en el patrón de búsqueda, puesto que queremos que los apellidos acaben en «N» y no que comiencen por «N».

Veamos una última aplicación de este recurso. ¿Qué devuelve esta consulta?:

Código 10.3

```
select *
  from EMPLEADOS
 where APELLIDOS like '%AR%'
```

ID_EMPLEADO	NOMBRE	APELLIDOS	F_NACIMIENTO	SEXO	CARGO	SALARIO
1	Carlos	Jiménez Clarín	1985-05-03	H	Mozo	1500
4	Margarita	Rodríguez Garcés	1992-05-16	M	Secretaria	1325.5

Está devolviendo aquellos registros que el campo APELLIDOS contiene la cadena: «AR», ya sea al principio, al final, o en cualquier posición intermedia. De ahí que en el patrón de búsqueda encontremos la cadena «AR» acompañada de comodines a ambos lados.

Este recurso resulta muy útil para buscar coincidencias en campos sin necesidad de buscar el valor exacto. Si se nos pide buscar al empleado José Calvo, podemos limitarnos a buscar cualquier valor que contenga la cadena «Calvo» en el campo APELLIDOS para localizar el registro.

EL VALOR NULL

Cuando se diseña una tabla en la base de datos, una de las propiedades que se establece para los campos de la tabla es si pueden contener o no un valor nulo. Por

SQL fácil

ejemplo, supongamos que tenemos una flota de vehículos. En la tabla VEHÍCULOS se guardan los datos de cada unidad, datos como el modelo, que obviamente no puede ser nulo puesto que todo vehículo pertenece a un modelo, pero también por ejemplo la fecha de la última revisión obligatoria, cuyo valor sí puede ser nulo, especialmente si el vehículo es nuevo y todavía nunca se ha sometido a dicha revisión. Por tanto ya se ve que hay campos que no pueden ser nulos y otros sí, dependiendo de qué información se guarda.

Para ilustrar las particularidades del valor NULL tomemos la tabla VEHÍCULOS:

ID_VEHICULO	MARCA	MODELO	PROX_ITV	ULTI_ITV
1	Alfa Romeo	Brera	2011-10-20	
2	Seat	Panda	2009-12-01	2008-12-01
3	BMW	X3	2010-07-18	
4	Citroën	C2	2010-08-24	2009-08-24
5	Ford	Fiesta	2011-04-22	

En los datos se observa como tres de las cinco unidades nunca han pasado la revisión obligatoria, puesto que el valor para el campo ULTI_ITV (última inspección técnica del vehículo) es nulo.

El operador IS NULL

Este operador permite establecer en la cláusula WHERE de una consulta SQL condiciones para filtrar por campos de valor nulo, por ejemplo: ¿qué vehículos nunca han pasado la ITV?

Código 10.4
```
select *
  from VEHICULOS
 where ULTI_ITV is null
```

ID_VEHICULO	MARCA	MODELO	PROX_ITV	ULTI_ITV
1	Alfa Romeo	Brera	2011-10-20	
3	BMW	X3	2010-07-18	
5	Ford	Fiesta	2011-04-22	

Los vehículos que han pasado como mínimo una vez la ITV serán aquellos que el campo ULTI_ITV no contenga un valor nulo, para conocer estos datos debemos establecer la siguiente condición:

Código 10.5
```
select *
  from VEHICULOS
 where ULTI_ITV is not null
```

ID_VEHICULO	MARCA	MODELO	PROX_ITV	ULTI_ITV
2	Seat	Panda	2009-12-01	2008-12-01
4	Citroën	C2	2010-08-24	2009-08-24

Por tanto ya se ve que el valor nulo es un poco especial, en realidad es un valor indeterminado, una muestra de ello es la excepción que se da a la afirmación que se hizo en el capítulo 5 sobre operadores: «Si negamos la cláusula WHERE de una consulta SQL con el operador NOT, se obtienen los registros que antes se ignoraban y se ignoran los que antes se seleccionaban».

Veamos una muestra de ello. La siguiente consulta SQL devuelve los vehículos que pasaron la ITV durante el año 2008:

Código 10.6

```
select *
  from VEHICULOS
 where ULTI_ITV between '20080101' and '20081231'
```

ID_VEHICULO	MARCA	MODELO	PROX_ITV	ULTI_ITV
2	Seat	Panda	2009-12-01	2008-12-01

Es de esperar entonces que al negar la cláusula WHERE obtengamos todos los registros menos el Seat Panda:

Código 10.7

```
select *
  from VEHICULOS
 where not (ULTI_ITV between '20080101' and '20081231')
```

ID_VEHICULO	MARCA	MODELO	PROX_ITV	ULTI_ITV
4	Citroën	C2	2010-08-24	2009-08-24

Sin embargo, no ocurre así; la consulta ha devuelto los vehículos que NO pasaron la revisión durante el año 2008, pero los registros con valor nulo en el campo ULTI_ITV han vuelto a ser ignorados. Esto nos obliga a extremar el cuidado con estos campos sabiendo que cuando el motor SQL evalúa un dato nulo en una expresión de la cláusula WHERE no sabe resolver la operación y considera que el resultado de dicha expresión es falso. Pero en el caso de usar IS NULL, o bien IS NOT NULL, el motor SQL sí la sabe resolver. De modo que si anteriormente se quería obtener todos los vehículos que NO pasaron la ITV durante el año 2008, debe plantearse si se incluyen los vehículos que NO la han pasado nunca, y si se decide que sí, debe especificarse en la cláusula WHERE:

Código 10.8

```
select *
  from VEHICULOS
 where not (ULTI_ITV between '20080101' and '20081231')
    or ULTI_ITV is null
```

ID_VEHICULO	MARCA	MODELO	PROX_ITV	ULTI_ITV
1	Alfa Romeo	Brera	2011-10-20	
3	BMW	X3	2010-07-18	
4	Citroën	C2	2010-08-24	2009-08-24
5	Ford	Fiesta	2011-04-22	

Para saber qué campos de una tabla pueden tomar valores nulos, se puede pedir al SGDB una descripción de la tabla:

Código:

```
desc VEHICULOS
```

FIELD	TYPE	NULL	KEY	DEFAULT	EXTRA
ID_VEHICULO	int(11)	NO	PRI		auto_increment
MARCA	varchar(30)	NO			
MODELO	varchar(30)	NO			
PROX_ITV	date	NO			
ULTI_ITV	date	YES			

En la columna Null se informa para cada campo si permite valores nulos.

Para finalizar el capítulo retomemos algo que quedó pendiente, referente a la función de recuento COUNT aplicada a un campo concreto. Hasta ahora solo habíamos usado COUNT(*), fíjese en la consulta siguiente:

Código 10.9

```
select count(*) , count(ID_VEHICULO) , count(ULTI_ITV)
  from VEHICULOS
```

---

count(*)	count(ID_VEHICULO)	count(ULTI_ITV)
5	5	2

¿Que está devolviendo? En la primera columna, lo que ya se trató en el capítulo 6: el recuento de registros de toda la tabla puesto que se ha omitido la cláusula WHERE. En la segunda columna, donde se hace un recuento del campo ID_VEHICULO parece que lo mismo: el número de registros de toda la tabla. Pero en la tercera columna, donde se hace el recuento del campo ULTI_ITV, el valor del recuento es dos. En realidad está contando registros cuyo valor en el campo ULTI_ITV no es nulo. Dicho de otro modo, la función de recuento COUNT aplicada a un campo ignora los registros donde el valor de ese campo es nulo.

Esto es extensible a las otras funciones de agregado: SUM, AVG, MAX y MIN, los valores nulos no se pueden comparar ni sumar, no pueden intervenir en un promedio, no son valores máximos ni mínimos, son simplemente valores nulos.

RESUMEN

El operador LIKE permite, junto a un patrón de búsqueda, hallar coincidencias dentro de una cadena. En general:

- CADENA like 'hola%' -> devuelve cierto si el valor del campo CADENA empieza por "hola"
- CADENA like '%hola' -> devuelve cierto si el valor del campo CADENA termina por "hola"
- CADENA like '%hola%' -> devuelve cierto si el valor del campo CADENA contiene la subcadena "hola"

Dependiendo del diseño de una tabla, algunos campos pueden tomar valores nulos. Cuando estos campos se condicionan en la cláusula WHERE y el motor SQL evalúa la expresión para un valor nulo, el resultado será siempre falso salvo que estemos usando el operado IS NULL o bien IS NOT NULL, en cuyo caso dependerá de la expresión concreta que se esté evaluando.

Las funciones de agregado ignoran los valores nulos para desarrollar los cálculos.

EJERCICIOS

Ejercicio 1

¿Qué empleados se apellidan Calvo?

Ejercicio 2

Considerando que en la tabla VEHICULOS el campo PROX_ITV guarda la fecha de la próxima ITV que ha de pasar cada vehículo:

¿Qué vehículos que nunca han pasado la ITV deben pasar la primera revisión durante el año 2011?

SQL, Lisp y Haskell son los únicos lenguajes de programación que he visto en los que uno pasa más tiempo pensando que escribiendo.

Philip Greenspun

Capítulo 11

SÍNTESIS DE LA PRIMERA PARTE

Durante los diez capítulos anteriores se ha trabajado con diversas consultas SQL que accedían a una sola tabla de la BD. El propósito de trabajar con una sola tabla es el de mostrar sobre el caso más simple (solo interviene una tabla), la funcionalidad de las cláusulas SQL estándares que una consulta puede incorporar. Con ello se consigue que en todos los ejemplos el motor SQL deba recorrer la tabla una sola vez, siendo más fácil entender qué papel juega cada cláusula SQL y cómo deben combinarse para explotar los datos de una tabla. Aprovechado los ejemplos se han ido mostrando sobre la marcha distintos recursos y funcionalidades que el lenguaje SQL proporciona. Se ha pretendido mostrar estos recursos bajo un contexto, para acompañarlos de una aplicación práctica que ayude a entender su cometido.

A lo largo de estos primeros capítulos se han estudiado dos tipos de consultas SQL que se diferencian claramente por el resultado que se obtiene:

CONSULTAS SQL LLANAS

Son las consultas que seleccionan los campos de una tabla indicados en la cláusula SELECT, de los registros filtrados por la cláusula WHERE.

CONSULTAS SQL DE CÁLCULO

Son las consultas que calculan los totales de una tabla indicados en la cláusula SELECT, mediante funciones de agregado (SUM, MAX, etc.), sobre los registros filtrados por la cláusula WHERE. Estos totales se pueden agrupar por los campos indicados en la cláusula GROUP BY, en cuyo caso, pueden ser filtrados por las condiciones establecidas en la cláusula HAVING.

CLÁUSULAS SQL

Cada cláusula SQL está relacionada o responde a una pregunta de construcción:

1. **SELECT**: ¿Qué datos nos piden?
2. **FROM**: ¿Dónde están los datos?
3. **WHERE**: ¿Qué requisitos deben cumplir los registros?
4. **GROUP BY**: ¿Cómo deben agruparse los datos?
5. **HAVING**: ¿Qué requisitos deben cumplir los cálculos de totalización?
6. **ORDER BY**: ¿Por qué columnas debe ordenarse el resultado?

Para construir una consulta como mínimo deben intervenir las cláusulas SELECT y FROM, el resto dependerá de lo que se quiera obtener, pero en cualquier caso el orden en que cada cláusula aparece en una consulta SQL no puede cambiarse, la cláusula SELECT siempre será la primera, y ORDER BY, si interviene, siempre será la última.

Aunque en MySQL es posible hacer consultas sin cláusula FROM cuando por ejemplo indicamos solo constantes en la cláusula SELECT, en otros SGBD como Oracle, debe intervenir forzosamente la cláusua FROM e indicar una tabla. Puede usar la tabla DUAL para este proposito si trabaja en Oracle.

En general una consulta SQL tiene esta forma:

```
Código
select CAMPO_S1, ... , CAMPO_SN
  from TABLA_1, ... , TABLA_N
 where CONDICIONES_WHERE
 group by CAMPO_G1, ... , CAMPO_GN
having CONDICIONES_HAVING
 order by CAMPO_O1, ... , CAMPO_ON
```

En la cláusula **SELECT** se establece la lista de campos que mostrará el resultado de la consulta, poniendo DISTINCT precediendo a la lista de campos se eliminan posibles registros duplicados que el resultado pueda devolver. Así mismo podemos rebautizar las columnas de resultado asignando un alias a cada campo.

En la cláusula **FROM** se establece la fuente de los datos, las tablas que intervienen en la consulta.

En la cláusula **GROUP BY** se establecen los campos por los que se agruparán los totales a obtener. No tendría sentido usar esta cláusula si no se indican funciones de agregado (SUM , MAX, AVG, etc.) en la cláusula SELECT.

La condiciones establecidas en la cláusula **WHERE** tienen como propósito filtrar registros de la tabla, mientras que las condiciones de la cláusula **HAVING** filtran filas de resultados condicionando únicamente los datos calculados por las funciones de agregado (SUM , MAX, AVG, etc.). A efectos prácticos para este libro se considera que la cláusula HAVING solo puede intervenir en una consulta SQL si lo hace la cláusula GROUP BY, de lo contrario no tiene sentido.

La cláusula **ORDER BY** permite finalmente ordenar el resultado por diferentes columnas, y en sentido ascendente o descendente, antes de ser presentado.

SQL fácil

Si usted ha llegado hasta aquí le animo a que continúe con el libro. En los siguientes capítulos se va a abordar lo que quizá es el mayor potencial de las BD relacionales: la reunión de datos. Usted aprenderá a trabajar con más de una tabla en una misma consulta SQL.

EJERCICIO

Supongamos que usted tiene un amigo que es jugador de póquer, el pobre no sabe si sus ganancias en el juego son positivas o negativas porque no lleva un control sobre ello, por lo que usted se ofrece a gestionarle las ganancias. Le dice a su amigo que cuando acabe una sesión de juego le comunique a usted el dinero que ha ganado o perdido, entendiendo pérdida como una ganancia o número en negativo.

Diseñe una tabla, es decir, los campos y tipo de dato de cada campo, para poder registrar la información que su amigo le facilita, y mediante SQL pueda responder en cualquier momento a las siguientes preguntas:

¿Cuáles son las ganancias actuales?
¿Cuánto dinero se ganó durante el mes de marzo de 2009?

Una vez diseñada la tabla construya las consultas SQL que responden a cada una de estas preguntas.

Segunda Parte

Cuando te enfrentes a la ambigüedad, no caigas en la tentación de adivinar.

Guido van Rossum

Capítulo 12

EL PRODUCTO CARTESIANO

Si usted durante su infancia jugó a vestir muñecas, recordará que el juego consistía en un conjunto de camisetas y otro de pantalones de manera que, combinando un elemento de cada conjunto, podían confeccionarse distintas mudas con las que vestir a la muñeca.

SQL fácil

Es más que probable conociendo a los niños que, si es el caso, usted realizara el producto cartesiano de estos dos conjuntos, es decir, el producto cartesiano de las camisetas con los pantalones. Para ello debió vestir la muñeca, al menos una vez, con todas y cada una de las combinaciones posibles, de modo que todas las camisetas se combinaron con todos los pantalones, y, por ende, todos los pantalones con las camisetas. El conjunto resultante de pares de elementos posibles es el producto cartesiano de ambos conjuntos.

Si suponemos que el número de camisetas era de cinco elementos y el de pantalones de cuatro, entonces las combinaciones posibles son veinte (5 x 4), ya que para cada camiseta tenemos cuatro mudas distintas, una con cada pantalón. Esos veinte pares de elementos son los veinte elementos del conjunto resultante. Por tanto el producto cartesiano entre dos conjuntos da como resultado un nuevo conjunto con tantos elementos como pares posibles de elementos puedan combinarse.

Si trasladamos esto al ámbito que nos ocupa de las bases de datos, una tabla es en realidad un conjunto de registros, y al realizar una consulta como la siguiente:

Código
```
select                                              *
   from TABLA1 , TABLA2
```

El motor SQL realiza el producto cartesiano de ambos conjuntos, combinando todos los elementos o registros de la TABLA1 con todos los registros de la TABLA2, de manera que cada fila de resultado es una de las combinaciones posibles. Por tanto el número de filas resultantes será igual al número de registros de la TABLA1 multiplicado por el número de registros de la TABLA2.

Para ilustrar esto vamos a considerar estas dos tablas:

Tabla CAMISAS:

ID_CAMISA	CAMISA	PESO_GR
1	lino blanca	210
2	algodón naranja	290
3	seda negra	260

Tabla PANTALONES:

ID_PANTALON	PANTALON	PESO_GR
1	tela azul marino	470
2	pana marrón claro	730

En estas tablas se guardan el vestuario de camisas y pantalones por separado, cada prenda tiene un número que la identifica y un peso expresado en gramos.

Si ahora nos preguntamos lo siguiente: ¿qué combinaciones ofrece este vestuario? La respuesta es el producto cartesiano de ambas tablas:

Código 12.1
```
select                                                    *
  from CAMISAS , PANTALONES
```

ID_CAMISA	CAMISA	PESO_GR	ID_PANTALON	PANTALON	PESO_GR
1	lino blanca	210	1	tela azul marino	470
1	lino blanca	210	2	pana marrón claro	730
2	algodón naranja	290	1	tela azul marino	470
2	algodón naranja	290	2	pana marrón claro	730
3	seda negra	260	1	tela azul marino	470
3	seda negra	260	2	pana marrón claro	730

> Al intervenir dos tablas en una consulta SQL, en la cláusula SELECT se pueden solicitar datos de cualquiera de las dos tablas. En el ejemplo anterior se indica un asterisco, de modo que el motor SQL devuelve todos los campos de la primera tabla, seguido de todos los campos de la segunda tabla.

Tracemos cómo ejecuta esta consulta el motor SQL: primero escoge la tabla CAMISAS y toma el primer registro, con él recorre toda la tabla PANTALONES asociándole todos los registros de la tabla PANTALONES. Acto seguido tomará el segundo registro de la tabla CAMISAS y repetirá la operación asociando a este todos los registros de la tabla PANTALONES. Y así irá repitiendo esta operación con todos los registros de la tabla CAMISAS hasta llegar al último. Por tanto recorrerá la tabla PANTALONES tantas veces como registros haya en la tabla CAMISAS.

Para eliminar las columnas que no interesan construimos la siguiente consulta SQL:

Código 12.2
```
select CAMISA , PANTALON
  from CAMISAS , PANTALONES
```

CAMISA	PANTALON
lino blanca	tela azul marino
lino blanca	pana marrón claro
algodón naranja	tela azul marino
algodón naranja	pana marrón claro
seda negra	tela azul marino
seda negra	pana marrón claro

CAMPO AMBIGUO

La ambigüedad se da cuando en una consulta SQL de, por ejemplo, dos tablas, en ambas existen uno o más campos con el mismo nombre, y estos campos aparecen en cualquier cláusula de la consulta. Ningún SGBD es hasta ahora adivino, por lo que si no le indicamos a cuál de las tablas pertenece el campo al que hacemos mención, devolverá un error.

Para ilustrar lo que es un campo ambiguo en una consulta SQL, planteamos la siguiente cuestión: ¿qué mudas pueden confeccionarse con este vestuario y qué pesa en conjunto cada muda, es decir, pantalón más camisa?

La solución pasa por sumar el peso de la camisa más el del pantalón, ese dato se guarda en un campo que se denomina igual en ambas tablas: PESO_GR, por lo que debe indicarse a qué tabla pertenece cada campo PESO_GR que aparezca en la consulta. Esto se consigue precediendo al campo por el nombre de la tabla, separando la tabla del campo por un punto:

Código 12.3
```
select CAMISA , PANTALON ,
       CAMISAS.PESO_GR + PANTALONES.PESO_GR as PESO_MUDA
  from CAMISAS , PANTALONES
```

CAMISA	PANTALON	PESO_MUDA
lino blanca	tela azul marino	680
lino blanca	pana marrón claro	940
algodón naranja	tela azul marino	760
algodón naranja	pana marrón claro	1020
seda negra	tela azul marino	730
seda negra	pana marrón claro	990

> **Sugerencia**: Lleve la anterior consulta a la consola SQL, accesible desde la web sqlfacil.com, y elimine la tabla y el punto que preceden a cualquiera de los dos campos PESO_GR que intervienen.

En realidad esto se debería abordar al revés. En general en una consulta SQL con más de una tabla debe indicarse siempre a qué tabla pertenece cada campo, pudiendo no hacerse en el caso de que no exista ambigüedad, aunque no se recomienda. Las tablas pueden cambiar en un futuro, y donde no existe ambigüedad hoy, puede no ser así mañana. Por tanto es más prudente para evitar fuentes de errores futuras construir la anterior consulta así:

Código 12.4

```
select CAMISAS.CAMISA, PANTALONES.PANTALON,
       CAMISAS.PESO_GR + PANTALONES.PESO_GR as PESO_MUDA
  from CAMISAS , PANTALONES
```

ALIAS DE TABLA

Al igual que el SQL permite rebautizar columnas de la cláusula SELECT, también permite rebautizar tablas de la cláusula FROM. Para ello se emplea de igual modo la palabra clave AS. Se consigue así que las consultas sean menos laboriosas de construir, menos tupidas y más simplificadas a la vista del desarrollador. Por ejemplo:

Código 12.5

```
select C.CAMISA , P.PANTALON ,
       C.PESO_GR + P.PESO_GR as PESO_MUDA
  from CAMISAS as C, PANTALONES as P
```

CAMISA	PANTALON	PESO_MUDA
lino blanca	tela azul marino	680
lino blanca	pana marrón claro	940
algodón naranja	tela azul marino	760
algodón naranja	pana marrón claro	1020
seda negra	tela azul marino	730
seda negra	pana marrón claro	990

Al igual que con los alias de campo, no es necesario indicar la palabra clave AS para establecer un alias, si la omitimos el SGBD entiende de igual modo que la palabra que sigue a la tabla o al campo es un alias. Lleve la anterior consulta a la consola SQL, accesible desde la web sqlfacil.com, y elimine las palabras clave AS tanto de la cláusula SELECT como de la cláusula FROM, dejando un espacio entre la tabla y su alias, observará que el resultado es el mismo.

¿Qué ocurre si cruzamos tres tablas en una misma consulta SQL?

Si intuitivamente usted cree que el motor SQL realizará el producto cartesiano de tres tablas está en lo cierto. Tomemos la tabla CALZADOS:

ID_CALZADO	CALZADO	PESO_GR
1	deportivas	675
2	mocasines	800
3	botas	1050

Es de esperar que si a la consulta SQL de las camisas con los pantalones le añadimos esta tabla, el motor SQL realice el producto cartesiano sobre estos dos conjuntos, es decir, sobre el conjunto de las camisas-pantalones (6 elementos) y el conjunto de los calzados:

Código 12.6

```
select *
  from CAMISAS , PANTALONES , CALZADOS
```

ID_CAMISA	CAMISA	PESO_GR	ID_PANTALON	PANTALON	PESO_GR	ID_CALZADO	CALZADO	PESO_GR
1	lino blanca	210	1	tela azul marino	470	1	deportivas	675
1	lino blanca	210	2	pana marrón claro	730	1	deportivas	675
2	algodón naranja	290	1	tela azul marino	470	1	deportivas	675
2	algodón naranja	290	2	pana marrón claro	730	1	deportivas	675
3	seda negra	260	1	tela azul marino	470	1	deportivas	675
3	seda negra	260	2	pana marrón claro	730	1	deportivas	675
1	lino blanca	210	1	tela azul marino	470	2	mocasines	800
1	lino blanca	210	2	pana marrón claro	730	2	mocasines	800
2	algodón naranja	290	1	tela azul marino	470	2	mocasines	800
2	algodón naranja	290	2	pana marrón claro	730	2	mocasines	800
3	seda negra	260	1	tela azul marino	470	2	mocasines	800
3	seda negra	260	2	pana marrón claro	730	2	mocasines	800
1	lino blanca	210	1	tela azul marino	470	3	botas	1050
1	lino blanca	210	2	pana marrón claro	730	3	botas	1050
2	algodón naranja	290	1	tela azul marino	470	3	botas	1050
2	algodón naranja	290	2	pana marrón claro	730	3	botas	1050
3	seda negra	260	1	tela azul marino	470	3	botas	1050
3	seda negra	260	2	pana marrón claro	730	3	botas	1050

Las combinaciones o registros resultantes equivalen a la multiplicación del número de camisas por el número de pantalones por el número de calzados: (3 x 2) x 3 = 6 x 3 = 18

Realicemos la consulta que devolvía las distintas mudas con su peso, considerando también la tabla CALZADOS:

Código 12.7

```
select C.CAMISA , P.PANTALON , Z.CALZADO ,
       C.PESO_GR + P.PESO_GR + Z.PESO_GR as PESO_MUDA
  from CAMISAS C , PANTALONES P , CALZADOS Z
 order by C.ID_CAMISA , P.ID_PANTALON , Z.ID_CALZADO
```

CAMISA	PANTALON	CALZADO	PESO_MUDA
lino blanca	tela azul marino	deportivas	1355
lino blanca	tela azul marino	mocasines	1480
lino blanca	tela azul marino	botas	1730
lino blanca	pana marrón claro	deportivas	1615
lino blanca	pana marrón claro	mocasines	1740
lino blanca	pana marrón claro	botas	1990
algodón naranja	tela azul marino	deportivas	1435
algodón naranja	tela azul marino	mocasines	1560
algodón naranja	tela azul marino	botas	1810
algodón naranja	pana marrón claro	deportivas	1695
algodón naranja	pana marrón claro	mocasines	1820
algodón naranja	pana marrón claro	botas	2070
seda negra	tela azul marino	deportivas	1405
seda negra	tela azul marino	mocasines	1530
seda negra	tela azul marino	botas	1780
seda negra	pana marrón claro	deportivas	1665
seda negra	pana marrón claro	mocasines	1790
seda negra	pana marrón claro	botas	2040

SQL fácil

Para acabar este capítulo y a modo de adelanto, fíjese en las filas resultantes de la anterior consulta SQL, usted que es el informático no tendrá problemas en saber que el resultado es en realidad las distintas mudas que se pueden confeccionar con el vestuario disponible y el peso de cada una. Pero créame, su jefe se lo agradecerá si le muestra el resultado así:

Código 12.8

```
select concat('Camisa de ' , C.CAMISA ,
            ' con pantalón de ' , P.PANTALON ,
            ' y ' , Z.CALZADO) as MUDA ,
            C.PESO_GR + P.PESO_GR + Z.PESO_GR PESO_MUDA
  from CAMISAS C , PANTALONES P , CALZADOS Z
 order by C.ID_CAMISA , P.ID_PANTALON , Z.ID_CALZADO
```

MUDA	PESO_MUDA
Camisa de lino blanca con pantalón de tela azul marino y deportivas	1355
Camisa de lino blanca con pantalón de tela azul marino y mocasines	1480
Camisa de lino blanca con pantalón de tela azul marino y botas	1730
Camisa de lino blanca con pantalón de pana marrón claro y deportivas	1615
Camisa de lino blanca con pantalón de pana marrón claro y mocasines	1740
Camisa de lino blanca con pantalón de pana marrón claro y botas	1990
Camisa de algodón naranja con pantalón de tela azul marino y deportivas	1435
Camisa de algodón naranja con pantalón de tela azul marino y mocasines	1560
Camisa de algodón naranja con pantalón de tela azul marino y botas	1810
Camisa de algodón naranja con pantalón de pana marrón claro y deportivas	1695
Camisa de algodón naranja con pantalón de pana marrón claro y mocasines	1820
Camisa de algodón naranja con pantalón de pana marrón claro y botas	2070
Camisa de seda negra con pantalón de tela azul marino y deportivas	1405
Camisa de seda negra con pantalón de tela azul marino y mocasines	1530
Camisa de seda negra con pantalón de tela azul marino y botas	1780
Camisa de seda negra con pantalón de pana marrón claro y deportivas	1665
Camisa de seda negra con pantalón de pana marrón claro y mocasines	1790
Camisa de seda negra con pantalón de pana marrón claro y botas	2040

CONCAT es una función que concatena datos de tipo cadena dando como resultado una única cadena. No debe confundirse esta función con las funciones de agregado (SUM, AVG, etc.). Las funciones se tratarán más adelante, por el momento no se preocupe por ello y quédese con la idea. Cabe añadir también que la función CONCAT es un recurso particular del SGBD MySQL fuera del estándar SQL, por ejemplo en Oracle el modo de concatenar cadenas aplicado a este ejemplo es el siguiente:

Código
```
select 'Camisa de ' || C.CAMISA || ' con pantalón de '
        || P.PANTALON as MUDA
    from CAMISAS C, PANTALONES P
```

RESUMEN

En las consultas SQL de dos o más tablas:

- Sin cláusula WHERE el motor SQL realiza el producto cartesiano de todas las tablas.
- Para evitar la ambigüedad de campos y por tanto asegurar el funcionamiento de la consulta SQL, debe indicarse para cualquier campo que aparezca en la consulta y en cualquiera de sus cláusulas, la tabla a la que pertenece del siguiente modo: TABLA.CAMPO.
- Es posible establecer alias o sobrenombres de tabla, con intención de agilizar la construcción de la consulta, y usar ese alias para indicar a qué tabla pertenece cada campo.

EJERCICIOS

Ejercicio 1

Realice una consulta que devuelva las combinaciones posibles entre los pantalones y los calzados, sin más columnas que la descripción de cada prenda. Use alias de tabla para indicar a qué tabla pertenece cada campo de la cláusula SELECT.

Ejercicio 2

Si en una BD existe una tabla T1 con 4 campos y 12 registros, y una tabla T2 con 7 campos y 10 registros, ¿cuántas filas y columnas devolvería la siguiente consulta?

Código

```
select *
  from T1 , T2
```

Controlar la complejidad es la esencia de la programación.

Brian Kernigan

Capítulo 13

ABSTRACCIÓN DE TABLA

Ahora que usted ya conoce el producto cartesiano entre dos o más tablas, y conoce también cómo trabajar con consultas SQL de una sola tabla, en este capítulo descubrirá que, a nivel lógico, hay muy poca diferencia entre las consultas de una sola tabla y las de dos o más tablas.

Una tabla almacena un conjunto de registros con un cierto número de campos. Podemos afirmar también que el producto cartesiano entre dos tablas está formado por un conjunto de filas de datos con un cierto número de columnas. Si se abstraen estos dos conceptos, ¿no se está hablando de lo mismo?

Véase la tabla MUDAS:

ID_CAMISA	CAMISA	PESO_CAMISA	ID_PANTALON	PANTALON	PESO_PANTALON
1	lino blanca	210	1	tela azul marino	470
1	lino blanca	210	2	pana marrón claro	730
2	algodón naranja	290	1	tela azul marino	470
2	algodón naranja	290	2	pana marrón claro	730
3	seda negra	260	1	tela azul marino	470
3	seda negra	260	2	pana marrón claro	730

SQL fácil

La siguiente consulta SQL:

Código

```
select *
  from MUDAS
 where ID_CAMISA = 1
```

Mostraría únicamente las mudas con la camisa de lino blanca, es decir, la camisa con identificador igual a 1, si no fuese porque la tabla MUDAS no existe en la BD. Lo que aparenta ser una tabla es en realidad el resultado de la siguiente consulta SQL:

Código 13.1

```
select C.ID_CAMISA , C.CAMISA , C.PESO_GR as PESO_CAMISA ,
       P.ID_PANTALON , P.PANTALON ,
       P.PESO_GR as PESO_PANTALON
  from CAMISAS C , PANTALONES P
```

Por tanto diremos que cuando se combinan varias tablas en una consulta SQL, **a efectos lógicos**, **el producto cartesiano** de dichas tablas **se puede considerar como una sola tabla** con tantos registros y campos como filas y columnas resuelva la operación, **siendo válido** sobre estos registros y campos **todo lo expuesto en la primera parte del libro**, donde se trabajó únicamente con una sola tabla.

La consulta SQL que devuelve las mudas de la camisa con identificador 1 quedaría de la siguiente manera:

---

código 13.2

```
select C.ID_CAMISA , C.CAMISA , C.PESO_GR as PESO_CAMISA ,
       P.ID_PANTALON , P.PANTALON ,
       P.PESO_GR as PESO_PANTALON
  from CAMISAS C , PANTALONES P
 where C.ID_CAMISA = 1
```

ID_CAMISA	CAMISA	PESO_CAMISA	ID_PANTALON	PANTALON	PESO_PANTALON
1	lino blanca	210	1	tela azul marino	470
1	lino blanca	210	2	pana marrón claro	730

Versión simplificada:

Código 13.3

```
select *
  from CAMISAS , PANTALONES
 where ID_CAMISA = 1
```

ID_CAMISA	CAMISA	PESO_GR	ID_PANTALON	PANTALON	PESO_GR
1	lino blanca	210	1	tela azul marino	470
1	lino blanca	210	2	pana marrón claro	730

Si usted tiene dificultades en el futuro para entender o construir consultas complejas, donde intervienen varias tablas y cláusulas, siempre puede considerar, de forma lógica, el producto cartesiano como una sola tabla. Quizás eso le ayude en su propósito.

FUNCIONES DE AGREGADO

Con la anterior premisa es fácil intuir cómo se comportarán las funciones de agregado. Si antes, con una sola tabla, la recorría realizando un cálculo determinado, ahora se recorrerá el conjunto de filas resultantes de reunir varias tablas:

¿Cuántas mudas se pueden confeccionar con las camisas y pantalones?

Código 13.4

```
select count(*) as COMBINACIONES
  from CAMISAS , PANTALONES
```

COMBINACIONES
6

Un recurso de la función COUNT es la de contar sobre un campo: los distintos valores que contiene, en lugar de contar todos los valores que contiene la columna. Por ejemplo:

Código 13.5

```
select count(*) , count(CAMISA) , count(distinct CAMISA)
  from CAMISAS , PANTALONES
```

COUNT(*)	COUNT(CAMISA)	COUNT(DISTINCT CAMISA)
6	6	3

COUNT(*) cuenta filas resultantes, COUNT(camisa) cuenta los datos de la columna CAMISA que no son nulos, en este caso coincide con el número de filas resultantes; y COUNT(DISTINCT camisa) cuenta los distintos valores que presenta la columna CAMISA, como solo hay tres camisas distintas, el resultado de esta función de agregado es tres.

CLÁUSULA WHERE

En todos los filtros que se han establecido en las cláusulas WHERE de las consultas SQL de este libro, hasta ahora, siempre se han condicionado campos con constantes. La potencia del SQL va más allá, pudiendo si interesa comparar o condicionar campos de un mismo registro, o fila resultante de un producto cartesiano, entre sí. Siguiendo con el conjunto resultante de combinar las camisas con los pantalones, supongamos que interesa seleccionar aquellas mudas que el pantalón y la camisa son del mismo color. Al establecer esta condición se está reduciendo el número de elementos resultantes, puesto que ahora de todas las mudas solo se seleccionarán aquellas en las que ambas prendas sean del mismo color. Esto se consigue con ayuda de la cláusula WHERE. Volviendo al símil del archivo, a nuestro ayudante le pediríamos para este propósito lo siguiente:

Selecciona todas las mudas confeccionables
del archivo PANTALONES y CAMISAS
donde el COLOR del PANTALON sea el mismo que el COLOR de la CAMISA

Como en las tablas no tenemos guardado el color, para ilustrar esto supongamos que las camisas tiene un orden o prioridad que viene dado por su identificador (1 , 2 , ...), para los pantalones consideramos lo mismo:

¿Qué mudas o combinaciones son aquellas que la primera camisa se combina con el primer pantalón, la segunda camisa con el segundo pantalón, y así sucesivamente?

Para ello se tiene que dar que el identificador de la camisa sea el mismo que el del pantalón, por tanto:

Código 13.6
```
select *
  from CAMISAS C, PANTALONES P
 where C.ID_CAMISA = P.ID_PANTALON
```

ID_CAMISA	CAMISA	PESO_GR	ID_PANTALON	PANTALON	PESO_GR
1	lino blanca	210	1	tela azul marino	470
2	algodón naranja	290	2	pana marrón claro	730

Esto puede ser visto como un filtro, puesto que de las seis filas resultantes de cruzar estas dos tablas, solo tomamos dos, las que cumplen la condición, y esto sería así si en realidad se tratara de una sola tabla, pero son dos tablas, por lo que más que un filtro, que lo es, se debe hablar de reunión. Con este tipo de condiciones se están reuniendo registros entre tablas relacionadas, o si usted quiere, entre ellas guardan una relación y de este modo obtenemos los registros relacionados. En este caso existe una relación de orden. Este no es un buen ejemplo de reunión entre dos tablas, pero como vamos a hablar largo y tendido de ello en los próximos capítulos, sirva el ejemplo de introducción.

Un ejemplo de filtro que no relaciona tablas pero sí compara campos entre sí de una misma tabla es el siguiente:

Código 13.7
```
select *
  from PERSONAS
 where RUBIA = ALTA
```

ID_PERSONA	NOMBRE	RUBIA	ALTA	GAFAS
1	Manuel	S	S	N
2	María	N	N	S
4	José	S	S	S

La anterior consulta SQL devuelve los registros de la tabla PERSONAS que contienen el mismo valor en el campo RUBIA y ALTA. En este caso concreto devuelve las personas que son altas y rubias, o bien, no son altas ni rubias. Por tanto en este, y solo en este caso, equivale a la siguiente consulta:

Código 13.8

```
select *
  from PERSONAS
 where (RUBIA = 'S' and ALTA = 'S')
    or (RUBIA = 'N' and ALTA = 'N')
```

ID_PERSONA	NOMBRE	RUBIA	ALTA	GAFAS
1	Manuel	S	S	N
2	María	N	N	S
4	José	S	S	S

UNIONES (UNION ALL)

Antes de entrar de lleno en la operación de reunión, vamos a presentar otro recurso muy potente del SQL. Se ha visto como al cruzar dos tablas, el SGBD reúne los registros mediante el producto cartesiano colocando los registros de la primera tabla al lado de los registros de la segunda tabla. Ahora vamos a ver el modo de colocar los registros de una tabla debajo de los registros de otra, es decir, vamos a unir dos consultas. Para ello planteamos la siguiente pregunta:

¿Qué prendas contiene una maleta con todas las camisas y pantalones?

Con lo visto en este libro usted debería saber responder a esto, para ello necesita dos consultas, una para seleccionar todas las camisas, y otra para seleccionar todos los pantalones. Existe un modo de unir los resultados de dos o más consultas colocando entre ellas el operador: UNION ALL.

Prendas de la maleta:

Código 13.9

```
    select concat('Camisa de ',CAMISA) as PRENDA
        from CAMISAS
union all
    select concat('Pantalón de ',PANTALON)
        from PANTALONES
```

PRENDA
Camisa de lino blanca
Camisa de algodón naranja
Camisa de seda negra
Pantalón de tela azul marino
Pantalón de pana marrón claro

Obsérvese como para realizar la **operación de unión**, es necesario que **ambas consultas devuelvan el mismo número de columnas**, de lo contrario la consulta SQL es en conjunto errónea y SGBD no sabrá resolverla.

Una variante de UNION ALL es indicar para este mismo propósito UNION a secas, esta opción eliminará del resultado posibles filas duplicadas, es decir, si de entre las consultas implicadas existen filas repetidas, al realizar la unión solo se mostrará una.

RESUMEN

A efectos lógicos el producto cartesiano entre varias tablas se puede considerar como una sola tabla siendo válido todo lo expuesto sobre consultas de una sola tabla, es decir, se puede interpretar que el motor SQL primero generará el producto cartesiano sobre las tablas de la cláusula FROM, para después ejecutar el resto de la consulta sobre ese resultado.

En la cláusula WHERE se pueden establecer condiciones comparando campos de un mismo registro entre sí. Cuando los campos son de tablas distintas se estarán reuniendo registros entre ambas tablas bajo un concepto o propósito. El caso más amplio de relación es el producto cartesiano, donde se reúnen todos con todos.

Mediante UNION ALL o bien UNION, es posible unir dos o más consultas SQL, el resultado es la unión de resultados, por lo que todas las consultas que intervienen en la unión deben devolver el mismo número de columnas.

Obsérvese que si tomamos la tabla CAMISAS y PANTALONES y realizamos la operación de reunión se obtiene la lista de todas las mudas confeccionables, mientras que si realizamos la operación de unión, se obtiene la lista de las prendas disponibles.

EJERCICIOS

Ejercicio 1

Construya una consulta SQL que devuelva el peso medio de todas las mudas confeccionables entre camisas y pantalones. Modifique la consulta para obtener el mismo resultado entre camisas, pantalones y calzados.

Ejercicio 2

Construya una consulta SQL que devuelva el peso medio de todas las mudas confeccionables entre camisas y pantalones agrupado por camisa. Modifique la consulta de manera que devuelva el mismo resultado pero solo muestre los grupos cuyo peso medio sea superior a 850 gramos.

SQL fácil

Ejercicio 3

Construya una consulta SQL que devuelva las combinaciones de las camisas con los pantalones de manera que: la primera camisa se combine con todos los pantalones menos con el primero, la segunda camisa se combine con todos los pantalones menos con el segundo, y así sucesivamente.

Ejercicio 4

Construya una consulta que devuelva la lista de prendas de una maleta que contiene todas las camisas, pantalones y calzados.

Un experto es una persona que ha cometido todos los errores posibles en un determinado terreno.

Niels Bohr

Capítulo 14

RELACIONES, CLAVES PRIMARIAS Y FORÁNEAS

Las relaciones son las que, aparte de dar el nombre a las BD relacionales, hacen de este modelo una potente herramienta de reunión de datos. Para abordarlas debemos tratar primero el concepto de clave primaria y clave foránea, puesto que son estas claves las que establecen las relaciones en una BD, y realizan la reunión de datos mediante consultas SQL.

CLAVE PRIMARIA

Si usted recuerda cómo su profesor de enseñanza básica pasaba lista a la clase, recordará que nombraba a los alumnos bien por su apellido, bien por su nombre, dependiendo del caso, e incluso por nombre y apellido si era necesario evitar ambigüedades. El propósito era dejar claro a quién se estaba haciendo mención y no dar lugar a dudas entre dos alumnos de igual nombre o apellido. Podríamos decir que el profesor asignaba una clave primaria a cada alumno, y con ello todos sabían qué clave identificar como propia y, al oírla, responder: «Presente».

Podemos considerar que una tabla es como una clase, y el conjunto de registros que contiene son los alumnos de esa clase. Para identificar cada registro es necesario establecer, de igual modo que hace el profesor, una clave primaria, con el propósito de identificar cada registro de forma única, por lo que el valor o valores que ejercen de clave en un registro no se pueden repetir en el resto de registros de la tabla, ni en futuros registros que puedan existir. De esto se encarga el SGBD al especificarle qué campos de la tabla forman la clave primaria, devolviendo un error cuando se intenta duplicar una clave primaria al insertar un nuevo registro en la tabla.

Un error común, a mi entender, al establecer la clave primaria de una tabla es intentar aprovechar algún campo de datos para que ejerza de clave, por ejemplo el DNI (documento nacional de identidad) de una persona. Aparentemente es un campo que no se puede repetir y, por tanto, parece un buen candidato para ejercer de clave primaria en, por ejemplo, una tabla de empleados o de alumnos. Sin embargo, no tenemos control sobre él, es decir, no podemos garantizar que no se repita. En ocasiones se asigna a un nuevo ciudadano un DNI que perteneció a una persona ya fallecida, de modo que aunque sea una posibilidad remota puede dar problemas. Eso sin considerar que en ocasiones pueda resultar una clave poco práctica de manejar.

Otro error común es pretender que el campo clave guarde información implícita en la propia clave. Por ejemplo, a un vehículo de nuestra flota le asignamos la clave 1100456, donde el 11 está indicando que es marca SEAT y el 00456 es el resto de la clave. En ocasiones puede estar justificado usar este tipo de codificación, pero por lo general resulta innecesario e incómodo de manejar.

Mi consejo es que no se empeñe, ni en aprovechar datos para que ejerzan de clave, ni en aprovechar claves para que implícitamente contengan información relevante. Las claves son claves y deben diseñarse únicamente para identificar registros. Los números naturales (1, 2, 3, etc.) son excelentes candidatos para ejercer de clave, se pueden ordenar (el SGBD creará índices sobre los campos clave que agilizarán las consultas) y son infinitos (siempre dispondremos de un valor para no repetir claves).

CLAVE FORÁNEA

La clave o claves foráneas de una tabla son referencias a registros de otra tabla, formándose entre ambas tablas una relación. Un registro de la tabla que tiene la clave foránea, llamémoslo registro hijo, apunta a un solo registro de la tabla a la que hace referencia, llamémoslo registro padre. Por tanto, una clave foránea apuntará siempre a la clave primaria de otra tabla.

De hecho el nombre ya nos indica que es una clave externa, es decir, el valor que contiene un registro en el campo, o campos, que ejercen de clave foránea, deberá contenerlo algún registro (uno solo) en el campo, o campos, que ejercen de clave primaria en la tabla a la que hace referencia dicha clave foránea.

Es también el SGBD quien garantiza esto, no dejando armar una clave foránea si pretendemos montarla sobre el campo, o campos, que no son clave primaria en la tabla con la que se pretende relacionar.

Tampoco permitirá, devolviendo un error, insertar valores que no existen como clave primaria en la tabla padre, o tabla a la que se hace referencia. A esto se le llama integridad referencial. El SGBD no permite incoherencias referenciales, de modo que si por ejemplo se intenta eliminar un registro padre el cual dejaría hijos huérfanos en otras tablas, es decir, tiene referencias o claves foráneas de él, el SGBD devuelve un error y no se realiza la operación.

RELACIONES

El modo de relacionar registros entre tablas es por tanto mediante referencias, para lo cual se usan los identificadores definidos como claves primarias y foráneas.

Supongamos una academia donde se imparten clases, en consecuencia habrá cursos, profesores y alumnos. En nuestra base de datos diseñamos una tabla para cada entidad, es decir, para alumnos, profesores y cursos. Veamos cómo se

SQL fácil

relacionan entre sí estas tres entidades y cómo se establecen estas relaciones en la base de datos.

Intuitivamente usted puede resolver la siguiente relación: la academia oferta cursos que imparten los profesores a los alumnos matriculados, y está en lo cierto, pero para relacionar esto en una BD debemos conocer en qué medida se relacionan entre sí estas tres entidades, es lo que se llama cardinalidad de una relación. Veamos primero el diseño de las tablas, los datos que contienen, y qué campo, o campos, juegan el papel de identificador o clave primaria.

Los campos clave se han bautizado con el prefijo ID, abreviación de identificador.

Tabla CURSOS

ID_CURSO	TITULO
1	Programación PHP
2	Modelos abstracto de datos
3	SQL desde cero
4	Dibujo técnico
5	SQL avanzado

Tabla PROFESORES

ID_PROFE	NOMBRE	APELLIDOS	F_NACIMIENTO
1	Federico	Gasco Daza	1975-04-23
2	Ana	Saura Trenzo	1969-08-02
3	Rosa	Honrosa Pérez	1980-09-05
4	Carlos	García Martínez	1985-05-24

Tabla ALUMNOS

ID_ALUMNO	NOMBRE	APELLIDOS	F_NACIMIENTO
1	Pablo	Hernandaz Mata	1995-03-14
2	Jeremías	Santo Lote	1993-07-12
3	Teresa	Lomas Trillo	1989-06-19
4	Marta	Fuego García	1992-11-23
5	Sergio	Ot Dirmet	1991-04-21
6	Carmen	Dilma Perna	1987-12-04

A estas tablas se las llama «maestros», dado que contienen información relevante y concreta de cada entidad, así hablaremos del maestro de profesores o del maestro de alumnos. Para establecer las relaciones entre estas tres tablas necesitamos conocer con algo más de detalle la actividad en la academia, de modo que después de investigar un poco sacamos las siguientes conclusiones:

- Cada curso lo imparte un único profesor, sin embargo, algún profesor imparte más de un curso.
- Cada curso tiene varios alumnos, y algunos alumnos cursan dos o más cursos.

RELACIÓN DE CARDINALIDAD 1 A N

Establezcamos la siguiente relación:

Cada curso lo imparte un único profesor, sin embargo, algún profesor imparte más de un curso.

Para ello basta con crear un campo en la tabla CURSOS que informe de qué profesor lo imparte. Este dato es una clave primaria de la tabla PROFESORES alojada en la tabla CURSOS, de ahí lo de clave foránea, por tanto el campo que ejercerá de clave foránea en la tabla CURSOS debe ser forzosamente una referencia a la clave primaria de la tabla PROFESORES.

Este tipo de relación se denomina de uno a varios, también denominada de 1 a N: un profesor imparte varios cursos, pero un curso es impartido por un único profesor. En estos casos siempre se diseña una clave foránea en la tabla hijo (CURSOS) que apunta a la tabla padre (PROFESORES).

Debemos diseñar entonces una clave foránea en la tabla CURSOS para alojar valores que son clave primaria de la tabla PROFESORES. En este caso diseñaremos un campo que llamaremos ID_PROFE, aunque se podría llamar de cualquier otro modo, que contendrá el identificador de profesor que imparte el curso que representa cada registro. Veamos cómo queda la tabla CURSOS:

ID_CURSO	TITULO	ID_PROFE
1	Programación PHP	3
2	Modelos abstracto de datos	3
3	SQL desde cero	1
4	Dibujo técnico	2
5	SQL avanzado	

Observando los datos de la tabla se aprecia como efectivamente cada curso lo imparte un único profesor, y que algún profesor imparte más de un curso. También se observa como a uno de los curso no se le ha asignado profesor, dado que el campo ID_PROFE está nulo. Por lo tanto una clave foránea apuntará a un solo registro de la tabla padre o no apuntará a ninguno, en cuyo caso guardará un valor indeterminado o nulo, pero jamás contendrá un valor que no exista en la tabla padre.

A usted se le puede ocurrir que es mucho más práctico y simple guardar para cada curso el nombre del profesor en lugar de claves que apenas nos dicen nada a simple vista. Esto sería transgredir la filosofía de las BD relacionales, que defienden la no duplicidad de información. El nombre de un profesor debe estar en el maestro de profesores, y cualquier referencia a ellos debe hacerse mediante su identificador. Con ello conseguimos tres cosas destacables:

- No se duplica información en la BD.
- Cualquier cambio o corrección de esa información solo debe realizarse en un único lugar.
- Evitamos la ambigüedad al no llamar la misma cosa de mil formas distintas en mil ubicaciones posibles.

Veamos la consulta que reúne el nombre de cada curso junto al profesor que lo imparte.

Código 14.1

```
select *
  from CURSOS C, PROFESORES P
  where C.ID_PROFE = P.ID_PROFE
```

ID_CURSO	TITULO	ID_PROFE	ID_PROFE	NOMBRE	APELLIDOS	F_NACIMIENTO
3	SQL desde cero	1	1	Federico	Gasco Daza	1975-04-23
4	Dibujo técnico	2	2	Ana	Saura Trenzo	1969-08-02
1	Programación PHP	3	3	Rosa	Honrosa Pérez	1980-09-05
2	Modelos abstracto de datos	3	3	Rosa	Honrosa Pérez	1980-09-05

Observe como si omitimos la cláusula WHERE de la anterior consulta, el SGBD realizaría el producto cartesiano entre los cursos y los profesores, es decir, asociaría todos los profesores con todos los cursos. El hecho de disponer de un indicador por cada curso que informa de qué profesor lo imparte, permite filtrar el producto cartesiano y solicitar aquellas filas que la columna ID_PROFE procedente de la tabla cursos es igual a la columna ID_PROFE procedente de la tabla PROFESORES, discriminando así las filas del producto cartesiano que carecen de sentido y obteniendo aquellas que guardan una relación.

Una lista de esto mismo mejor presentada:

Código 14.2

```
select concat('Curso de ',C.TITULO,', impartido por ',
       P.NOMBRE,' ',P.APELLIDOS) CURSOS
  from CURSOS C, PROFESORES P
  where C.ID_PROFE = P.ID_PROFE
```

CURSOS
Curso de SQL desde cero, impartido por Federico Gasco Daza
Curso de Dibujo técnico, impartido por Ana Saura Trenzo
Curso de Programación PHP, impartido por Rosa Honrosa Pérez
Curso de Modelos abstracto de datos, impartido por Rosa Honrosa Pérez

Las relaciones de 1 a N son quizás las más comunes en una BD y pueden verse como un padre, tabla referenciada, con muchos hijos, tabla que hace referencia a ese padre. En el caso que se acaba de tratar el padre es el profesor y los hijos son los cursos que imparte dicho profesor. Todo hijo tiene forzosamente un padre, a no ser que la clave foránea pueda contener valores nulos, mientras que un padre puede tener de cero a muchos hijos.

RELACIÓN DE CARDINALIDAD N A M

Establezcamos la siguiente relación:

Cada curso tiene varios alumnos, y algunos alumnos cursan dos o más cursos.

Esta relación es un poco más laboriosa de establecer en la base de datos, puesto que un alumno cursa varios cursos, y, a su vez, un curso es cursado por varios alumnos. Este tipo de relación se denomina de varios a varios, o bien, de N a M. Necesitamos crear una nueva tabla denominada tabla de relación, y que tiene como propósito definir la relación de N a M. La nueva tabla: ALUMNOS_CURSOS, contendrá como mínimo las claves primarias de ambas tablas: ID_ALUMNO e ID_CURSO. La clave primaria de la nueva tabla la formarán ambos campos conjuntamente, y a su vez cada uno de ellos por separado será clave foránea de la tabla ALUMNOS y CURSOS respectivamente.

Echemos un vistazo a la tabla ALUMNOS_CURSOS:

ID_ALUMNO	ID_CURSO
1	1
3	1
5	1
4	2
1	3
5	3
2	4
6	4

Fíjese que esta tabla contiene únicamente referencias. Cada registro establece una relación, está relacionando un registro de la tabla CURSOS con un registro de la tabla ALUMNOS. Veamos la consulta que realiza la reunión de los alumnos con los cursos que cursa cada uno:

Código 14.3
```
select *
  from ALUMNOS_CURSOS AC, ALUMNOS A, CURSOS C
 where AC.ID_ALUMNO = A.ID_ALUMNO
   and AC.ID_CURSO = C.ID_CURSO
```

ID_ALUMNO	ID_CURSO	ID_ALUMNO	NOMBRE	APELLIDOS	F_NACIMIENTO	ID_CURSO	TITULO	ID_PROFE
1	1	1	Pablo	Hernandaz Mata	1995-03-14	1	Programación PHP	3
3	1	3	Teresa	Lomas Trillo	1989-06-19	1	Programación PHP	3
5	1	5	Sergio	Ot Dirmet	1991-04-21	1	Programación PHP	3
4	2	4	Marta	Fuego García	1992-11-23	2	Modelos abstracto de datos	3

SQL fácil

ID_ALUMNO	ID_CURSO	ID_ALUMNO	NOMBRE	APELLIDOS	F_NACIMIENTO	ID_CURSO	TITULO	ID_PROFE
1	3	1	Pablo	Hernandaz Mata	1995-03-14	3	SQL desde cero	1
5	3	5	Sergio	Ot Dirmet	1991-04-21	3	SQL desde cero	1
2	4	2	Jeremías	Santo Lote	1993-07-12	4	Dibujo técnico	2
6	4	6	Carmen	Dilma Perna	1987-12-04	4	Dibujo técnico	2

Una lista de esto mismo mejor presentada:

Código 14.4
```
select C.TITULO CURSO ,
       concat(A.APELLIDOS,', ',A.NOMBRE ) ALUMNO
  from ALUMNOS_CURSOS AC, ALUMNOS A, CURSOS C
 where AC.ID_ALUMNO = A.ID_ALUMNO
   and AC.ID_CURSO = C.ID_CURSO
 order by C.TITULO , A.NOMBRE , A.APELLIDOS
```

CURSO	ALUMNO
Dibujo técnico	Dilma Perna, Carmen
Dibujo técnico	Santo Lote, Jeremías
Modelos abstracto de datos	Fuego García, Marta
Programación PHP	Hernandaz Mata, Pablo
Programación PHP	Ot Dirmet, Sergio
Programación PHP	Lomas Trillo, Teresa
SQL desde cero	Hernandaz Mata, Pablo
SQL desde cero	Ot Dirmet, Sergio

En este caso también podemos hacer el ejercicio de considerar el producto cartesiano entre estas tres tablas y cómo la cláusula WHERE permite ignorar aquellos registros del producto cartesiano que carecen de sentido y filtrar aquellos que guardan una relación.

La tabla de relación puede contener más información si es necesario, siempre y cuando la información sea vinculante tanto para el curso como para el alumno del registro en cuestión. No se tercia guardar aquí datos referentes al alumno que no tengan que ver con el curso, o datos del curso que nada tengan que ver con el alumno. Por tanto registrar aquí cosas como la fecha de matrícula de un alumno en un curso, o la nota que el alumno ha sacado en un curso, tiene sentido, mientras que no lo tiene guardar aquí la fecha en que empieza un curso que nada tiene que ver con un alumno, o la veteranía del alumno en la academia que nada tiene que ver con un curso.

RELACIÓN DE CARDINALIDAD 1 A 1

Estas relaciones pueden verse como una relación 1 a N donde la N vale uno, es decir, como una relación padre hijos donde el hijo es hijo único. En estos casos, cuando solo se espera un hijo por registro padre, podemos montar la clave foránea en cualquiera de las dos tablas, aunque lo más común es establecerla en la tabla que NO es maestro. A efectos prácticos lo mismo da que el padre apunte al hijo que a la inversa, es decir, que el hijo apunte al padre, o si usted quiere, cuál de las dos tablas juega el papel de padre y cuál de hijo. Lo importante es saber cómo se ha establecido la relación para atacarla mediante SQL al construir las consultas, pero siempre es preferible que la tabla maestro juegue el papel de padre. Un caso común de relación 1 a 1 se da cuando una tabla maestro sabe demasiado, es decir, tiene un número de campos relativamente grande, de modo que se decide crear una tabla paralela con una serie de campos para no cargar más la tabla original. Por ejemplo, en nuestra base de datos el maestro de profesores ha ido creciendo con el tiempo en cuanto a número de campos. La tabla tiene ahora más de doscientos campos, y surge la necesidad de crear diez campos más para registrar información complementaria que ahora no se está guardando. Se decide entonces crear una tabla complementaria a la que podemos llamar PROFESORES_COMP que tendrá, además de los campos que se estimen oportunos, el campo ID_PROFE. Este campo ejercerá de clave primaria y, a su vez, será clave foránea de la tabla PROFESORES, por lo que la relación será de 1 a 1, puesto que no se puede repetir ya que es la clave primaria de la nueva tabla.

ESPECIFICACIÓN

Otro caso de relación 1 a 1 es cuando por ejemplo sobre el maestro VEHICULOS, es necesario especificar información específica en función del tipo de vehículo, de modo que la tabla VEHICULOS contiene información aplicable a cualquier tipo de vehículo y después se crean tablas de especificación. CAMIONES, MOTOS, COCHES. Cada una de estas tablas guarda información que solo aplica al tipo de vehículo para la que ha sido diseñada, pero todas ellas tendrán el campo ID_VEHICULO, que será clave primaria de su tabla de especificación y a su vez, será también clave foránea de la tabla VEHICULOS.

RESUMEN

La clave primaria de una tabla permite identificar registros de forma única, estas pueden ser simples: de un solo campo, o bien compuestas: formadas por dos o más campos. En cualquier caso los valores que toman estas claves no se pueden repetir en dos o más registros de la tabla, puesto que se perdería la funcionalidad de identificar un registro de forma única. De esto se encarga el SGBD si se ha especificado debidamente qué campos son la clave primaria de la tabla.

Las claves foráneas de una tabla permiten establecer relaciones con otras tablas, puesto que contienen valores que encontramos como clave primaria en la tabla con la que se relaciona. Una clave foránea será simple o compuesta dependiendo de si lo es la clave primaria de la tabla a la que apunta o hace referencia.

Si al diseñar una tabla el campo o campos que forman una clave foránea pueden contener valores nulos, entonces el registro hijo puede no tener registro padre asociado. Esto es muy común que ocurra cuando un registro se ha creado en previsión y será en un futuro, después de que ocurra alguna cosa, que se le asignará un padre. Por ejemplo, el curso sin profesor definido de la tabla CURSOS. El curso está previsto que se imparta, pero no se ha decidido o no se conoce aún qué profesor lo impartirá, de ahí que el campo ID_PROFE de dicho registro contenga un valor nulo.

Las relaciones de 1 a N son quizás las que más se dan en una BD, en estos casos siempre encontraremos la clave foránea en el registro hijo apuntando al registro padre.

Las relaciones de N a M, entre por ejemplo dos tablas maestras, siempre necesitarán una estructura auxiliar para establecer la relación. Esta tabla auxiliar se denomina tabla de relación, y contendrá como mínimo los campos que son clave primaria en ambos maestros. La clave primaria de la nueva tabla será siempre compuesta y estará formada por todos estos campos que son clave primaria en los maestros. A su vez estos campos por separado serán clave foránea de sus respectivos maestros. Por tanto los registros hijos se hallarán en la tabla de relación.

El modo de obtener la reunión de tablas relacionadas es mediante filtros sobre el producto cartesiano de dichas tablas, excluyendo con ayuda de la cláusula WHERE aquellos registros del producto cartesiano que carecen de sentido y obteniendo los que guardan una relación. Para ello debemos igualar la clave primaria de la tabla padre con la clave foránea de la tabla hijo.

EJERCICIOS

Ejercicio 1

Construya una consulta que devuelva los cursos en que se ha matriculado el alumno con identificador 1.

Modifique la anterior consulta para que devuelva los nombres y apellidos de los alumnos, y los cursos en que se han matriculado, tales que el nombre de pila del alumno contenga una E.

Ejercicio 2

¿Cuántos cursos imparte cada profesor? Construya una consulta que responda a esta cuestión de modo que el resultado muestre el nombre completo del profesor acompañado del número de cursos que imparte.

Ejercicio 3

¿Cuántos alumnos hay matriculados en cada uno de los cursos? Construya una consulta que responda a esta cuestión de modo que el resultado muestre el título del curso acompañado del número de alumnos matriculados.

Modifique la anterior consulta de modo que muestre aquellos cursos que el número de alumnos matriculados sea exactamente de dos alumnos.

Ejercicio 4

Si ahora a usted le pidiesen que adaptara la BD, que consta de las tres tablas presentadas en este capítulo, a la siguiente necesidad: a todo alumno se le asignara un profesor que lo tutele. ¿Qué cambios realizaría en la BD?

No se trata de bits, bytes y protocolos, sino de beneficios, pérdidas y márgenes.

Lou Gerstner

Capítulo 15

REUNIÓN INTERNA Y EXTERNA

En el capítulo anterior se trató la operación de reunión entre tablas que guardan una relación. Existe una sintaxis más concreta para realizar la operación de reunión, donde la cláusula WHERE se usa únicamente para filtrar registros y no para reunir registros.

REUNIÓN INTERNA - CLÁUSULAS INNER JOIN / ON

Esta cláusula está diseñada precisamente para reunir registros de varias tablas, en ella intervienen las claves primarias y foráneas, y no intervienen, o lo hacen en la cláusula WHERE, los filtros propiamente dichos. Veamos una de las consultas que se expuso en el capítulo anterior usando esta sintaxis.

Consulta que realiza la reunión entre los profesores y los cursos que imparte cada uno usando INNER JOIN / ON:

Código 15.1
```
select *
  from CURSOS C inner join PROFESORES P
    on C.ID_PROFE = P.ID_PROFE
```

ID_CURSO	TITULO	ID_PROFE	ID_PROFE	NOMBRE	APELLIDOS	F_NACIMIENTO
3	SQL desde cero	1	1	Federico	Gasco Daza	1975-04-23
4	Dibujo técnico	2	2	Ana	Saura Trenzo	1969-08-02
1	Programación PHP	3	3	Rosa	Honrosa Pérez	1980-09-05
2	Modelos abstracto de datos	3	3	Rosa	Honrosa Pérez	1980-09-05

Si antes se dijo que el SGBD realiza el producto cartesiano entre dos tablas y posteriormente mediante la cláusula WHERE ignora aquellos registros que carecen de sentido y muestra los que guardan una relación, ahora podemos verlo del siguiente modo: el SGBD recorrerá la tabla hijo (CURSOS) y para cada uno asociará el registro de la tabla padre (PROFESORES) que satisface la cláusula ON. Para asociar el profesor no es necesario realizar, para cada curso, un recorrido secuencial sobre la tabla PROFESORES hasta encontrarlo, puesto que en la cláusula ON estamos indicando su clave primaria, por lo que el motor SQL usará el índice que la clave lleva implícito para localizar un profesor de forma mucho más eficiente. Igual que haría usted para localizar un capítulo concreto de un libro, usando el índice.

Algunos puristas afirman que este es el modo correcto de construir las consultas, porque el motor SQL trabaja de un modo más eficiente, a otros, sin embargo, les resulta incómodo o simplemente menos atractivo. Lo ideal sería que todo esto fuese transparente al desarrollador. El motor SQL debe interpretar la consulta y devolver el resultado de la forma más eficiente, obviamente realizando productos cartesianos y posteriormente filtrando los registros no es un método eficiente, pero esto es algo que consideramos en este libro como herramienta de aprendizaje o método de comprensión, y que en realidad los SGBD no hacen a no ser que no les quede más remedio, ya sea porque se lo pidamos explícitamente omitiendo la cláusula WHERE, no se hayan establecido las relaciones, o sean poco «inteligentes». Dicho de otro modo, yo espero de un SGBD que sea eficaz no solo al ejecutar la consulta, sino al interpretarla y al elaborar un plan de ejecución adecuado y eficaz, y poder usar la sintaxis que más cómoda me resulte, sin tener que pensar si la consulta es costosa o no para el motor SQL. Desafortunadamente no siempre se podrá pasar esto por alto, en ocasiones se deberá optimizar la consulta para ayudar al SGBD a ser más eficiente. En cualquier caso la optimización queda fuera del alcance de este libro. Por ahora basta con que usted sepa que es importante crear las claves primarias y foráneas debidamente, tanto por una cuestión de eficiencia como de integridad referencial.

Veamos otro ejemplo del capítulo anterior usando esta cláusula, concretamente del apartado de ejercicios, donde se pedía los cursos en que se ha matriculado el alumno con identificador 1:

Código 15.2
```
select C.TITULO CURSO
  from ALUMNOS_CURSOS AC inner join CURSOS C
    on AC.ID_CURSO = C.ID_CURSO
 where AC.ID_ALUMNO = 1
```

CURSO
Programación PHP
SQL desde cero

Observe como en la cláusula WHERE se establece un filtro propiamente dicho, y en la cláusula ON se establece la condición de reunión que el motor debe aplicar entre las tablas a ambos lados de la cláusula INNER JOIN.

Veamos un último ejemplo de reunión interna en la que aparezcan tres tablas, para ello tomemos otro ejemplo del capítulo anterior, la reunión de los alumnos con los cursos que cursa cada uno. Tomando ejemplos equivalentes construidos únicamente con la cláusula WHERE se pueden observar mejor las diferencias.

Código 15.3

```
select C.TITULO CURSO ,
       concat(A.APELLIDOS,', ',A.NOMBRE ) ALUMNO
   from ALUMNOS_CURSOS AC inner join ALUMNOS A
     on AC.ID_ALUMNO = A.ID_ALUMNO inner join CURSOS C
     on AC.ID_CURSO  = C.ID_CURSO
order by C.TITULO , A.NOMBRE , A.APELLIDOS
```

CURSO	ALUMNO
Dibujo técnico	Dilma Perna, Carmen
Dibujo técnico	Santo Lote, Jeremías
Modelos abstracto de datos	Fuego García, Marta
Programación PHP	Hernandaz Mata, Pablo
Programación PHP	Ot Dirmet, Sergio
Programación PHP	Lomas Trillo, Teresa
SQL desde cero	Hernandaz Mata, Pablo
SQL desde cero	Ot Dirmet, Sergio

Si ahora sobre esta consulta se quisiera reducir el resultado a un curso o un alumno en concreto, se añadiría la pertinente cláusula WHERE con el filtro deseado justo antes de la cláusula ORDER BY.

REUNIÓN EXTERNA - LEFT OUTER JOIN / RIGHT OUTER JOIN

La reunión externa puede verse como una reunión interna donde no es necesario que el registro hijo tenga informada la clave foránea para ser mostrado. Por ejemplo, cuando se mostraban los cursos junto a los profesores que los imparten, como uno de los cursos no tiene padre, es decir, no tiene un profesor asignado, o lo que es lo mismo, el campo ID_PROFE de la tabla CURSOS está a nulo, este curso no se muestra dado que no satisface la cláusula ON. Este recurso nos ofrece la posibilidad de mostrar estos registros con los campos del registro padre a nulo.

La reunión externa siempre se realizará por la izquierda o por la derecha, una de las dos. De este modo expresamos el deseo de considerar todos los registros de la tabla a la izquierda o a la derecha de la cláusula OUTER JOIN, aunque no se hallen coincidencias con la otra tabla según la cláusula ON. Veamos la consulta que muestra los cursos y sus profesores aunque el curso no tenga profesor asignado:

Código 15.4
```
select *
  from CURSOS C left outer join PROFESORES P
    on C.ID_PROFE = P.ID_PROFE
```

ID_CURSO	TITULO	ID_PROFE	ID_PROFE	NOMBRE	APELLIDOS	F_NACIMIENTO
1	Programación PHP	3	3	Rosa	Honrosa Pérez	1980-09-05
2	Modelos abstracto de datos	3	3	Rosa	Honrosa Pérez	1980-09-05
3	SQL desde cero	1	1	Federico	Gasco Daza	1975-04-23
4	Dibujo técnico	2	2	Ana	Saura Trenzo	1969-08-02
5	SQL avanzado					

Como en este caso usamos LEFT OUTER JOIN, la tabla de la izquierda, es decir, la tabla CURSOS, será considerada por completo aunque no tenga éxito la cláusula ON, en cuyo caso los campos de la tabla situada a la derecha de la cláusula se mostrarán a nulo.

Si invertimos el orden de las tablas y usamos RIGHT OUTER JOIN, o simplemente RIGHT JOIN, expresión equivalente simplificada aplicable también a LEFT JOIN, el resultado es el mismo.

Código 15.5
```
select *
  from PROFESORES P right join CURSOS C
    on C.ID_PROFE = P.ID_PROFE
```

ID_PROFE	NOMBRE	APELLIDOS	F_NACIMIENTO	ID_CURSO	TITULO	ID_PROFE
3	Rosa	Honrosa Pérez	1980-09-05	1	Programación PHP	3
3	Rosa	Honrosa Pérez	1980-09-05	2	Modelos abstracto de datos	3
1	Federico	Gasco Daza	1975-04-23	3	SQL desde cero	1
2	Ana	Saura Trenzo	1969-08-02	4	Dibujo técnico	2
				5	SQL avanzado	

En la consulta anterior se están considerando todos los cursos aunque estos no tengan un profesor definido, si ahora usted quisiera obtener esto mismo pero añadiendo un filtro sobre la tabla PROFESORES, por ejemplo que el apellido del profesor contenga una «E», cabe esperar hacerlo en la cláusula WHERE, sin embargo, también es posible aplicar el filtro en la cláusula ON. En realidad elegiremos una u otra cláusula en función de lo que deseemos obtener. Si lo hacemos en la cláusula ON de un OUTER JOIN, se estarán obteniendo todos los cursos con los campos de la tabla PROFESORES a nulo si la condición establecida en la cláusula ON no tiene éxito. Si se hace en la cláusula WHERE, se estará forzando a que se cumpla dicha cláusula y por tanto la reunión externa se rompe. Veamos esto con un ejemplo:

Consulta que muestra todos los cursos acompañados del profesor que lo imparte. Si el curso no tiene profesor definido o bien el campo APELLIDOS no contiene una «E», los campos de la tabla PROFESORES se mostrarán a nulo:

Código 15.6

```
select *
  from PROFESORES P right join CURSOS C
    on C.ID_PROFE = P.ID_PROFE
    and P.APELLIDOS like '%E%'
```

ID_PROFE	NOMBRE	APELLIDOS	F_NACIMIENTO	ID_CURSO	TITULO	ID_PROFE
3	Rosa	Honrosa Pérez	1980-09-05	1	Programación PHP	3
3	Rosa	Honrosa Pérez	1980-09-05	2	Modelos abstracto de datos	3
				3	SQL desde cero	1
2	Ana	Saura Trenzo	1969-08-02	4	Dibujo técnico	2
				5	SQL avanzado	

El resultado presenta para el curso 3 los campos de la tabla PROFESORES a nulo porque el campo APELLIDOS del profesor que lo imparte no contiene una «E». Para el curso 5 ocurre lo mismo pero en este caso el motivo es, además, que no tiene profesor definido, con que mucho menos podrá ser cierta la otra condición.

Ahora aplicamos el filtro del apellido en la cláusula WHERE:

Código 15.7

```
select *
  from PROFESORES P right join CURSOS C
    on C.ID_PROFE = P.ID_PROFE
  where P.APELLIDOS like '%E%'
```

ID_PROFE	NOMBRE	APELLIDOS	F_NACIMIENTO	ID_CURSO	TITULO	ID_PROFE
2	Ana	Saura Trenzo	1969-08-02	4	Dibujo técnico	2
3	Rosa	Honrosa Pérez	1980-09-05	1	Programación PHP	3
3	Rosa	Honrosa Pérez	1980-09-05	2	Modelos abstracto de datos	3

Observamos cómo la reunión externa se rompe puesto que la cláusula WHERE exige que el apellido del profesor contenga una «E», dado que los cursos que no tienen profesor definido la consulta devuelve el apellido a nulo, esta cláusula no se satisface por lo que oculta el registro y la reunión externa carece de sentido, o si usted quiere, la cláusula WHERE es aplicable a la tabla CURSOS pero no a la tabla PROFESORES, puesto que en este caso no tiene sentido realizar una reunión externa para que luego un filtro en la cláusula WHERE la anule.

Vamos ahora a ver los recuentos sobre reuniones externas, por ejemplo los alumnos que hay matriculados en cada curso. Esta consulta se presentó en el capítulo anterior, en el apartado de ejercicios, sin embargo, los cursos sin alumnos matriculados eran ignorados en lugar de aparecer con un cero como sería de esperar. Esto es debido a que no satisfacen la cláusula ON de una reunión interna, por lo que se debe usar la reunión externa para este propósito, pero cuidado, ahora no nos sirve el recuento de registros, puesto que pueden venir cursos sin alumnos, o lo que es lo mismo, cursos con los datos del alumno a nulo, de modo que si contamos registros los datos no serán verídicos, deben contarse alumnos. Revise si lo cree conveniente el capítulo 10 donde se trataron las particularidades del valor NULO.

Alumnos matriculados en cada curso, aunque estos sean cero:

Código 15.8

```
select C.TITULO CURSO,
       count(AC.ID_ALUMNO) ALUMNOS,
```

```
                count(1) REGISTROS
        from ALUMNOS_CURSOS AC right join CURSOS C
          on AC.ID_CURSO = C.ID_CURSO
        group by C.TITULO
```

CURSO	ALUMNOS	REGISTROS
Dibujo técnico	2	2
Modelos abstracto de datos	1	1
Programación PHP	3	3
SQL avanzado	0	1
SQL desde cero	2	2

En la anterior consulta se han contado tanto alumnos como registros para poder observar la diferencia. La única fila en que estos dos valores difieren es para el curso de SQL avanzado. Dado que la reunión externa devuelve la fila con los datos del alumno a nulo para los cursos sin alumnos, al realizar un recuento de registros el valor es uno, el registro existe, pero al realizar el recuento del campo ID_ALUMNO este es ignorado por la función COUNT por ser nulo.

Observe que en este caso la tabla que interesa tratar por completo mostrando todos sus registros es la tabla padre (CURSOS), y la tabla donde no importa que haya aciertos es la tabla hijos (ALUMNOS_CURSOS). Es decir, la consulta devuelve todos los registros de la tabla CURSOS aunque para ellos no existan hijos en la tabla ALUMNOS_CURSOS. En los ejemplos anteriores a este último, también interesaba tratar por completo la tabla CURSOS, pero esta ejercía de hijo y no de padre, y los campos de la tabla PROFESORES podían venir a nulo no porque no existiera el registro en la tabla PROFESORES, cosa imposible por tratarse de una clave foránea, sino como consecuencia de que el campo ID_PROFE de la tabla CURSOS contenía un valor nulo.

Por último comentar que la reunión externa no es posible hacerla usando únicamente la cláusula WHERE, debemos forzosamente usar la cláusula OUTER

JOIN. Esto es así en MySQL, sin embargo, en Oracle, que en sus primeras versiones solo se podían construir consultas con la sintaxis basada en cláusula WHERE, sí es posible realizar reuniones externas con esta sintaxis, para ello indicamos el símbolo "(+)" tras los campos de la cláusula WHERE pertenecientes a la tabla que devolverá los campos a nulo en el caso de no cumplirse la condición. Por ejemplo, la consulta anterior en Oracle se construiría de la siguiente manera.

Código
```
  select C.TITULO CURSO,
         count(AC.ID_ALUMNO) ALUMNOS, count(1) REGISTROS
    from ALUMNOS_CURSOS AC ,CURSOS C
   where AC.ID_CURSO(+) = C.ID_CURSO
group by C.TITULO
```

Con ello estamos indicando el SGBD Oracle que aunque no encuentre el registro en la tabla ALUMNOS_CURSOS, devuelva el registro de la tabla CURSOS con los datos de la tabla ALUMNOS_CURSOS a nulo, es decir, se está realizando una reunión externa. Por ejemplo, en la consulta en la que se devolvía todos los cursos con el profesor que imparte cada curso y además incluíamos el filtro de que el apellido del profesor tuviese una «E» se construiría de la siguiente manera en Oracle si se usa la sintaxis basada en la cláusula WHERE.

Código
```
select *
  from PROFESORES P , CURSOS C
 where P.ID_PROFE(+) = C.ID_PROFE
   and P.APELLIDOS(+) like '%E%'
```

En general en una reunión externa debemos tratar siempre la tabla cuyos campos pueden venir a nulo, si es en Oracle, aunque actualmente es posible usar la sintaxis

OUTER JOIN, pondremos el símbolo "(+)" a cada campo de dicha tabla que aparezca en la cláusula WHERE. Si usamos OUTER JOIN, pondremos todos los campos que establecen condiciones de dicha tabla en la cláusula ON, si lo hacemos en la cláusula WHERE como filtro corriente la reunión externa se rompe y carece de sentido.

RESUMEN

La reunión interna permite reunir registros de tablas relacionadas ignorando los registros que no satisfacen la condición de reunión especificada en la cláusula WHERE o bien en la cláusula ON en el caso de usar la sintaxis INNER JOIN.

La reunión externa permite reunir registros de tablas relacionadas considerando todos los registros de una primera tabla aunque ninguno de los registros de una segunda tabla presente aciertos contra la primera, obviamente en ese caso los campos de esta última tabla vendrán a nulo.

Existen dos sintaxis para realizar las operaciones de reunión ya sea externa o interna, dependiendo del SGBD. Basada en cláusula WHERE o bien basada en cláusula INNER JOIN / OUTER JOIN. Lo ideal sería dejar a criterio del desarrollador el uso de cualquiera de ellas siempre y cuando el SGBD lo soporte.

En una reunión externa debemos tratar siempre la tabla cuyos campos pueden venir a nulo poniendo todos los campos que establecen condiciones de dicha tabla en la cláusula ON del OUTER JOIN, si lo hacemos en la cláusula WHERE como filtro corriente la reunión externa se rompe y carece de sentido.

EJERCICIOS

Ejercicio 1

Construya una consulta que resuelva el número de cursos que imparte cada profesor usando la cláusula INNER JOIN.

Ejercicio 2

Realice una consulta entre las tablas CURSOS, ALUMNOS y ALUMNOS_CURSOS de modo que aparezcan los alumnos matriculados en cada curso pero mostrando todos los cursos aunque no tengan alumnos matriculados.

La formación en informática no puede convertir a nadie en experto programador, de la misma forma que estudiar pinceles y pigmentos no puede hacer de alguien un experto pintor.

Eric Raymond

Capítulo 16

EL MODELO ENTIDAD-RELACIÓN

El modelo entidad-relación es una herramienta para generar el modelo de datos que describe la estructura y relaciones de una BD. Estos modelos al mismo tiempo están describiendo una situación real, con elementos reales que se relacionan entre sí. Por ejemplo, la actividad de un almacén de fruta, o la actividad de un foro en Internet. Obviamente no se está describiendo la actividad concreta de, por ejemplo, cargar un camión de fruta. Pero sí se está describiendo que en esta realidad (el almacén de fruta) hay una entidad llamada REPARTIDORES, que está relacionada con otra entidad llamada PEDIDOS, donde estos últimos serán adquiridos, y por tanto se relacionan, con otra entidad llamada CLIENTES, etc. Al igual que, en el caso de un foro web, no se está describiendo cómo publicar un mensaje, pero sí que hay una entidad llamada MENSAJES, que se relaciona con otro entidad llamada USUARIOS, que a su vez se relacionan con otra entidad llamada VISITAS, etc.

El modelo entidad-relación es un diagrama que ayuda a generar la estructura de datos con la que gestionar un problema o actividad real. Una vez este modelo se ha convertido en una estructura dentro la BD, es decir, las tablas con sus claves primarias y foráneas, mediante SQL es posible tanto mantener el funcionamiento de la actividad alimentando la base de datos, como analizar los datos en beneficio de la actividad. Por ejemplo, en el caso del almacén de fruta, la estructura de datos debería permitir registrar pedidos de los clientes, pero también y en consecuencia, obtener las ventas por cliente en un período determinado. En el caso del foro web, la estructura de datos permite registrar nuevos usuarios, pero también conocer cuántos usuarios hay registrados hasta la fecha, o cuántos de ellos están *online* en un momento dado.

Este libro no tiene el propósito directo de que usted aprenda a diseñar modelos entidad-relación. En este sentido la formación puede ayudar pero en cualquier caso, esto es algo que se adquiere con el tiempo, después de pelearse mucho diseñando modelos para actividades diversas, y equivocarse en su empeño una y otra vez. Diseñar un modelo de datos es sin lugar a dudas un ejercicio de alta creatividad, donde dependiendo de cómo interprete los requerimientos el analista, y su grado de imaginación, dará como fruto resultados distintos, pudiendo ser todos ellos válidos. En esencia se trata de plasmar una realidad en forma de entidades relacionadas entre sí que posteriormente será traducido a tablas dentro de una BD con sus claves primarias y foráneas.

Veamos por ejemplo el modelo entidad-relación simplificado (sin los atributos o campos de cada entidad) que describe el modelo de datos de la academia que se ha usado en los dos capítulos anteriores:

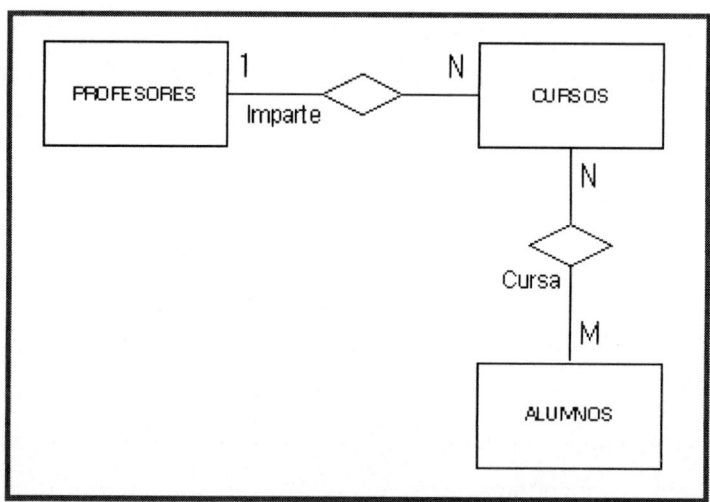

Observamos que existen tres entidades: CURSOS, PROFESORES y ALUMNOS, también se observa la cardinalidad de las relaciones mediante los indicadores a ambos lados de las mismas, junto a las entidades que se están relacionando. Para establecer la cardinalidad de relaciones debemos formularnos las preguntas que responden a dicha cuestión, por ejemplo, tomemos la relación CURSOS - PROFESORES y veamos cómo se establece la cardinalidad de dicha relación:

- Un profesor puede impartir **varios cursos**. Lo que implica anotar una N en el lado de la entidad CURSOS de dicha relación.
- Un curso es impartido por **un solo profesor**. Lo que implica anotar un UNO en el lado de la entidad PROFESORES de dicha relación.

Como ya se dijo con anterioridad este tipo de relación implica añadir una clave foránea de la tabla PROFESORES en la tabla CURSOS. Es decir, el campo ID_PROFE de la tabla CURSOS.

Tomemos ahora la relación CURSOS-ALUMNOS:

- En un curso se matriculan **varios alumnos**. Lo que implica anotar una N en el lado de la entidad ALUMNOS de dicha relación.
- Un alumno puede asistir a **varios cursos**. Lo que implica anotar una M en el lado de la entidad CURSOS de dicha relación.

Obsérvese que se anota M porque la N ya se usa en el otro extremo de la relación, con esto se indica que es una relación de varios a varios pudiendo ser N y M de distinto valor para un curso y alumno dados.

Como ya se dijo con anterioridad este tipo de relación implica crear en la BD una tabla auxiliar llamada tabla de relación.

ENTIDADES FUERTES Y DÉBILES

Existen dos tipos de entidades, las fuertes, en ocasiones llamadas maestros, que de forma independiente identifican sus registros con una clave propia, y las débiles que dependen de una entidad fuerte para identificar sus registros, o si usted quiere, no tiene sentido su existencia sin una entidad fuerte donde apoyarse. Un ejemplo típico de entidad débil es la entidad LINEAS_FACTURA que depende del maestro de FACTURAS para identificar sus registros. La cardinalidad de esta relación es de 1 a N, puesto que una factura puede tener varias líneas mientras que una línea solo puede pertenecer a una factura. Así, en la entidad débil LINEAS_FACTURA la clave primaria será compuesta y en ella formará parte el campo ID_FACTURA que a su vez será clave foránea de la tabla FACTURAS. El otro campo que formará la clave primaria será por ejemplo ID_LINEA, de modo que para identificar un registro de la entidad LINEAS_FACTURAS se necesita de la clave de su maestro o entidad fuerte además de ID_LNEA. Ejemplo: factura: 92054 línea: 3 identifica la línea 3 de la factura 92054. La cardinalidad de la relación de una entidad débil con su maestro o entidad fuerte siempre será de 1 a N. Las entidades débiles se representan en el diagrama entidad-relación con un doble rectángulo:

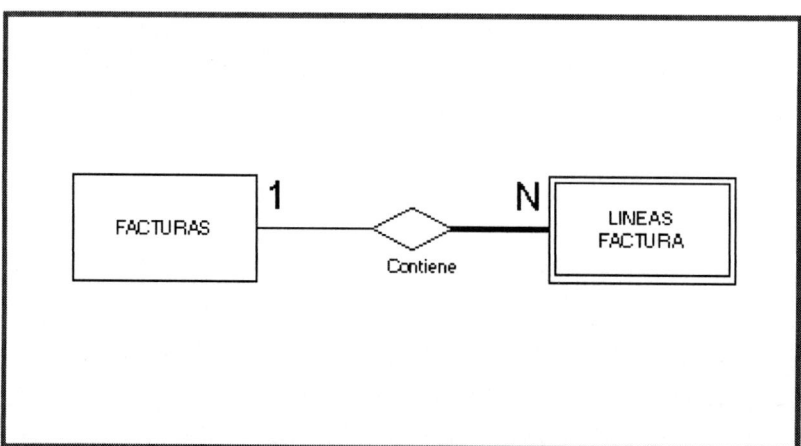

Lo cierto es que no afecta al funcionamiento de la gestión errar y hacer débil una entidad que en realidad es fuerte, o viceversa. Sin embargo, una vez adviertes que aquella parte está mal diseñada, el evolucionarla o simplemente explotarla se hace más incómoda al acarrear claves compuestas cuando no deberían serlo, o el tener claves propias cuando en realidad deberían ser compuestas y estar sujetas a la entidad fuerte de la que dependen.

En ocasiones puede ser un verdadero dilema decidir en tiempo de diseño si una entidad es fuerte o débil. Si usted tiene dudas sobre qué naturaleza aplicar a una entidad, puede serle de ayuda las siguientes premisas:

- Si para la entidad que se estudia su naturaleza los registros pueden cambiar de padre en un futuro, con toda seguridad es una entidad fuerte.
- Si la entidad padre de la entidad que se está estudiando su naturaleza simplemente agrupa registros siendo en ocasiones dudoso qué padre asociarle a un registro hijo, o si usted quiere, existen varios candidatos igual de válidos, probablemente se trate de una entidad fuerte.
- Si para la entidad que se estudia su naturaleza no se esperan demasiados registros para un mismo padre, es decir, tendrá un número de registros relativamente pequeño para un padre dado, y aparte de su posible maestro no se relaciona con apenas otras entidades, entonces probablemente es una entidad débil.
- Si la entidad que se está estudiando su naturaleza se relaciona con otras muchas entidades de modo que deberemos crear en todas ellas claves foráneas a la entidad que se está analizando, entonces aunque sea una entidad débil quizás sea conveniente valorar el identificar sus registros con una clave propia y hacerla fuerte. De otro modo deberemos acarrear la clave compuesta hacia todas estas entidades relacionadas para crear las claves foráneas.

CONSTRUCCIÓN DEL MODELO DE DATOS A PARTIR DEL MODELO E-R

Una vez se tiene desarrollado un modelo entidad-relación completo, no simplificado como se ha mostrado en este capítulo, existe un procedimiento o protocolo para traducirlo en forma de tablas y relaciones en una base de datos:

1. Se creará una tabla para toda entidad.
2. Se crearán tantos campos en la tabla como atributos se hayan definido en la entidad de la cual deriva.
3. Se crearán las claves primarias sobre el campo o campos que deriven de los atributos de la entidad definidos como identificadores.
4. En las relaciones de cardinalidad 1 : N se creará un campo en la tabla de cardinalidad N que apuntará y por tanto es clave foránea de la tabla con cardinalidad 1.
5. Se creará una tabla de relación para cada relación existente en el modelo E-R de cardinalidad N : M. La clave primaria de estas tablas de relación será siempre compuesta y la formarán el campo o campos que son clave primaria en la primera entidad junto con el campo o campos que forman la clave primaria de la segunda entidad que interviene en la relación. A su vez estos campos serán por separado claves foráneas de las tablas que relaciona la tabla de relación.

RESUMEN

El modelo entidad-relación es una herramienta en forma de diagrama que ayuda a generar la estructura de datos con la que gestionar un problema o actividad real, es decir, generar las tablas con sus claves en una BD relacional.

Cuanto mayor sea el grado de conocimiento de la actividad a gestionar tanto mejor para desarrollar el modelo entidad-relación. Este es un ejercicio creativo donde la teoría al respecto ayuda pero no enseña a desempeñarlo con soltura, solo se adquiere con la práctica y experiencia.

Una vez se tiene un modelo desarrollado, la traducción a objetos de BD es directa aplicando una serie de pasos.

En un modelo entidad-relación encontraremos esencialmente relaciones de dos tipos: 1 : N y, N : M. También encontraremos dos tipos de entidades: fuertes y débiles. Una entidad débil necesitará la clave de la entidad fuerte para identificar sus registros. La cardinalidad de una relación de una entidad débil con su maestro o entidad fuerte siempre será 1 : N.

EJERCICIO

Modifique el modelo entidad-relación presentado en este capítulo para que considere la siguiente premisa: Todo alumno tendrá un profesor que lo tutele.

Capítulo 17

LENGUAJE DE DEFINICIÓN DE DATOS

En este capítulo se expondrá cómo definir o crear el modelo de datos dentro de una base de datos relacional. Esto implica todo lo relativo a tablas, su estructura, claves primarias, claves foráneas, usuarios, privilegios, índices etc. Para este tipo de instrucciones no podrá usar la consola SQL.

LENGUAJE DE DEFINICIÓN DE DATOS (DDL)

El lenguaje de definición de datos (*Data Definition Language*, DDL por sus siglas en inglés) es el lenguaje que los SGBD proporcionan para que los usuarios puedan definir las estructuras de datos dentro de una BD. Para ilustrar este recurso se construirán las instrucciones que permiten crear el modelo de datos de la academia visto en capítulos anteriores.

CREATE DATABASE

Un SGBD puede gestionar varias BBDD, por lo tanto antes de crear el modelo de datos es preciso crear la BD donde se definirá el modelo. Esto es posible hacerlo mediante la instrucción CREATE DATABASE:

Código 17.1
```
create database ACADEMIA;
```

Si usted oye hablar de esquema de una base de datos (en inglés, *Database Schema*) puede considerarlo como sinónimo de base de datos. Así, por ejemplo, podríamos hablar del esquema ACADEMIA para la BD que se acaba de crear, y es bajo este esquema donde se definirá todas las tablas y sus relaciones. Por tanto los objetos de una BD se definen dentro de un esquema. Es posible tener varios esquemas para una misma BD, donde cada uno de ellos define su propio modelo de datos, y es posible realizar consultas SQL donde intervengan tablas de distintos esquemas. Puede verse como un nivel más dentro de la estructura de un BD. En MySQL al concepto de esquema se le llamaba base de datos, sin embargo, en Oracle, cuando el superusuario crea un nuevo usuario en una BD, se está creando automáticamente un esquema con el mismo nombre que el nuevo usuario. Es, de hecho, el espacio de trabajo de ese usuario donde podrá definir sus tablas y relaciones siempre que se le hayan otorgado los privilegios necesarios. Él será el propietario de las tablas, pudiendo otorgar privilegios a otros usuarios para que tengan acceso a los datos, así como permisos para modificar, eliminar o insertar registros en las diferentes tablas del esquema.

En este libro todas las tablas de ejemplo están creadas en la base de datos SQLFACIL de un SGBD MySQL, y el usuario que accede desde la consola SQL a esta BD tiene privilegios para acceder a sus tablas y datos pero no para modificarlos. En las consultas no es necesario indicar el esquema puesto que el usuario de la consola SQL se conecta a esta base de datos, y por tanto es redundante. Pero podría indicarse y el resultado sería el mismo.

Código 17.2
```
select *
  from SQLFACIL.VEHICULOS
```

ID_VEHICULO	MARCA	MODELO	PROX_ITV	ULTI_ITV
1	Alfa Romeo	Brera	2011-10-20	
2	Seat	Panda	2009-12-01	2008-12-01
3	BMW	X3	2010-07-18	
4	Citroën	C2	2010-08-24	2009-08-24
5	Ford	Fiesta	2011-04-22	

Sin embargo, en Oracle el concepto es ligeramente distinto. Un usuario conectado a una BD debe indicar el esquema si está accediendo a tablas de las cuales no es propietario, es decir, no están en su esquema sino en otro; y puede no hacerlo, o es redundante, si está accediendo a tablas de su propio esquema de las cuales es el propietario.

CREATE TABLE

Para crear tablas en la BD debemos usar la instrucción CREATE TABLE, donde se indicará básicamente un nombre de tabla y una lista de campos. Para cada campo se debe definir un nombre, su tipo de datos, y si puede contener valores nulos o no. Basándonos en el modelo entidad-relación de la academia, construimos las instrucciones que definirán este modelo en la base de datos ACADEMIA.

Tabla ALUMNOS

Código 17.3
```
create table ALUMNOS (
    ID_ALUMNO       int           not null,
    NOMBRE          varchar(30)   not null,
    APELLIDOS       varchar(50)   not null,
    F_NACIMIENTO    date          not null
);
```

Aunque es posible incluir en la instrucción CREATE TABLE qué campo o campos forman la clave primaria, se explicará más adelante en este mismo capítulo cómo definirla con una instrucción especifica que modifica las características de la tabla. El propósito es ver más recursos del lenguaje y simplificar la instrucción de creación de tabla.

Tabla PROFESORES:

Código 17.4

```
create table PROFESORES (
    ID_PROFE        int         not null,
    NOMBRE          varchar(30) not null,
    APELLIDOS       varchar(50) not null,
    F_NACIMIENTO    date
);
```

Tabla CURSOS:

Código 17.5

```
create table CURSOS (
    ID_CURSO    int         not null,
    TITULO      varchar(50) not null,
    ID_PROFE    int         null
);
```

Tabla de relación ALUMNOS_CURSOS

Código 17.6

```
create table ALUMNOS_CURSOS (
    ID_ALUMNO   int         not null,
    ID_CURSO    int         not null
);
```

Observe cómo para indicar al SGBD la lista de campos de la tabla que se pretende crear, estos se separan unos de otros con una coma al final de la información relativa a cada campo.

ALTER TABLE

Esta instrucción permite modificar las características de una tabla, por ejemplo para definir restricciones: clave primaria y claves foráneas, así como añadir columnas o eliminarlas, etc.

CREAR CLAVES PRIMARIAS Y FORÁNEAS

Construyamos las instrucciones que crearán las claves primarias de estas cuatro tablas.

Código 17.7

```
alter table ALUMNOS add primary key (ID_ALUMNO);
alter table PROFESORES add primary key (ID_PROFE);
alter table CURSOS add primary key (ID_CURSO);
alter table ALUMNOS_CURSOS add primary key (ID_ALUMNO,
ID_CURSO);
```

Es posible enviar al SGBD un conjunto de instrucciones para que las ejecute una tras otra. Para ello usted debe indicar un punto y coma al final de cada instrucción. Es el modo que tiene el SGBD para reconocer dónde acaba una instrucción y empieza la siguiente.

Observe cómo la tabla de relación ALUMNOS_CURSOS, a diferencia de las otras, tiene una clave primaria compuesta, de ahí que en la instrucción que define su clave primaria aparezcan dos campos separados por una coma.

Vamos a construir ahora las instrucciones que crearán las claves foráneas. Estas instrucciones son preferibles ejecutarlas con posterioridad a la creación de todas las tablas del modelo y a la definición de sus claves primarias. Recuerde que no podrá montar una clave foránea sobre campos que no son clave primaria en la tabla a la que hacen referencia. Por lo tanto, antes de definir una clave foránea es preciso que exista la tabla referenciada y tenga definida una clave primaria.

código 17.8

```
alter table CURSOS add constraint CURSOS_ID_PROFE_FK foreign
key (ID_PROFE) references PROFESORES (ID_PROFE);

alter table ALUMNOS_CURSOS add constraint
ALUMNOS_CURSOS_ID_ALUMNO_FK foreign key (ID_ALUMNO)
references ALUMNOS (ID_ALUMNO);

alter table ALUMNOS_CURSOS add constraint
ALUMNOS_CURSOS_ID_CURSO_FK foreign key (ID_CURSO) references
CURSOS (ID_CURSO);
```

CAMPOS CHECK

En los campos codificados tales como el campo SEXO de la tabla EMPLEADOS, es posible crear una *constraint* o restricción que límite los valores posibles que ese campo puede contener a una lista cerrada o dominio. En el caso del campo SEXO los valores posibles son dos: H y M, que codifican hombre y mujer respectivamente. Para restringir este campo a estos dos valores posibles construimos la siguiente instrucción DDL.

Código 17.9

```
alter table EMPLEADOS add constraint EMPLEADOS_SEXO_CK
      check( SEXO in ('H', 'M'));
```

Si se intenta modificar o insertar un registro de la tabla EMPLEADOS e indicar un valor para el campo SEXO que no se encuentra dentro del dominio definido, se produce un error y la operación es rechazada.

AÑADIR Y ELIMINAR CAMPOS

Supongamos que tras crear todo el modelo de la academia nos cercioramos de que no se ha previsto registrar un dato importante: la nota que cada alumno obtiene en los cursos. Tras un análisis se decide dotar la tabla ALUMNOS_CURSOS de un nuevo campo para tal propósito. Para ello se ejecuta la siguiente instrucción.

Código 17.10

```
alter table ALUMNOS_CURSOS add (NOTA int);
```

Esto creará un nuevo campo llamado NOTA de tipo INT en la tabla ALUMNOS_CURSOS. Si no indicamos lo contrario por defecto el campo podrá contener valores nulos.

Pero este campo que se acaba de crear no podrá contener números con parte decimal ya que se ha definido como tipo INT, por lo que no cubre las necesidades reales. Esto es un error de diseño que se puede solucionar modificando el tipo de dato del campo. Para ello construimos la siguiente instrucción:

Código 17.11

```
alter table ALUMNOS_CURSOS modify NOTA float;
```

Es posible que para realizar esta modificación el SGBD precise que la columna no contenga valores en ningún registro, es decir, para todos los registros de la tabla debe contener un valor nulo. Por lo tanto se deberá hacer primero una copia de los datos, posteriormente actualizar el dato a nulo en todos los registros de la tabla, aplicar la modificación tal como se ha descrito, y por último restaurar la información que había originalmente. Se explicará en la tercera parte del libro cómo realizar esta secuencia de acciones.

Si consideramos que la información que contiene este campo no importa perderla, un modo de cambiar el tipo de dato de la columna NOTA es la que se acaba de explicar, pero sin la necesidad de hacer una copia previa y restaurar los datos una vez cambiado el tipo de dato. Otro modo en tal caso es eliminarla y volverla a crear.

Código 17.12

```
alter table ALUMNOS_CURSOS drop column NOTA;
alter table ALUMNOS_CURSOS add (NOTA float);
```

Con ello ahora la columna NOTA es de tipo FLOAT lo que permite contener valores numéricos con parte decimal.

ELIMINAR CLAVES

Si ahora se quisiera tirar atrás una clave primaria que está referenciada, primero se debe eliminar sus referencias, es decir, las claves foráneas, y después eliminar su clave primaria. Supongamos que queremos eliminar la clave primaria de la tabla PROFESORES, para ello debemos primero eliminar la clave foránea que existe en la tabla CURSOS y que hace referencia a la tabla PROFESORES:

Código 17.13

```
alter table CURSOS drop foreign key CURSOS_ID_PROFE_FK;
```

Ahora ya es posible eliminar la clave primaria:

Código 17.14

```
alter table PROFESORES drop primary key;
```

Una tabla tan solo puede tener una clave primaria definida, sea compuesta o simple, de modo que si usted se equivocó en una primera instancia y desea definir una clave primaria distinta, primero debe eliminar la existente y posteriormente volver a definir la clave con las correcciones que estime oportunas.

ÍNDICES

Los índices permiten al SGBD agilizar las búsquedas cuando en la cláusula WHERE de una consulta se filtra por el campo o campos que componen el índice. La mera creación de un índice es en ocasiones la solución a una consulta que presenta un mal rendimiento. Aunque también tienen un coste, el SGBD tiene que gestionar y mantener los índices cuando se insertan registros en la tabla, o cuando se modifican algunos de los campos que componen el índice. Además ocupan espacio en disco.

Veamos cómo crear un índice en la tabla CURSOS para el campo ID_PROFE.

Código 17.15
```
create index CURSOS_ID_PROFE_INX on CURSOS (ID_PROFE);
```

Si usted realiza una consulta sobre la tabla CURSOS filtrando por el campo ID_PROFE, el SGBD usará el índice que se acaba de crear para recuperar los registros con unos pocos accesos, a diferencia de si no lo tuviese, que se vería obligado a recorrer toda la tabla, registro a registro, para determinar si cumple la condición de la cláusula WHERE.

Si se determina que un profesor no puede impartir más de un curso, y además se quiere restringir en la base de datos, usted puede crear un índice que no permita valores repetidos con la siguiente instrucción:

Código 17.16
```
create unique index CURSOS_ID_PROFE_INX on CURSOS (ID_PROFE);
```

Con esta restricción definida en la BD, el SGBD no permitirá que dos o más registros contengan el mismo dato en el campo ID_PROFE.

ÍNDICES IMPLÍCITOS

Al crear una clave primaria sobre una tabla de la BD, el SGBD creará automáticamente un índice sobre el campo o campos que forman la clave primaria. No se debe confundir la clave primaria de una tabla con un índice que no permite valores repetidos. La clave primaria tiene un índice implícito, pero eso no significa que si en lugar de crear la clave primaria, se crea un INDEX UNIQUE sobre el mismo campo, podamos decir que la tabla tiene clave primaria, no la tiene ya que no se ha definido explícitamente, en consecuencia no pueden crearse claves foráneas o referencias a esta tabla, puesto que no se ha definido su clave primaria.

ORDEN EN ÍNDICES COMPUESTOS

Al crear un índice compuesto por dos o más campos, ya sea explícitamente mediante la instrucción CREATE INDEX o bien, implícitamente al crear una clave primaria compuesta por dos o más campos, el SGBD establece un orden a cada campo que compone el índice, este orden se establece en función del orden que usted indique en la lista de campos que forman el índice o la clave primaria. Si por ejemplo en una hipotética tabla ARTICULOS usted establece el siguiente índice:

Código 17.17
```
create index ART_PROVEEDOR_FAMILIA_INX on ARTICULOS
(ID_PROVEEDOR, ID_FAMILIA);
```

El SGBD establecerá orden 1 al campo ID_PROVEEDOR del índice y orden 2 al campo ID_FAMILIA. De modo que si en una consulta usted filtra en la cláusula WHERE por el campo ID_PROVEEDOR y también por ID_FAMILIA el SGBD usará el índice para reducir los accesos y obtener el resultado en menos tiempo, e incluso si filtra solamente por el campo ID_PROVEEDOR también usará el índice con idéntico propósito. Pero si usted omite en la cláusula WHERE el filtro por el campo ID_PROVEEDOR pero sí que filtra por el campo ID_FAMILIA, el SGBD no usará el índice para resolver la consulta. El motivo es que se ha omitido el filtro de orden 1, es decir, el campo ID_PROVEEDOR. Es parecido a lo que ocurre en el índice de un libro, si a usted le piden por ejemplo que localice las páginas del capítulo 4 apartado 3, usted abrirá el índice, localizará el capítulo 4 apartado 3 obteniendo así la página donde empieza este apartado, y le resultará rápido saber en qué páginas del libro se trata este apartado. Pero si no le dicen el capítulo y le piden que localice las páginas del apartado 3, el índice resulta de mucha menos ayuda, ya que se está omitiendo el primer nivel de organización del índice.

Por lo tanto usted puede omitir los filtros de orden mayor, los de la derecha de la lista de campos que forman el índice, y el SGBD lo usará para resolver la consulta. Pero si omite el de orden 1, es decir, el primer campo que forma el índice, el SGBD no usará el índice para resolver la consulta y se verá obligado a recorrer toda la tabla para obtener el resultado.

ELIMINAR TABLAS

Para eliminar una tabla; no solo sus registros, sino la tabla como objeto de la BD, se emplea la instrucción DROP TABLE tal que así:

Código 17.18
```
drop table PROFESORES;
```

Con ello la tabla PROFESORES dejaría de existir. Para eliminar una tabla de la BD es preciso que no existan referencias a ella, de lo contrario estas deben ser eliminadas antes de eliminar la tabla.

USUARIOS ROLES Y PRIVILEGIOS

Una vez creadas las tablas en la BD es necesario otorgar privilegios a los usuarios o roles de usuarios que lo precisen. Los privilegios pueden otorgarse directamente a un usuario, o bien a través de un rol, es decir, se otorgan privilegios a un rol y posteriormente se asigna ese rol a los usuarios que necesiten los permisos incluidos en el rol. Es un modo de organizar el conjunto de privilegios de un mismo ámbito y no tener que definirlos para cada usuario que los precise, sino que se otorgan a un rol y cuando un nuevo usuario necesita ese grupo de permisos es suficiente con asignarle el rol al usuario. Vamos a crear un rol al que otorgaremos privilegios para consultar las tablas de la BD ACADEMIA, posteriormente le asignaremos el rol a un nuevo usuario.

Código 17.19

```
-- creacion del rol
create role ACADEMIA_ROL;


-- otorgar privilegios de consulta al rol
grant select on ALUMNOS to ACADEMIA_ROLE;
grant select on CURSOS to ACADEMIA_ROLE;
grant select on PROFESORES to ACADEMIA_ROLE;
grant select on ALUMNOS_CURSOS to ACADEMIA_ROLE;


-- creación de un nuevo usuario
create user ACADEMIA_USER identified by 'PASWORD';
-- otorgar el rol al usuario
grant ACADEMIA_ROL to ACADEMIA_USER;
```

Es posible también revocar privilegios a un rol, así como revocar un rol a un usuario mediante la instrucción REVOKE, así por ejemplo vamos a quitarle los privilegios de consulta al rol ACADEMIA_ROL sobre la tabla ALUMNOS_CURSOS.

Código 17.20

```
revoke select on ALUMNOS_CURSOS from ACADEMIA_ROLE;
```

Para quitarle el rol ACADEMIA_ROL al usuario ACADEMIA_USER ejecutaríamos la siguiente instrucción:

Código 17.21

```
revoke ACADEMIA_ROL from ACADEMIA_USER;
```

Los distintos SGBD ofrecen particularidades fuera del estándar en la sintaxis de instrucciones DDL, de modo que es posible que la sintaxis con la que se ilustra este recurso en el libro no esté soportada en un SGBD concreto. Consulte la documentación del SGBD con el que usted trabaja para obtener más información al respecto. MySQL por ejemplo no da soporte para roles, de modo que no tienen esta posibilidad y deberá aplicar los permisos sobre usuarios directamente.

ASISTENTES

En el caso de las instrucciones DDL, e independientemente del SGBD en el que usted trabaje, puede resultarle más cómodo usar herramientas que le permitirán definir el modelo de datos a través de asistentes, podrá realizar todo lo que se expone en este capítulo y más, sin necesidad de conocer la sintaxis especifica. Será el asistente el que acabe construyendo la instrucción en base a la información que usted cumplimenta y enviándola al SGBD para su ejecución. Algunos asistentes pueden incluso mostrar la sintaxis de la instrucción, esto puede resultar útil por ejemplo para ir guardándolas en un fichero a modo de script. Tener la lista de instrucciones le permitirá ejecutarlas en otra BD de forma rápida y no tener que ir definiéndolas nuevamente a través de los asistentes. Estas mismas herramientas cuentan con funcionalidades que generan todas las instrucciones una vez el modelo ya está definido, para replicarlo en otro entorno o BD.

METADATOS

Sobre los objetos definidos en una base de datos tales como tablas, claves primarias, foráneas, índices, etc, los SGBD guardan esta información en tablas propias de sistema que pueden ser consultadas mediante SQL. Podemos decir que los SGBD usan el propio modelo relacional que implementan para gestionar las BBDD relacionales que los usuarios definen en ellos. A los datos de estas tablas de sistema que almacenan información relativa a los objetos de una BD se les llama metadatos.

En un SGBD MySQL estas tablas las encontramos en la BD INFORMATION_SCHEMA que se crea al instalar el SGBD en un servidor. El propietario de estas tablas es el superusuario ROOT. En Oracle, sin embargo, estas tablas las encontramos en el esquema del superusuario SYS.

Este recurso resulta de gran ayuda para los administradores que deben mantener las BBDD de las que son responsables. De modo que si por ejemplo se necesita saber qué restricciones están montadas sobre la base de datos ACADEMIA podemos acceder a:
INFORMATION_SCHEMA.TABLE_CONSTRAINTS, que es la tabla de sistema que contiene esta información en MySQL:

Código
```
select *
  from INFORMATION_SCHEMA.TABLE_CONSTRAINTS
 where constraint_schema = 'ACADEMIA'
```

Usted no podrá acceder a esta tabla desde la consola SQL porque el acceso está restringido, pero se ha creado la tabla TABLE_CONSTRAINTS_ACADEMIA en la BD SQLFACIL accesible desde la consola SQL, con la información que devolvería la anterior consulta después de crear la BD ACADEMIA en un SGBD MySQL y definir todos los objetos que aparecen en este capítulo.

Código 17.22

```
select *
  from TABLE_CONSTRAINTS_ACADEMIA
```

CONSTRAINT_CATALOG	CONSTRAINT_SCHEMA	CONSTRAINT_NAME	TABLE_SCHEMA	TABLE_NAME	CONSTRAINT_TYPE
def	academia	PRIMARY	academia	alumnos	PRIMARY KEY
def	academia	PRIMARY	academia	alumnos_cursos	PRIMARY KEY
def	academia	ALUMNOS_CURSOS_ID_CURSO_FK	academia	alumnos_cursos	FOREIGN KEY
def	academia	ALUMNOS_CURSOS_ID_ALUMNO_FK	academia	alumnos_cursos	FOREIGN KEY
def	academia	PRIMARY	academia	cursos	PRIMARY KEY
def	academia	CURSOS_ID_PROFE_INX	academia	cursos	UNIQUE
def	academia	CURSOS_ID_PROFE_FK	academia	cursos	FOREIGN KEY
def	academia	PRIMARY	academia	profesores	PRIMARY KEY

Existen otras tablas con metadatos dentro del esquema INFORMATION_SCHEMA donde se guarda información sobre diferentes objetos de las BBDD existentes en un SGBD MySQL. A continuación se citan algunas de ellas a modo de ejemplo:

- TABLES: Almacena información de las tablas existentes en las distintas BBDD del sistema.
- COLUMNS: Almacena información de los campos que contiene cada una de las tablas de las distintas BBDD del sistema.

- USER_PRIVILEGES: Almacena información de los privilegios que se han otorgado a los diferentes usuarios del sistema.
- TABLE_CONSTRAINTS: Almacena las restricciones que presenta cada una de las tablas de las diferentes BBDD del sistema.

Consulte la documentación del SGBD que le ocupe para conocer de qué tablas de metadatos dispone.

Para acabar el capítulo, veamos qué tablas de metadatos encontramos en Oracle, bajo el esquema SYS, parecidas a las antes mencionadas para MySQL:

- DBA_TABLES: Almacena información de las tablas existentes en los distintos esquemas de una BD Oracle.
- DBA_TAB_COLUMNS: Almacena información de los campos que contiene cada una de las tablas de los distintos esquemas de una BD Oracle.
- DBA_ROLE_PRIVS: Almacena información de los privilegios que se han otorgado a los diferentes usuarios y roles de una BD Oracle.
- DBA_CONSTRAINTS: Almacena las restricciones que presenta cada una de las tablas de los diferentes esquemas de una BD Oracle.

En Oracle usted puede consultar la tabla DICT (diccionario) para conocer las diferentes tablas de metadatos que contiene una BD Oracle. Dada la gran cantidad de recursos que un SGBD Oracle proporciona, necesita muchas más tablas de metadatos que las que encontramos en un SGBD MySQL.

RESUMEN

Las instrucciones DDL permiten definir el modelo de datos en una BD. Esto es creación de tablas, establecer las relaciones entre tablas, crear usuarios y roles, otorgar privilegios etc.

Destacar las siguientes instrucciones DDL:

- CREATE DATABASE: para crear BBDD en un SGBD.
- CREATE TABLE: para crear tablas en una BD.
- ALTER TABLE: para establecer la clave primaria y claves foráneas, así como añadir o eliminar columnas, establecer restricciones *check* o hacer nulo o no nulo un campo.
- CREATE INDEX: para crear índices que agilicen las consultas.
- DROP TABLE: para eliminar una tabla de la BD.
- GRANT: para otorgar privilegios a un rol o usuario, así como otorgar un rol a otro rol o a un usuario.
- REVOKE para quitar privilegios previamente otorgados.

La sintaxis de algunas de estas instrucciones DDL puede variar ligeramente entre los distintos SGBD, de modo que deberá consultar la documentación del SGBD con el que esté trabajando para conocer su sintaxis y construir las instrucciones que precise con la sintaxis que el SGBD espera o reconoce.

El uso de asistentes puede resultar muy interesante en esta fase del diseño, cuando usted está traduciendo el modelo entidad-relación a instrucciones que definan el modelo de datos.

Los SGBD usan el propio modelo relacional para guardar información relativa a las BBDD que se definen en su sistema. Estos datos son conocidos como metadatos, y pueden ser consultados accediendo a las tablas de sistema mediante SQL para conocer qué objetos se han definido en el sistema. Las herramientas que permiten generar *scripts* con el modelo y los datos de una BD relacional, usan este recurso para generar dichos *scripts*.

EJERCICIOS

Ejercicio 1

En el capítulo anterior se le pidió que modificase el modelo entidad-relación de la academia para que considerase la siguiente premisa: todo alumno tendrá un profesor que lo tutele. En esta ocasión se le pide que construya las instrucciones DDL que permitan incorporar al modelo definido en la BD ACADEMIA dicha premisa. Recuerde que el nuevo campo es una referencia a la tabla PROFESORES.

Ejercicio 2

Suponiendo que las restricciones de la BD ACADEMIA se guardan en la tabla de metadatos TABLE_CONSTRAINTS_ACADEMIA, construya una consulta que devuelva las claves foráneas que presenta la tabla ALUMNOS_CURSOS.

Una vez un ordenador me venció jugando al ajedrez, pero no me opuso resistencia cuando pasamos al kick boxing.

Emo Philips

Capítulo 18

INSERT, UPDATE, DELETE

En este capítulo trataremos cómo modificar la información de una BD. Los registros de una tabla pueden ser modificados de tres modos: crear nuevos registros, modificarlos o bien eliminarlos.

Por razones obvias no podrá usar la consola SQL para probar estas instrucciones, de modo que para ello deberá usar su propia BD.

INSERT SQL

La instrucción INSERT permite crear o insertar nuevos registros en una tabla, veamos su sintaxis con un ejemplo práctico: la inserción de un registro en la tabla ALUMNOS.

Código 18.1
```
insert into ALUMNOS
        (ID_ALUMNO , NOMBRE , APELLIDOS , F_NACIMIENTO)
values
        (1 , 'Pablo' , 'Hernándaz Mata' , '1995-03-14')
```

Observe como todo lo que se explicó en referencia a los tipos de datos es válido para la instrucción INSERT. Los datos de tipo numérico no se entrecomillan, a diferencia de los datos de tipo cadena y fecha.

En general la sintaxis de la instrucción INSERT es la siguiente:

```
código:
INSERT INTO nombre_tabla (CAMPO_1, ..., CAMPO_N)
VALUES (valor_1, ..., valor_n)
```

Donde cada dato de la lista VALUES se corresponde y se asigna a cada campo de la tabla en el mismo orden de aparición de la sentencia INSERT. Cabe mencionar que si la clave primaria que identifica el registro que se pretende insertar ya la usa un registro existente el SGBD rechazaría la operación y devolvería un error de clave primaria duplicada. Si omite en la lista de campos que forman la sentencia INSERT algún campo que no puede contener valores nulos, es decir, es obligatorio informarlo, la operación de inserción fallará y no se realizará. De modo que al realizar una inserción no puede omitir campos que no permiten valores nulos, salvo que al crear la tabla se haya especificado un valor por defecto para esos campos, entonces al omitirlo el SGBD le asignará el valor por defecto definido y la operación se realizará con éxito.

Cuando usted rellena un formulario en Internet, por ejemplo, y los datos son almacenados en una BD relacional, en algún momento del proceso se realizará una instrucción INSERT con los datos que usted ha cumplimentado.

UPDATE SQL

La instrucción UPDATE permite actualizar registros de una tabla. Debemos por lo tanto indicar qué registros se quieren actualizar mediante la cláusula WHERE, y qué campos mediante la cláusula SET. Además se deberá indicar qué nuevo dato va a guardar cada campo.

Así, por ejemplo, supongamos que para el curso que carecía de profesor finalmente ya se ha decidido quién lo va a impartir. La sintaxis que permite actualizar el profesor que va a impartir un curso sería la siguiente:

Código 18.2

```
update CURSOS
   set ID_PROFE = 2
 where ID_CURSO = 5
```

Todo lo expuesto sobre lógica booleana es válido para la cláusula WHERE de la instrucción UPDATE, en todo caso dicha cláusula se comporta igual que en una consulta, solo que ahora en lugar de seleccionar registros para mostrarnos algunos o todos los campos, seleccionará registros para modificar algunos o todos sus campos. Por lo tanto omitir la cláusula WHERE en una instrucción UPDATE implica aplicar la actualización a todos los registros de la tabla.

La instrucción anterior asignará un 2 en el campo ID_PROFE de la tabla CURSOS en los registros cuyo valor en el campo ID_CURSO sea 5. Como sabemos que el campo ID_CURSO es la clave primaria de la tabla, tan solo se modificará un solo registro si es que existe. Obviamente en este caso, dado que el campo que se pretende actualizar es clave foránea de la tabla PROFESORES, si no existe un registro en dicha tabla con identificador 2 el SGBD devolverá un error de clave no encontrada.

Veamos otro ejemplo, esta vez se modificarán varios campos y registros con una sola instrucción. Tomemos la tabla EMPLEA2, que tiene el mismo diseño y datos que la tabla EMPLEADOS. En ella se guardan los datos de cada empleado, el sueldo y también se guarda en el campo PRECIO_HORA el precio de la hora extra que cobra cada empleado en el caso que las trabaje. Así, con el cambio de ejercicio se deben subir los sueldos y el precio por hora extra trabajada, digamos que un 2 % el sueldo y un 1 % el precio de la hora extra.

Sin embargo, la política de empresa congela el salario a directivos que cobran 3000 euros o más. ¿Qué instrucción actualizaría estos importes según estas premisas?

Código 18.3

```
update EMPLEA2
   set SALARIO = SALARIO * 1.02,
       PRECIO_HORA = PRECIO_HORA * 1.01
 where SALARIO < 3000
```

Por tanto solo se está actualizando el salario y el precio de la hora extra de aquellos empleados que su salario es inferior a 3000 euros.

En general la sintaxis de la instrucción UPDATE es la siguiente:

Código

```
UPDATE nombre_tabla
   SET campo1 = valor1,
       campo2 = valor2,
       ...,
       campoN = valorM
 WHERE condicines
```

DELETE SQL

La instrucción DELETE permite eliminar registros de una tabla, su sintaxis es simple, puesto que solo debemos indicar qué registros deseamos eliminar mediante la cláusula WHERE. La siguiente consulta elimina todos los registros de la tabla mascotas que están de baja:

Código 18.4

```
delete from MASCOTAS
  where ESTADO = 'B'
```

Del mismo modo que ocurre con la instrucción UPDATE, para la instrucción DELETE es válido todo lo expuesto sobe la cláusula WHERE para consultas.

La siguiente instrucción elimina todos los registros de la tabla VEHICULOS:

Código 18.5

```
delete
   from VEHICULOS
```

Al eliminar registros de una tabla estos no deben figurar como clave foránea en otra tabla, de lo contrario el SGBD devolverá un error de violación de integridad referencial, puesto que si se permitiese quedarían registros huérfanos.

En general la sintaxis de la instrucción DELETE es la siguiente:

Código

```
DELETE
   FROM nombre_tabla
  WHERE condiniones
```

TRANSACCIONES: COMMIT / ROLLBACK

En los SGBD transaccionales, como por ejemplo Oracle, es necesario confirmar los cambios en la base de datos una vez realizados. Es comparable a cuando usted está modificando un documento; si no guarda los cambios estos no se reflejarán en el archivo del disco duro. En el ámbito de las bases de datos se pueden realizar varias operaciones de inserción, modificación o eliminación. Estas operaciones se engloban en una transacción que empieza con la primera operación, y finaliza cuando se confirman o bien se descartan los cambios. Para confirmar los cambios se usa la instrucción COMMIT, mientras que para descartarlos se usa la instrucción ROLLBACK.

Cuando usted inicia una sesión en un SGBD transaccional y ejecuta instrucciones que cambian la información de la BD, usted verá los cambios desde su misma sesión si realiza las consultas para tal proposito, pero para otros usuarios que estén conectados a esa BD, o para otras sesiones paralelas que usted pueda tener abiertas, los cambios no serán visibles hasta que usted confirme la transacción con ayuda de la instrucción COMMIT. Los SGBD transacionales crean bloqueos sobre los registros de las tablas que están afectados por una transacción no finalizada para gestionar la concurrencia de usuarios, garantizando así que dos o más usuarios no están modificando al mismo tiempo los mismo datos. Si usted lanza una instrucción de actualización y el SGBD no responde, es posible que se esté viendo afectado por un bloqueo, y el sistema esté esperando que la transacción que está bloqueando el registro finalice para dar paso a su operación.

En MySQL por defecto el SGBD se ejecuta en modo autocommit, por lo que cualquier cambio de la información se guarda automáticamente y de forma inmediata en la BD. Es posible trabajar en modo transaccional también si se configura el SGBD o bien, si especifica el inicio de la transacción con ayuda de la instrucción STAR TRANSACTION, la transacción finalizará al realizar un COMMIT confirmando los cambios, o bien ROLLBACK descartándolos.

Veamos un ejemplo MySQL que elimina las mascotas dadas de baja en modo transaccional.

Código 18.6

```
START TRANSACTION;
delete from MASCOTAS
 where ESTADO = 'B';
COMMIT;
```

Observe como en al anterior bloque de código intervienen tres instrucciones que se envían al SGBD. Es necesario que indiquemos al SGBD dónde finaliza una instrucción y empieza otra. Esto se consigue poniendo un punto y coma al final de cada instrucción, de modo que el SGBD las ejecutará una tras otras mientras ninguna de ellas provoque un error de ejecución. Si el *script* o conjunto de instrucciones falla, se interrumpe su ejecución y usted puede realizar un ROLLBACK para descartar los cambios que se hayan podido realizar con anterioridad al error, analizar dónde está el problema, corregirlo, e intentar de nuevo su ejecución.

COMMIT IMPLÍCITO EN INSTRUCCIONES DDL

Antes de acabar el capítulo es importante saber que las instrucciones DDL que se explicaron en el capítulo anterior así como toda instrucción DDL, ejecutan un COMMIT implícitamente. Esto se entiende del siguiente modo: para cambiar aspectos de una BD, ya sea crear una nueva tabla, añadir una columna a una tabla existente, crear un nuevo usuario, etc., es necesario que no haya una transacción en curso. Por lo tanto, el SGBD antes de ejecutar una instrucción DDL valida los cambios mediante un COMMIT y posteriormente ejecuta la instrucción DDL. Si usted elimina registros de una tabla con la instrucción DELETE y posteriormente añade una nueva columna a la tabla, por ejemplo, carece de sentido que acto seguido realice un ROLLBACK para deshacer los registros eliminados, puesto que el ALTER TABLE que ha usado para añadir la columna tiene un COMMIT implícito y los cambios ya se han guardado en la BD.

RESUMEN

Con las instrucciones INSERT, DELETE y UPDATE el SGBD permite crear eliminar o modificar registros.

SQL fácil

La cláusula WHERE de las instrucciones DELETE y UPDATE se comporta igual que en las consultas y permite descartar o considerar los registros en los que se realizará la operación de actualización o de borrado. Omitir la cláusula WHERE implica aplicar la operación a todos los registros de la tabla.

Al insertar eliminar o actualizar datos, deben respetarse las restricciones. Si estas están montadas en la BD, cosa por otro lado muy recomendable, podemos tener errores de tres tipos:

- Clave primaria duplicada (al insertar o modificar un registro).
- Violación de integridad referencial (se pretende dejar huérfanos registros que apuntan al registro padre al intentar eliminarlo o modificarlo).
- Clave padre no encontrada (al actualizar o insertar una clave foránea que no existe en la tabla padre a la que apunta).

Una transacción está formada por el conjunto de operaciones que realizan cambios sobre la BD. En los SGBD transaccionales será necesario realizar COMMIT para confirmar los cambios efectuados en la transacción, o bien ROLLBACK para descartarlos.

Las instrucciones DDL, tal como CREATE TABLE, ALTER TABLE, etc. tienen un COMMIT implícito. EL SGBD realizará el COMMIT antes de ejecutar la instrucción propiamente dicha.

EJERCICIOS

Ejercicio 1

Construya una instrucción de inserción en la tabla CURSOS para guardar un nuevo curso de pintura y asígnele una clave que no entre en conflicto con las existentes. Posteriormente construya la instrucción para eliminar de la tabla el registro que acaba de crear.

Ejercicio 2

En este capítulo se puso como ejemplo la actualización del salario de la tabla EMPLEA2 donde este se incrementaba un 2 % para empleados con un sueldo inferior a 3000 euros. Sin embargo, no parece muy justo que un empleado con un sueldo de 3000 euros no reciba incremento alguno, y otros que rozan los 3000 euros pero no llegan reciban el incremento superando el importe de corte una vez aplicado dicho incremento. Construya una instrucción de actualización, que se debería ejecutar previamente a la actualización de sueldos, de modo que evite que para estos empleados el sueldo tras el incremento sea superior a 3000 euros. Para ello la instrucción que se le pide debe actualizar el salario de los empleados afectados a 3000 euros, para que cuando se realice el incremento no se les aplique la subida puesto que su sueldo será entones de 3000 euros justos.

Primero resuelve el problema. Entonces, escribe el código.

John Johnson

Capítulo 19

SÍNTESIS DE LA SEGUNDA PARTE

REUNIÓN

En esta segunda parte se ha profundizado sobre la operación de reunión. El producto cartesiano es el caso más general, donde se combinan todos los registros de una primera tabla con todos los registros de las otras tablas que intervienen en la operación de reunión. Esto ocurre cuando se omite la cláusula WHERE de la consulta SQL.

Podemos usar una sintaxis concreta para la operación de reunión mediante las cláusulas FROM INNER JOIN, donde se establecen a ambos lados de la expresión las tablas que van a intervenir en la operación, más la cláusula ON, donde se establecen las condiciones que ha de satisfacer la operación. La alternativa a esta sintaxis es usar las cláusulas FROM WHERE con idéntico propósito.

FUNCIONES DE AGREGADO

Cuando realizamos una operación de reunión, a efectos lógicos, podemos considerar que el motor SQL realiza el producto cartesiano entre las tablas involucradas y posteriormente aplica sobre el resultado los filtros que establece la cláusula WHERE. Para las funciones de agregado podemos considerar lo mismo, es decir, que el cálculo se realiza sobre los registros resultantes del producto cartesiano tras ser filtrado por la cláusula WHERE.

REUNIÓN EXTERNA

La reunión externa permite obtener datos de una tabla aunque no tenga éxito la condición que estable la operación, o lo que es lo mismo, en el resultado de la reunión externa las columnas referentes al registro padre vendrán a nulo porque la clave foránea del registro hijo contiene un valor nulo. Esto es así cuando la tabla que manda es la tabla hijo. Puede darse también a la inversa, es decir, que la consulta se construya de modo que mande la tabla padre, en tal caso los registros padre que no tengan hijos se muestran con los campos de la tabla hijo a nulo. La cláusula que permite realizar esta operación es OUTER JOIN. Que mande una u otra tabla dependerá de si aplicamos la reunión externa por la izquierda o por la derecha, es decir, de si aplicamos entre ellas LEFT OUTER JOIN o RIGHT OUTER JOIN, manteniendo las tablas que intervienen fijas a ambos lados del OUTER JOIN.

CLAVES PRIMARIAS Y FORÁNEAS

La clave primaria de una tabla permite identificar de forma única cada registro de una tabla mediante los propios datos que contienen los campos que forman la clave primaria. Esta puede ser simple o compuesta, es decir, formada por uno o por varios campos. Los datos que contiene un registro en los campos que establecen la clave primaria en una tabla no se pueden repetir para ningún otro registro de la tabla, garantizándose de este modo la exclusividad y la identificación unívoca del registro.

La clave foránea de una tabla relaciona el registro que contiene la clave foránea con el registro de la tabla padre que contiene el mismo valor en su clave primaria. Dicho de otro modo, la clave foránea de una tabla siempre existirá como clave primaria en la tabla a la que apunta y con la que se relaciona. En el caso de que el campo o campos que forman la clave foránea puedan contener valores nulos, el registro puede no estar asociado a ningún registro padre.

RELACIONES Y CARDINALIDAD

Existen principalmente dos tipos de relación entre tablas de una BD según la cardinalidad de la relación.

- Relación 1 : N
- Relación N : M

La relación de cardinalidad 1 : N entre dos tablas establece que por cada registro de la tabla padre se esperan varios registros de la tabla hijos, pudiendo no tener ninguno. También el registro hijo puede no tener padre definido, en cuyo caso el campo o campos que apuntan al padre contendrán un valor nulo.

La relación de cardinalidad N : M entre dos tablas precisa de una tabla auxiliar o tabla de relación para establecer o definir la relación. Si dos registros concretos de dos tablas que guardan una relación N : M NO se relacionan entre sí, significa que NO existirá registro alguno en la tabla de relación que apunte a estos dos registros. En una tabla de relación la clave primaria será compuesta y estará formada por los campos que son clave primaria en las tablas o maestros que relaciona. Estos campos serán a su vez por separado claves foráneas de sus respectivos maestros.

MODELO ENTIDAD-RELACIÓN

Es un diagrama donde se representan entidades de una realidad o actividad y sus relaciones. Es de gran ayuda para posteriormente definir la estructura de tablas de una BD con sus relaciones.

Desarrollar modelos relacionales precisa un análisis e investigación previa de la actividad que se pretende informatizar. Cuantos más datos se tengan, mejor y con menos errores se podrá desarrollar el modelo entidad-relación. Por otro lado desarrollar un modelo es un ejercicio creativo que precisa de una dilatada experiencia y práctica para dominarlo.

Una vez se obtiene el diagrama del modelo entidad-relación, se obtiene de forma directa la estructura de BD aplicando un protocolo que se rige por una serie de pasos. Estos son los más significativos:

- Cada entidad será una tabla de la base de datos.
- Las relaciones de 1 a N implican crear una clave foránea en la tabla que deriva de la entidad con cardinalidad N, que apunte a la tabla que deriva de la entidad con cardinalidad 1.
- Las relaciones de N a M exigen crear una nueva tabla de relación en la base de datos.

En el modelo entidad relación encontraremos entidades fuertes y débiles. Las entidades fuertes tienen claves propias para identificar sus registros, mientras que las débiles deben apoyarse en una entidad fuerte para identificarlos. La clave primaria de una entidad débil siempre será compuesta y en ella intervendrá la clave foránea que apunta a la entidad fuerte de la que depende. La relación entre ambas entidades siempre será de cardinalidad 1 a N.

DML (LENGUAJE DE MANIPULACIÓN DE DATOS)

Las instrucciones DML (*Data Manipulation Language*, DML por sus siglas en inglés) son:

- **SELECT**: esta instrucción permite obtener datos de una BD, reunirlos, unirlos, calcular, etc.
- **INSERT**: instrucción que permite insertar nuevo registros en una tabla de la BD.
- **DELETE**: permite eliminar registros de una tabla.
- **UPDATE**: esta instrucción posibilita la modificación de datos de una tabla. Es equivalente a eliminar primero el registro mediante la instrucción DELETE y volverlo a crear con la instrucción INSERT. En ocasiones la integridad referencial hará imposible eliminarlo y volverlo a crear directamente, debiendo usar forzosamente la instrucción UPDATE.

Al usar estas instrucciones, salvando la instrucción SELECT, se deben tener en cuenta las restricciones de la BD. Así pues el SGBD devolverá los siguientes errores si se pretende violar la **integridad referencial**.

- **Clave padre no encontrada:** al insertar o modificar un registro donde se está indicando una clave foránea que no existe en la tabla padre.
- **Clave primaria duplicada:** al insertar o modificar un registro donde se está indicando una clave primaria que ya existe en otro registro de la misma tabla.
- **Registros dependientes encontrados:** al intentar eliminar un registro al que uno o más registros hijos de otras tablas hacen referencia. Dicho de otro modo, al intentar dejar huérfanos registros hijos del registro padre que se pretende eliminar.

Si se está trabajando en modo transaccional, es necesario ejecutar un COMMIT para guardar los cambios que las instrucciones INSERT, DELETE y UPDATE han realizado en la BD. Si por el contrario se quieren descartar estos cambios, se usa la instrucción ROLLBACK.

DDL (LENGUAJE DE DEFINICIÓN DE DATOS)

Las instrucciones DDL (*Data Definition Language*, DDL por sus siglas en inglés) permiten definir el modelo de datos de una base de datos. Esto es todo lo relativo a creación de tablas, definición de claves primaria y foráneas, campos check, creación de usuarios, otorgar privilegios, creación de indices, etc.

Las instrucciones DDL ejecutan implícitamente un COMMIT, por lo que si se está trabajando en modo transaccional, se confirmarán todos los cambios pendientes de guardar en la BD. Para que esto no ocurra es necesario ejecutar la instrucción ROLLBACK antes de ejecutar la instrucción DDL. De este modo los posibles cambios pendientes de guardar serán descartados.

SQL fácil

Puede resultar especialmente útil el uso de herramientas o asistentes para definir el modelo de datos. Estas mismas herramientas cuentan con funionalidades para generar los *scripts* con el conjunto de instrucciones que definen el modelo y sus datos. Con estos *scripts* es posible migrar la BD de un entorno de trabajo a otro, o entre distintos SGBD.

EJERCICIOS

Ejercicio 1

Supongamos que tenemos las siguientes entidades en un modelo relacional que gestiona la liga profesional de fútbol: EQUIPOS y JUGADORES. La cardinalidad de esta relación es 1 a N, puesto que un equipo tiene una plantilla de N jugadores mientras que un jugador milita en un solo equipo. ¿Es JUGADORES una entidad débil?

Ejercicio 2

Supongamos que tenemos las siguientes entidades en un modelo relacional que gestiona las reparaciones del alumbrado público de una urbanización: FAROLAS y REPARACIONES. La cardinalidad de esta relación es 1 a N, puesto que a una farola se le realizan N reparaciones mientras que una reparación se practica a una farola. ¿Es REPARACIONES una entidad débil?

Ejercicio 3

Supongamos que tenemos las siguientes entidades en un modelo relacional que gestiona la actividad de un almacén de distribución de género: ARTICULOS y FAMILIAS. La cardinalidad de esta relación es 1 a N, puesto que una familia agrupa N artículos mientras que un artículo pertenece a una sola familia. ¿Es ARTICULOS una entidad débil?

Tercera Parte

Capítulo 20

FUNCIONES NATIVAS

Las funciones nativas son funciones que vienen integradas en los SGBD por defecto. Pueden verse como cajas negras a las que les pasamos unos parámetros de entrada y, en función de estos, devuelven un único resultado o dato de salida.

Con anterioridad en el libro apareció la función CONCAT, que realiza la concatenación de dos o más cadenas de texto. Los parámetros de entrada en este caso son tantas cadenas como deseemos separadas por comas, y el resultado que devuelve es una única cadena con la concatenación de todas las cadenas de entrada.

Código 20.1

```
select concat('Esto ','es ','un ','ejemplo ',
              'de ','concatenación ', 'de ', 'cadenas ',
              'de ','texto.') as EJEMPLO_CONCAT
```

EJEMPLO_CONCAT
Esto es un ejemplo de concatenación de cadenas de texto.

Existen infinidad de funciones con propósitos y utilidades múltiples. Las funciones están fuera del estándar SQL, cada SGBD tiene las suyas aunque existen funcionalidades presentes en todos ellos pudiendo tener diferente nombre. En este capítulo veremos algunos ejemplos de funciones que por razones obvias solo podrán aplicarse al SGBD MySQL. Encontrará por Internet numerosas páginas donde documentarse sobre las funciones nativas para este y otros SGBD.

En general una función recibe como parámetro valores, y en función de estos devuelven un resultado. Es este resultado el que es considerado por la cláusula SELECT cuando hacemos una llamada a una función desde esta cláusula, o desde la cláusula WHERE, o desde cualquier lugar aplicable.

Alguna funciones no precisan parámetros, por ejemplo, la función LOCALTIME y CURRENT_DATE. La primera devuelve la fecha y la hora del servidor de BD, la segunda solo la fecha, por tanto si usted quiere saber la fecha y la hora del servidor cuando se elaboraba esta parte del libro, aquí tiene la respuesta:

Código 20.2
```
select localtime , current_date
```

LOCALTIME	CURRENT_DATE
2013-09-22 20:38:32	2013-09-22

FUNCIONES PARA FECHAS

Las funciones más usadas son quizás las de tratamiento de fechas y cadenas alfanuméricas. Veamos un ejemplo de formateo de fecha: supongamos por ejemplo que de la fecha y hora actual solo nos interesa mostrar el mes y el año, para ello se usa la función DATE_FORMAT. Esta función precisa dos parámetros, en primer lugar el dato de tipo fecha que se quiere formatear, y seguidamente la máscara que determina el formato. Para el mes y año una mascará posible es la siguiente: '%m - %Y', por tanto la llamada a la función DATE_FORMAT para formatear una fecha con mes y año se realiza del siguiente modo:

Código 20.3

```
select date_format(localtime,'%m-%Y')
```

DATE_FORMAT(LOCALTIME,'%M-%Y')
09-2013

Y para que las fechas aparezcan en un formato más normal del que devuelve por defecto MySQL, al menos por lo que respecta a algunos países, la máscara es la siguiente: '%d-%m-%Y'. Así para mostrar por ejemplo los datos de la tabla EMPLEADOS con este formato para el campo F_NACIMIENTO podríamos construir la siguiente consulta:

Código 20.4.1

```
select ID_EMPLEADO, NOMBRE, APELLIDOS,
       date_format(F_NACIMIENTO,'%d-%m-%Y')        F_NACIMIENTO
   from EMPLEADOS
```

ID_EMPLEADO	NOMBRE	APELLIDOS	F_NACIMIENTO
1	Carlos	Jiménez Clarín	03-05-1985
2	Elena	Rubio Cuestas	25-09-1978
3	José	Calvo Sisman	12-11-1990
4	Margarita	Rodríguez Garcés	16-05-1992

Si se quieren usar barras en lugar de guiones para separar día, mes y año en un dato de tipo fecha, tan solo deberá indicarlo en la máscara como se muestra en el siguiente ejemplo:

Código 20.4.2

```
select ID_EMPLEADO, NOMBRE, APELLIDOS,
       date_format(F_NACIMIENTO,'%d/%m/%Y') F_NACIMIENTO
   from EMPLEADOS
```

ID_EMPLEADO	NOMBRE	APELLIDOS	F_NACIMIENTO
1	Carlos	Jiménez Clarín	03/05/1985
2	Elena	Rubio Cuestas	25/09/1978
3	José	Calvo Sisman	12/11/1990
4	Margarita	Rodríguez Garcés	16/05/1992

Para conocer todas las posibilidades que ofrece MySQL o cualquier otro SGBD en lo que a máscaras de formato de fechas se refiere deberá consultar la documentación de cada sistema en particular. Encontrará numerosas páginas en Internet con información al respecto.

Veamos ahora una función que opera con fechas de modo que permite, por ejemplo, sumar días a una fecha obteniendo como resultado una nueva fecha. Para ello usamos la función de MySQL DATE_ADD.

Código 20.5

```
select date_add(current_date, INTERVAL 30  DAY)
       as FECHA_ACTUAL_MAS_TREINTA_DIAS,
       date_add(current_date, INTERVAL 6 MONTH)
       as FECHA_ACTUAL_MAS_SEIS_MESES
```

FECHA_ACTUAL_MAS_TREINTA_DIAS	FECHA_ACTUAL_MAS_SEIS_MESES
2013-10-22	2014-03-22

El valor que devuelve la función DATE_ADD es un dato de tipo fecha, de modo que es posible usar la llamada a DATE_ADD como parámetro de entrada de la función DATE_FORMAT para darle formato al resultado que devuelve DATE_ADD:

Código 20.6

```
select date_format(date_add(current_date, INTERVAL 30
       DAY) , '%d-%m-%Y') as FECHA_ACTUAL_MAS_TREINTA_DIAS,
       date_format(date_add(current_date, INTERVAL 6
       MONTH) , '%d-%m-%Y') as FECHA_ACTUAL_MAS_SEIS_MESES
```

FECHA_ACTUAL_MAS_TREINTA_DIAS	FECHA_ACTUAL_MAS_SEIS_MESES
22-10-2013	22-03-2014

Por último en lo que a funciones de fecha se refiere, aunque existen muchas más, veremos un ejemplo de la función DATEDIFF, que devuelve los días de diferencias entre dos fechas. Si usted recuerda la tabla VEHICULOS, donde se guardaba para cada unidad la fecha de la próxima revisión, se preguntará quizás cómo realizar una consulta que informe de los vehículos que deben pasar la revisión en los próximos 30 días, para ello supondremos que hoy es 15 de noviembre de 2009:

Código 20.7
```
select *
  from vehiculos
 where datediff(PROX_ITV,'2009-11-15') < 31
```

ID_VEHICULO	MARCA	MODELO	PROX_ITV	ULTI_ITV
2	Seat	Panda	2009-12-01	2008-12-01

FUNCIONES PARA CADENAS

Otro tipo de funciones son las de tratamiento de cadenas. Ya se ha visto al principio de este capítulo la función CONCAT, que permite concatenar cadenas. Con estas funciones podemos, entre otras muchas cosas, obtener subcadenas de una cadena dada, por ejemplo los cuatro primeros caracteres. Para ello usaremos SUBSTR abreviación de *substring*, es decir, subcadena. Como parámetros recibe el dato de tipo cadena a tratar en primer lugar, seguido de la posición dentro de la cadena donde se quiere obtener la subcadena, y por último la longitud o número de caracteres de esta. Ejemplos:

Código 20.8
```
select
substr('ABCDEFGHIJ',1,4) LOS_CUATRO_PRIMEROS_CARACTERES
```

LOS_CUATRO_PRIMEROS_CARACTERES
ABCD

Código 20.9

```
select substr('ABCDEFGHIJ',4,3) LOS_TRES_CARACTERES_CENTRALES
```

LOS_TRES_CARACTERES_CENTRALES
DEF

Código 20.10

```
select substr('ABCDEFGHIJ',3)
       as LA_CADENA_IGNORANDO_LOS_DOS_CARACTERES_INICALES
```

LA_CADENA_IGNORANDO_LOS_DOS_CARACTERES_INICALES
CDEFGHIJ

Código 20.11

```
select substr('ABCDEFGHIJ',-2) LOS_DOS_CARACTERES_FINALES
```

LOS_DOS_CARACTERES_FINALES
IJ

Con la función LENGTH se obtiene la longitud de una cadena:

Código 20.12

```
select length('ABCDEFGHIJ')
```

LENGTH('ABCDEFGHIJ')
10

La función REPLACE es de gran utilidad, remplaza en una cadena un texto por otro. Por ejemplo, imagine que usted vende manteles de varios colores y en función de un campo de tabla que vendrá de un filtro seleccionado por el usuario le viene el valor naranja, aunque el usuario podría haber seleccionado otros colores disponibles. Mediante la siguiente consulta podría establecer un texto fijo con una subcadena a remplazar por el color, que es variable y depende de lo que el usuario selecciona. La idea del siguiente ejemplo es que el literal 'naranja' sería en realidad un campo de tabla con el valor 'naranja'.

Código 20.13
```
select REPLACE('Mantel de color &','&','naranja') PRODUCTO
```

PRODUCTO
Mantel de color naranja

LA FUNCIÓN IF

Hablemos ahora de una función un poco particular pero de suma utilidad, la función IF de MySQL. En Oracle se llama DECODE y funciona de forma un poco distinta. Permite condicionar el valor que devuelve en función de si se cumple una condición que se establece. Si usted recuerda la tabla PERSONAS, donde se guardaba una 'S' para indicar Sí, y una 'N' para indicar No, con la función IF podemos dar una salida de resultados más humana decodificando esta codificación:

Código 20.14
```
select NOMBRE , if(RUBIA='S','Sí','No') RUBIA
   from PERSONAS
```

NOMBRE	RUBIA
Manuel	Sí
María	No
Carmen	Sí

NOMBRE	RUBIA
José	Sí
Pedro	No

La función IF en este caso interroga si el campo RUBIA contiene un 'S', si es así devuelve 'Sí', y, en caso contrario, devuelve 'No'.

LA FUNCIÓN IFNULL

Esta función es similar a la función IF salvo que ahora la condición que debe cumplirse para que la función reemplace el dato por el valor alternativo que se indique va implícita en la propia función. Si el campo que evalúa la función contiene un valor nulo, la función devolverá el valor que le indiquemos en el segundo parámetro de la llamada. Si no es nulo, devolverá el dato que contiene el campo que se está evaluando. Es por tanto un recurso para tratar valores nulos y reemplazarlos por el valor que interesa. Véase la siguiente consulta:

Código 20.15
```
select ID_VEHICULO,
       MARCA,
       IfNull( ULTI_ITV , '2100-01-01') as ITV
  from VEHICULOS
```

ID_VEHICULO	MARCA	ITV
1	Alfa Romeo	2100-01-01
2	Seat	2008-12-01
3	BMW	2100-01-01
4	Citroën	2009-08-24
5	Ford	2100-01-01

La información que arroja la anterior consulta carece de sentido, pero ilustra cómo la función IfNull remplaza el valor nulo por el 1 de enero de 2100 para aquellos registros que el campo ULTI_ITV contiene un valor nulo.

En Oracle esta función se llama NVL (null value) y su funcionamiento es análogo a como lo hace la función IfNull en MySQL.

LA FUNCIÓN IFNULL PARA EL FILTRAJE DE REGISTROS

Si usted recuerda las particularidades que ofrecen los valores nulos cuando el motor SQL evalúa expresiones en la cláusula WHERE, tendrá presente que para valores nulos las expresiones booleanas se consideran falsas salvo que se usen los operadores IS NULL o bien IS NOT NULL. Así, con ayuda de esta función podemos eliminar los valores nulos en las expresiones booleanas de la cláusula WHERE, ya que esta función reemplaza los valores nulos por valores alternativos no nulos, y por tanto podemos jugar con este recurso al construir las consultas. Véase la consulta que se expuso en el capítulo 10, donde se obtenían los vehículos que no pasaron la ITV durante el año 2008:

Código 20.16
```
select *
  from VEHICULOS
 where not (ULTI_ITV between '20080101' and '20081231')
    or ULTI_ITV is null
```

ID_VEHICULO	MARCA	MODELO	PROX_ITV	ULTI_ITV
1	Alfa Romeo	Brera	2011-10-20	
3	BMW	X3	2010-07-18	
4	Citroën	C2	2010-08-24	2009-08-24
5	Ford	Fiesta	2011-04-22	

En esta consulta es necesario especificar que seleccione los registros con el campo ULTI_ITV a nulo al estimarse que estos vehículos no han pasado la ITV durante el año 2008. Ahora veamos una alternativa usando la función ifNull para el mismo propósito:

Código 20.17
```
select *
  from VEHICULOS
 where not ( IfNull(ULTI_ITV, '1900-01-01')
             between '2008-01-01' and '2008-12-31'
           )
```

ID_VEHICULO	MARCA	MODELO	PROX_ITV	ULTI_ITV
1	Alfa Romeo	Brera	2011-10-20	
2	Seat	Panda	2009-12-01	2008-12-01
3	BMW	X3	2010-07-18	
4	Citroën	C2	2010-08-24	2009-08-24
5	Ford	Fiesta	2011-04-22	

La función IfNull remplaza el valor a comparar de la expresión booleana por 1 de enero de 1900 en aquellos registros que el campo ULTI_ITV es nulo, y como esta fecha queda fuera del año 2008, los registros con el campo ULTI_ITV serán seleccionados. Al conocer las particularidades del valor nulo en expresiones booleanas, introducimos en la consulta la función IfNull y remplazamos los valores nulos por un dato estratégico para que la consulta se comporte como se desea.

En muchas de las consultas de ejemplo que aparecen en el libro se condiciona campos de tabla con constantes para el filtraje de registros. En un entorno de desarrollo real también se hace, pero lo habitual es que estos filtros sean variables tal que su valor provenga, por ejemplo, de un formulario de búsqueda, de modo que la consulta filtrará por el valor o valores que el usuario haya indicado en el formulario. Por otro lado los formularios suelen tener varios campos de búsqueda. Un modo de enviar la consulta al SGBD tras ejecutar la función buscar del formulario es construirla dinámicamente por programa en función de los filtros o campos de búsqueda que se hayan cumplimentado. Otro modo, sin embargo, es tener construida una consulta estática que contemple todos los filtros posibles que el usuario pueda haber cumplimentado en el formulario, pero debe ignorar los que no están informados, puesto que los campos de búsqueda de un formulario no informados implica no filtrar por esos campos. La función IfNull resulta de gran ayuda para que la propia consulta ignore un filtro si es nulo o lo considere si no lo es. Supongamos un formulario de búsqueda para la tabla EMPLEADOS, el formulario permite buscar por los siguientes campos: NOMBRE, SEXO, F_NACIMIENTO. Supongamos que estos valores de búsqueda se guardan en las siguiente variables: V_NOMBRE, V_SEXO, V_NACIMINETO. La consulta que realiza la búsqueda e ignora los filtros nulos es la siguiente:

Código
```
select *
  from EMPLEADOS as E
 where E.NOMBRE = IfNull( V_NOMBRE, E.NOMBRE )
   and E.SEXO   = IfNull( V_SEXO, E.SEXO)
   and E.F_NACIMIENTO = IfNull (V_NACIMIENTO, E.F_NACIMIENTO)
```

Imaginemos que el usuario lanza una búsqueda únicamente buscando por sexo, de modo que le interesa consultar los empleados que son mujer. La consulta que le acabará llegando al SGBD tras asignarle a las variables los valores indicados por el usuario en el formulario de búsqueda es la siguiente:

Código 20.18
```
select *
  from EMPLEADOS as E
 where E.NOMBRE = IfNull( null, E.NOMBRE )
   and E.SEXO   = IfNull( 'M' , E.SEXO)
   and E.F_NACIMIENTO = IfNull (null, E.F_NACIMIENTO)
```

ID_EMPLEADO	NOMBRE	APELLIDOS	F_NACIMIENTO	SEXO	CARGO	SALARIO
2	Elena	Rubio Cuestas	1978-09-25	M	Secretaria	1300
4	Margarita	Rodríguez Garcés	1992-05-16	M	Secretaria	1325.5

Fíjese como la función IfNull reemplazará los valores nulos por los valores que contiene el propio registro que se está evaluando, es decir, se está comparando un campo de tabla contra el mismo campo de tabla, siendo siempre cierta la expresión booleana y por tanto anulado el filtro cuando no se ha indicado valor. Obviamente es más eficiente omitir el filtro que realizar comparaciones estériles que siempre son ciertas, pero este método resulta mucho más cómodo de programar si la pérdida de rendimiento que se observa es mínima, despreciable o aceptable, cosa que presumiblemente se dará en una gran mayoría de consultas.

FUNCIONES NUMÉRICAS

Por último comentaremos algunas funciones para trabajar con números. Por ejemplo, la función ROUND, que permite redondear un número a por ejemplo dos decimales, con lo que evitamos largas ristras de parte decimal en los resultados. O TRUNCATE que trunca un número por la parte decimal que se le indique, pudiendo así considerar únicamente la parte entera:

código 20.19
```
select round(7.64739836953 , 2) , truncate(7.64739836953 , 0)
```

ROUND(7.64739836953 , 2)	TRUNCATE(7.64739836953 , 0)
7.65	7

Consulte la documentación del SGBD que le ocupe para obtener más información al respecto.

RESUMEN

Las funciones esperan parámetros de un tipo de dato determinado y devuelven un valor de un tipo de dato determinado. El número de parámetros y el tipo de dato de cada parámetro depende de la especificación de cada función, al igual que el tipo de dato que devuelve cada una y de su funcionalidad.

Las funciones permiten obtener valores en función de los parámetros que se le pasa para mostrarlos u operar con ellos. Como parámetros de entrada pueden pasarse constantes, campos de tabla, o bien llamadas a otra función. En este último caso el valor que devuelve esta otra función ejerce de parámetro de entrada y por tanto será el dato que procese la función para devolver el resultado.

Si la llamada se realiza en la cláusula SELECT el valor que devuelve la función se mostrará como un campo más de tabla. Es apropiado entonces rebautizar la columna con un alias. Si se usa en la cláusula WHERE el valor que devuelve formará parte de una condición que se evaluará como un campo más de tabla o una constante para mostrar o ignorar el registro. También es posible hacer la llamada a una función en la cláusula GROUP BY, si también se ha hecho en la cláusula SELECT y se pretende agrupar por esa columna.

No deben confundirse este tipo de funciones con las funciones de agregado (SUM, AVG, etc.). Estas últimas operan con todos los registros seleccionados de una consulta, mientras que las primeras operan únicamente con valores de un solo registro, o si usted quiere, se llama a la función tantas veces como registros devuelve la consulta, y el resultado de la función forma parte de la fila resultante de cada registro.

EJERCICIOS

Ejercicio 1

Realice una consulta que devuelva la media de salarios de la tabla EMPLEADOS agrupado por sexo. Redondee la media de salarios a un solo decimal y decodifique la columna SEXO para que aparezca el literal HOMBRES y MUJERES en lugar de H y M. No olvide rebautizar las columnas con un alias apropiado.

Ejercicio 2

Realice una consulta sobre la tabla EMPLEADOS que devuelva el nombre, los apellidos, la fecha de nacimiento y la edad actual en años de cada empleado. Para aquellos empleados con 18 años o más.

Nota: la edad de un empleado en años es el número de días transcurridos desde el nacimiento dividido entre los 365 días que tiene un año.

Ejercicio 3

Realice una consulta sobre la tabla vehículos que devuelva el número de vehículos que deben pasar la revisión agrupado por el año en que deben pasarla.

Capítulo 21

SUBCONSULTAS EN CLÁUSULA SELECT

Una subconsulta es una consulta que se integra dentro de una consulta principal como parte de esta, formando en su conjunto una sola consulta. Las subconsultas pueden intervenir en varias cláusulas, y dependiendo de en qué cláusulas lo hagan tendrán distinto propósito.

SUBCONSULTA EN CLÁUSULA SELECT

Un buen modo de ilustrar las subconsultas en la cláusula SELECT de una consulta es mediante el ejemplo que se mostró en el capítulo 6 donde se explicaba que para calcular el porcentaje sobre el total de salarios que percibe cada empleado debíamos calcularlo por partes. Primero se obtenía la suma de todos los salarios y posteriormente, con el dato precalculado, se aplicaba la formula a cada registro o empleado.

Primero obtenemos el total de salarios:

Código 21.1
```
select sum(SALARIO)
  from EMPLEADOS
```

SUM(SALARIO)
5525.5

Y aplicado a cada empleado obtenemos los porcentajes:

Código 21.2

```
select NOMBRE,
       APELLIDOS,
       SALARIO / 5525.5 * 100 as PORCENTAJE
  from EMPLEADOS
```

NOMBRE	APELLIDOS	PORCENTAJE
Carlos	Jiménez Clarín	27.146864537146
Elena	Rubio Cuestas	23.5272825988598
José	Calvo Sisman	25.3370735680029
Margarita	Rodríguez Garcés	23.9887792959913

Este es un ejemplo muy claro de cómo podemos integrar la primera consulta dentro de la segunda obteniendo en una única consulta los porcentajes de todos los empleados. Para ellos basta con sustituir la constante 5525.5 por la consulta de la que se extrae dicho dato, cerrándola entre paréntesis y convirtiéndola así en una subconsulta.

Código 21.3

```
select NOMBRE,
       APELLIDOS,
       SALARIO / ( select sum(SALARIO)
                     from EMPLEADOS ) * 100 as PORCENTAJE
  from EMPLEADOS
```

NOMBRE	APELLIDOS	PORCENTAJE
Carlos	Jiménez Clarín	27.146864537146
Elena	Rubio Cuestas	23.5272825988598
José	Calvo Sisman	25.3370735680029
Margarita	Rodríguez Garcés	23.9887792959913

Primero el motor SQL resolverá la subconsulta, para ello y en este caso, debe recorrer la tabla EMPLEADOS para sumar los salarios. Posteriormente, con el total de salarios precalculado ejecutará el resto de la consulta, es decir recorrerá de nuevo la tabla EMPLEADOS y calculará el porcentaje que cobra cada uno.

Observe como **la subconsulta del ejemplo anterior devuelve un solo dato, es decir, una única columna con una única fila**. Por tanto cuando se integran subconsultas en la cláusula SELECT de una consulta, estas deben devolver un solo dato, de lo contrario, es decir, si devuelven más de una columna o más de una fila, el SGDB devolverá un error.

SUBCONSULTA CONDICIONADA

Veamos ahora un ejemplo donde la subconsulta que integramos en la cláusula SELECT devuelve un único dato pero, a diferencia del anterior ejemplo, es necesario que la subconsulta se ejecute para cada registro que la consulta principal selecciona.

Para ello preguntemos lo siguiente: ¿Qué porcentaje sobre el total de salarios que cobran los hombres percibe cada empleado hombre y qué porcentaje sobre el total de salarios que perciben las mujeres cobra cada empleado mujer?

Ahora el dato que necesitamos integrar como resultado de una subconsulta sigue siendo único pero no es el mismo para todos los empleados; para los hombres es distinto que para las mujeres. Veamos primero la solución resuelta por partes, es decir, con una consulta para las mujeres y otra para los hombres. Posteriormente veremos cómo solucionarlo en una única consulta.

Solución para los empleados mujeres:

Código 21.4

```
select NOMBRE,
       APELLIDOS,
       SALARIO / ( select sum(SALARIO)
                   from EMPLEADOS
                   where SEXO = 'M') * 100 as PORCENTAJE
  from EMPLEADOS
 where SEXO = 'M'
```

NOMBRE	APELLIDOS	PORCENTAJE
Elena	Rubio Cuestas	49.5143782136736
Margarita	Rodríguez Garcés	50.4856217863264

Solución para los empleados hombres:

Código 21.5

```
select NOMBRE,
       APELLIDOS,
       SALARIO / ( select sum(SALARIO)
                   from EMPLEADOS
                   where SEXO = 'H') * 100 as PORCENTAJE
  from EMPLEADOS
 where SEXO = 'H'
```

NOMBRE	APELLIDOS	PORCENTAJE
Carlos	Jiménez Clarín	51.7241379310345
José	Calvo Sisman	48.2758620689655

Fíjese que en realidad se está aplicando el mismo principio que en el primer ejemplo del capítulo, solo que ahora se está discriminando por sexo. Para hacer esto en una sola consulta necesitamos que el dato que resuelva la subconsulta sea la suma de salarios de las mujeres si el registro que se está evaluando es una mujer. Análogamente la subconsulta debe calcular la suma de salarios de los hombres si el registro que se está evaluando es un hombre. Para ello realizamos la siguiente consulta:

Código 21.6
```
select NOMBRE,
       APELLIDOS,
       SEXO,
       SALARIO / ( select sum(SALARIO)
                   from EMPLEADOS as SUB
                   where SUB.SEXO = EMP.SEXO) * 100 as
                                              PORCENTAJE
    from EMPLEADOS as EMP
```

NOMBRE	APELLIDOS	SEXO	PORCENTAJE
Carlos	Jiménez Clarín	H	51.7241379310345
Elena	Rubio Cuestas	M	49.5143782136736
José	Calvo Sisman	H	48.2758620689655
Margarita	Rodríguez Garcés	M	50.4856217863264

Observe como la subconsulta incorpora en su cláusula WHERE una condición que establece que la suma de salarios que realiza se haga sobre los empleados de igual sexo que el registro se está seleccionando. Por tanto el motor SQL en este caso deberá ejecutar la subconsulta tantas veces como registros seleccione la consulta principal. El resultado que resuelva la subconsulta dependerá del valor del campo SEXO del registro que se está seleccionando puesto que la cláusula WHERE de la subconsulta así lo establece. A efectos prácticos podemos considerar que las subconsultas que aparecen como parte de la cláusula SELECT de una consulta se ejecutarán tantas veces como registros determine la consulta principal. En el primer ejemplo de este capítulo la subconsulta siempre resuelve el mismo dato puesto que no depende del registro que selecciona la consulta principal, mientras que en el último ejemplo sí depende del registro que se está seleccionando, concretamente dependerá del campo SEXO del registro que se selecciona. En ambos casos podemos considerar como método de comprensión que la subconsulta se ejecutará para cada registro de la consulta principal.

Planteemos otra cuestión para trabajar con más ejemplos de subconsultas en la cláusula SELECT.

¿Qué relación de machos versus hembras hay en cada ubicación del centro de mascotas?

Para dar respuesta a esta pregunta debemos saber cuántos machos y hembras hay en una ubicación y, además, cuántos ejemplares en total hay en cada ubicación. Dividiendo el primer dato del segundo obtenemos la relación que se pide. Para conocer estos datos necesitamos dos consultas. Si realizamos un recuento de mascotas de alta en el centro por ubicación y sexo, tendremos el primer dato, y realizando un recuento de mascotas de alta por ubicación tendremos el segundo. Para resolverlo con una sola consulta tomemos la consulta que realiza el recuento de mascotas de alta en el centro por ubicación y sexo.

Código 21.7

```
select UBICACION, SEXO, count(1) as EJEMPLARES
  from MASCOTAS
 where ESTADO = 'A'
 group by UBICACION, SEXO
```

UBICACION	SEXO	EJEMPLARES
E01	H	1
E01	M	1

UBICACION	SEXO	EJEMPLARES
E02	H	3
E02	M	1
E03	M	1
E04	H	1
E04	M	2
E05	H	2

Ahora integramos la subconsulta que determina para cada registro de la anterior consulta el número de ejemplares de la ubicación.

Código 21.8

```
select UBICACION, SEXO, count(1) as EJEMPLARES,
       (select count(1)
           from MASCOTAS as SUB
         where SUB.UBICACION = MAS.UBICACION
           and ESTADO = 'A') as TOTAL_UBICACION
  from MASCOTAS as MAS
 where ESTADO = 'A'
 group by UBICACION, SEXO
```

UBICACION	SEXO	EJEMPLARES	TOTAL_UBICACION
E01	H	1	2
E01	M	1	2
E02	H	3	4
E02	M	1	4
E03	M	1	1
E04	H	1	3
E04	M	2	3
E05	H	2	2

Ahora se dispone de todos los datos para dar respuesta a la pregunta planteada, la relación de machos y hembras que hay en cada ubicación. Para ello dividimos la columna EJEMPLARES entre la columna TOTAL_UBICACION y la multiplicamos por cien para obtener el porcentaje.

```
Código 21.9
select UBICACION, SEXO,
      count(1) /
      (select count(1)
          from MASCOTAS as SUB
        where SUB.UBICACION = MAS.UBICACION
          and ESTADO = 'A') * 100 as PORCENTAJE
  from MASCOTAS as MAS
  where ESTADO = 'A'
  group by UBICACION, SEXO
```

UBICACION	SEXO	PORCENTAJE
E01	H	50.0000
E01	M	50.0000
E02	H	75.0000
E02	M	25.0000
E03	M	100.0000
E04	H	33.3333
E04	M	66.6667
E05	H	100.0000

En efecto, la relación de machos y hembras de cada ubicación suma el ciento por ciento.

En el día a día rara vez usaremos subconsultas en la cláusula SELECT para solucionar problemas que se nos puedan plantear, puesto que en la mayoría de casos podremos integrarlas en la cláusula FROM para solucionarlos, siendo este método menos costoso para el motor SQL.

RESUMEN

Las subconsultas que forman parte de la cláusula SELECT de una consulta SQL deben devolver un único dato, es decir, el resultado tiene que constar de una sola fila con una sola columna.

Es posible condicionar los registros seleccionados de las subconsultas de la cláusula SELECT indicando en su cláusula WHERE campos de la consulta principal, de modo que la subconsulta deba ejecutarse forzosamente para cada registro que la consulta principal selecciona.

A efectos prácticos para evaluar el rendimiento consideraremos que una subconsulta en la cláusula SELECT se ejecutará tantas veces como registros resuelva la consulta principal.

EJERCICIO

Resuelva en una sola consulta usando una subconsulta en la cláusula SELECT el porcentaje de individuos que contiene cada ubicación del centro de mascotas versus el total de mascotas en el centro. No considere mascotas dadas de baja.

Realice el mismo ejercicio pero discriminando por especie, es decir, el porcentaje de gatos o perros que contiene cada ubicación versus el total de gatos o de perros que hay en el centro.

Si en una sala llena de diseñadores de software dos de ellos están de acuerdo, eso es una mayoría.

Bill Curtis

Capítulo 22

SUBCONSULTAS EN CLÁUSULA FROM

SUBCONSULTA EN CLÁUSULA FROM

Podemos afirmar sin riesgo a equivocarnos que la cláusula FROM es el lugar natural donde colocar una subconsulta dentro de una consulta SQL. En la segunda parte del libro se trató la abstracción de tablas y cómo el resultado de una consulta puede considerarse a efectos lógicos como una tabla con tantos campos y registros como columnas y filas de resultado resuelva la consulta. Es por tanto la cláusula FROM donde las subconsultas cobran más sentido, o si usted quiere, donde su cometido es el de fuente de datos del mismo modo que lo hacen las tablas. De entre las diferencia entre una subconsulta y una tabla cabe destacar que una subconsulta no posee índices que agilicen las consultas, los datos no están disponibles de forma inmediata sino que hay que reunirlos, es decir, se debe ejecutar la subconsulta previamente. Por contra cuentan con una ventaja interesante, la fuente de datos es dinámica, por lo que estará siempre actualizada, permitiendo despreocuparnos de mantener una tabla física que es en realidad el resultado de reunir varias tablas en una consulta.

Veamos un caso práctico de subconsulta en la cláusula FROM tomando como cuestiones a resolver los mismos problemas que se planteaban en el capítulo anterior.

¿Cuál es el porcentaje sobre el total de salarios que percibe cada empleado?

La cuestión quedó resulta integrando la consulta que calcula la suma total de salarios como dato de la cláusula SELECT, convirtiéndola así en una subconsulta. Construyamos una consulta que resuelva el problema pero integrando la subconsulta en la cláusula FROM.

Código 22.1

```
select E.NOMBRE, E.APELLIDOS,
       E.SALARIO / T.TOTAL * 100 as PORCENTAJE
  from EMPLEADOS E,
       (select sum(SALARIO) as TOTAL
          from EMPLEADOS) as T
```

NOMBRE	APELLIDOS	PORCENTAJE
Carlos	Jiménez Clarín	27.146864537146
Elena	Rubio Cuestas	23.5272825988598
José	Calvo Sisman	25.3370735680029
Margarita	Rodríguez Garcés	23.9887792959913

Fíjese como la subconsulta de la sentencia anterior podemos considerarla como una tabla, a la que se ha rebautizado con el sobrenombre «T», con un solo campo al que se ha llamado TOTAL y un único registro con la suma de salarios de la tabla EMPLEADOS. El motor SQL realizará el producto cartesiano entre ambas «tablas», EMPLEADOS y T, dado que la «tabla» T solo contiene un registro, el número de filas resultante viene dado por el número de registro de la tabla EMPLEADOS.

SUBCONSULTA CONDICIONADA

Resolvamos ahora otra cuestión planteada en el capítulo anterior usando una subconsulta en la cláusula FROM. Necesitaremos en esta ocasión establecer en la cláusula WHERE de la consulta principal una condición que relaciona registros de la tabla física con registros que devuelve la subconsulta.

¿Qué porcentaje sobre el total de salarios que cobran los hombres percibe cada empleado hombre y qué porcentaje sobre el total de salarios que perciben las mujeres cobra cada empleado mujer?

Código 22.2

```
select EMP.NOMBRE,
       EMP.APELLIDOS,
       EMP.SEXO,
       EMP.SALARIO,
       TOTALES.TOTAL TOTAL_SEXO,
       EMP.SALARIO / TOTALES.TOTAL * 100 as PORCENTAJE
  from EMPLEADOS as EMP,
       ( select SEXO, sum(SALARIO) as TOTAL
           from EMPLEADOS
           group by SEXO) AS TOTALES
  WHERE EMP.SEXO = TOTALES.SEXO
```

NOMBRE	APELLIDOS	SEXO	SALARIO	TOTAL_SEXO	PORCENTAJE
Carlos	Jiménez Clarín	H	1500	2900	51.724137931034
Elena	Rubio Cuestas	M	1300	2625.5	49.514378213674
José	Calvo Sisman	H	1400	2900	48.275862068966
Margarita	Rodríguez Garcés	M	1325.5	2625.5	50.485621786326

> Observe como en esta ocasión es necesario que la subconsulta devuelva dos registros, uno con la suma de importes relativo a los hombres y otro registro con la suma de salarios relativo a las mujeres.

Al reunir ambas tablas mediante el campo SEXO estamos forzando a que si el registro de la tabla EMPLEADOS es hombre se considere la suma de salarios de los hombres para realizar el cálculo del porcentaje. Análogamente se realiza lo mismo si el registro que se está evaluando es mujer.

ABUSO DEL LENGUAJE

Es posible que al malinterpretar este recurso el desarrollador caiga en el error de cometer lo que se conoce como un abuso del lenguaje. Esto es aplicable al mundo de la programación en general, al SQL en particular y, especialmente, a las subconsultas de una sentencia SQL. Por ejemplo, supongamos que usted quiere la relación de los alumnos y los cursos con los nombres de los alumnos y los cursos. Esta consulta ya se ha expuesto en este libro, pero ahora vamos a hacer un abuso del lenguaje para ilustrar lo que no se debe hacer.

Código 22.3
```
select CUR.TITULO CURSO,
       ALM.NOMBRE,
       ALM.APELLIDOS
  from CURSOS CUR,
       (select AC.ID_CURSO, A.NOMBRE, A.APELLIDOS
          from ALUMNOS_CURSOS AC, ALUMNOS A
         where AC.ID_ALUMNO = A.ID_ALUMNO
       ) ALM
 where ALM.ID_CURSO = CUR.ID_CURSO
```

CURSO	NOMBRE	APELLIDOS
Dibujo técnico	Carmen	Dilma Perna
Dibujo técnico	Jeremías	Santo Lote
Modelos abstracto de datos	Marta	Fuego García
Programación PHP	Pablo	Hernandaz Mata
Programación PHP	Sergio	Ot Dirmet
Programación PHP	Teresa	Lomas Trillo
SQL desde cero	Pablo	Hernandaz Mata
SQL desde cero	Sergio	Ot Dirmet

La consulta está devolviendo justo lo que se pedía, la relación de alumnos y cursos con sus nombres, pero no era necesario realizar una subconsulta para tal propósito. Puede ayudarle a no caer en este error lo siguiente: rara vez, por no decir nunca, usaremos una subconsulta si la información o datos necesarios están disponibles directamente en tablas físicas. Fíjese que las consultas que aparecen en este capítulo con anterioridad a esta última ofrecen información no disponible en tablas físicas, aunque sí que derivan de ellas, concretamente ofrecen la suma de salarios en su conjunto o bien agrupado por sexo. Sin embargo, en este último ejemplo la subconsulta no ofrece información que no podamos explotar directamente de las tablas, por lo que no es necesario el uso de subconsultas. Basta con implicar las tres tablas en la cláusula FROM y filtrar los registros relacionados debidamente en la cláusula WHERE.

Otro motivo que puede llevar a subconsultas innecesarias es cuando una misma fuente de datos se necesita por duplicado en una misma consulta. Por ejemplo, de la tabla PERSONAS queremos asociar parejas de personas que tengan alguna de las características en común, es decir, que ambas sean rubias o bien que no sean rubias, que ambas sean altas, que no lleven gafas, etc. Para ello necesitamos relacionar la tabla PERSONAS con la propia tabla PERSONAS, pero es suficiente con renombrarlas con un alias como se ilustra a continuación sin necesidad de recurrir a las subconsultas.

Código 22.4

```
select P1.NOMBRE as PER1, P2.NOMBRE as PER2
  from PERSONAS P1,
       PERSONAS P2
 where P1.ID_PERSONA != P2.ID_PERSONA
   and (P1.RUBIA = P2.RUBIA OR
        P1.ALTA  = P2.ALTA OR
        P1.GAFAS = P2.GAFAS
       )
```

PER1	PER2
Carmen	Manuel
José	Manuel
Pedro	Manuel
Carmen	María
José	María
Pedro	María
Manuel	Carmen
María	Carmen
José	Carmen
Manuel	José
María	José
Carmen	José
Pedro	José
Manuel	Pedro
María	Pedro
José	Pedro

FUENTE DE DATOS CONSTANTE

Vamos a ver a continuación cómo generar una fuente de datos constante en forma de consulta, es decir, en forma de filas y columnas. Esta información no la tendremos en ninguna tabla, ni tampoco derivará de ninguna tabla, sino que estará integrada en la propia consulta.

Para ilustrar esto vamos a realizar una consulta sobre la tabla PERSONAS pero en lugar de aparecer la columna RUBIA con la información S o N, se pide que aparezcan la columna PELO con la información RUBIO o MORENO.

Generemos primero la fuente de datos constante que permita decodificar la S por RUBIO y la N por MORENO.

Código 22.5
```
select 'S' ID, 'Rubio' PELO
 union
select 'N'    , 'Moreno'
```

ID	PELO
S	Rubio
N	Moreno

Ahora integremos esta consulta como subconsulta para obtener lo que se pide:

Código 22.6
```
select PERSONAS.NOMBRE, COLOR.PELO
  from PERSONAS ,
       (select 'S' ID, 'Rubio' PELO
         union
        select 'N'    , 'Moreno') COLOR
 where PERSONAS.RUBIA = COLOR.ID
```

NOMBRE	PELO
Manuel	Rubio
María	Moreno
Carmen	Rubio
José	Rubio
Pedro	Moreno

Fíjese como en este caso tampoco se tiene la información disponible directamente en una tabla física.

En realidad se ha ejemplificado esta cuestión con una subconsulta de una fuente constante cuando se podía haber usado una función, en el caso de MySQL la función IF, que puede decodificar la S por Rubio y la N por Moreno, pero se ha usado una subconsulta para ilustrar este recurso del lenguaje.

Código 22.7

```
select NOMBRE , if(RUBIA='S','Rubio','Moreno') PELO
   from PERSONAS
```

NOMBRE	PELO
Manuel	Rubio
María	Moreno
Carmen	Rubio
José	Rubio
Pedro	Moreno

RESUMEN

Las subconsultas en la cláusula FROM permiten considerar a efectos lógicos el resultado de una consulta SQL como si de una tabla física se tratase, con tantos registros y campos como filas y columnas resuelva la subconsulta. Una vez abstraído este concepto es posible aplicar todo lo expuesto en este libro sobre tablas para las subconsultas que intervienen en la cláusula FROM de una consulta.

Las subconsultas permiten disponer de información dinámica, es decir, actualizada, de las tablas de la cual deriva dicha información. Por contra la eficiencia del tiempo de ejecución disminuye, no se preocupe por ello, en la inmensa mayoría de las situaciones esto no resultará un inconveniente.

Rara vez usaremos subconsultas en la cláusula FROM si los datos que nos ofrece la subconsulta están disponibles directamente en una tabla física, probablemente en tal caso basta con construir una consulta donde intervengan las distintas tablas en la cláusula FROM y sus registros estén debidamente filtrados mediante la cláusula WHERE. Por lo tanto la necesidad de integrar subconsultas viene dada principalmente cuando la información no esté disponible directamente en las tablas de la base de datos.

EJERCICIO

Resuelva en una sola consulta, usando una subconsulta en la cláusula FROM, el porcentaje de individuos que contiene cada ubicación del centro de mascotas versus el total de mascotas en el centro. No considere mascotas dadas de baja.

Realice el mismo ejercicio pero discriminando por especie, es decir, el porcentaje de gatos o perros que contiene cada ubicación versus el total de gatos o de perros que hay en el centro.

Por norma, los sistemas de software no funcionan bien hasta que han sido utilizados y han fallado repetidamente en entornos reales.

Dave Parnas

Capítulo 23

SUBCONSULTAS EN CLÁUSULA WHERE

SUBCONSULTAS EN LA CLÁUSULA WHERE

Las subconsultas en la cláusula WHERE, a diferencia de lo expuesto en los dos capítulos anteriores donde el propósito de las subconsultas era la de fuente de datos, es la de filtrar registros. Por tanto las subconsultas en la cláusula WHERE permiten obtener valores que se emplearán como filtros sobre los campos de las tablas de la consulta principal. Existen básicamente tres tipos de subconsultas en la cláusula WHERE.

- Filtrar un campo a un solo valor
- Filtrar un campo a una lista de valores posibles (IN / NOT IN)
- Condicionar a que exista algún registro en otra tabla (EXISTS / NOT EXISTS)

FILTRAR POR UN SOLO VALOR

En muchos ejemplos de este libro se han establecido filtros en las consultas condicionando campos contra valores constantes. Ahora se va a exponer cómo condicionar un campo de la consulta principal contra un valor que viene dado por una subconsulta. Un aplicación muy común de este recurso es el de seleccionar los datos de un registro en el que el valor de un campo es máximo o mínimo. Por ejemplo:

¿Qué empleado es el de mayor edad?

Para ello debemos conocer primero quién nació primero, es decir, cuál es la fecha mínima de nacimiento de los registros de la tabla EMPLEADOS. Una vez se conoce esta fecha es posible seleccionar los empleados que nacieron ese día. Fíjese que puede haber más de una persona si dos o más empleados nacieron el mismo día y además esa fecha es la menor de la tabla EMPLEADOS. La consulta que responde a esta cuestión es la siguiente:

Código 23.1
```
select *
  from EMPLEADOS
 where F_NACIMIENTO = ( select min(F_NACIMIENTO)
                          from EMPLEADOS
                       )
```

ID_EMPLEADO	NOMBRE	APELLIDOS	F_NACIMIENTO	SEXO	CARGO	SALARIO
2	Elena	Rubio Cuestas	1978-09-25	M	Secretaria	1300

Observe como **la subconsulta del ejemplo anterior devuelve un solo dato, es decir, una única fila con una única columna**. En este caso la fecha mínima de nacimiento de la tabla EMPLEADOS. Si al usar el operador "=" contra una subconsulta en la cláusula WHERE esta devuelve más de una fila y/o columna, el SGDB le mostrará un error. Usted puede esperar que una fecha sea igual a un valor, pero no puede esperar que una fecha sea igual a dos o más valores distintos.

Veamos otro ejemplo de este recurso donde son aplicables también las observaciones descritas en el ejemplo anterior.

¿Qué empleados tienen un salario por encima de la media?

Debemos primero calcular la media de salarios para posteriormente seleccionar los empleados que superan esa cantidad.

Código 23.2
```
select *
  from EMPLEADOS
 where SALARIO > ( select avg(SALARIO)
                     from EMPLEADOS
                 )
```

ID_EMPLEADO	NOMBRE	APELLIDOS	F_NACIMIENTO	SEXO	CARGO	SALARIO
1	Carlos	Jiménez Clarín	1985-05-03	H	Mozo	1500
3	José	Calvo Sisman	1990-11-12	H	Mozo	1400

FILTRAR POR UNA LISTA DE VALORES POSIBLES

La subconsulta ahora devuelve varias filas en una sola columna. Es, de hecho, una lista de valores posibles que ha de contener el campo de la consulta principal por el que se filtra para ser seleccionado. Puede verse como el filtro que se establece con ayuda del operador IN seguido de una lista de valores posibles, solo que ahora en lugar de ser una lista de valores constantes, la lista de valores posibles viene dada por el resultado de la subconsulta, cada valor en una fila de resultado. Para ilustrar este ejemplo supongamos lo siguiente:

¿En qué cursos que oferta la academia NO se ha matriculado ningún alumno?

SQL fácil

Para responder a esta cuestión primero debemos conocer la lista de cursos en que se ha matriculado al menos un alumno. Una vez obtenida esta lista, debemos seleccionar de la tabla CURSOS aquellos registros que NO estén en dicha lista.

Cursos con alumnos matriculados:

Código 23.3
```
select distinct ID_CURSO
  from ALUMNOS_CURSOS
```

ID_CURSO
1
2
3
4

Obtengamos ahora los cursos en que no se ha matriculado ningún alumno.

Código 23.4
```
select *
  from CURSOS
 where ID_CURSO not in (select distinct ID_CURSO
                          from ALUMNOS_CURSOS
                       )
```

ID_CURSO	TITULO	ID_PROFE
5	SQL avanzado	

Si por el contrario la cuestión planteada fuese: ¿qué cursos tienen al menos un alumno matriculado?, no es necesario recurrir al uso de subconsultas para obtener esta información, es suficiente realizar la reunión de datos junto con la función DISTINTC, tal como se expone a continuación:

Código 23.5

```
select distinct C.*
  from CURSOS C,
       ALUMNOS_CURSOS AC
 where C.ID_CURSO = AC.ID_CURSO
```

ID_CURSO	TITULO	ID_PROFE
1	Programación PHP	3
2	Modelos abstracto de datos	3
3	SQL desde cero	1
4	Dibujo técnico	2

Aunque generalmente es preferible evitar el uso de subconsultas siempre que sea posible, en ocasiones puede ser más eficiente usar este recurso en lugar de realizar la reunión de datos tal y como se ha hecho en este último ejemplo. Supongamos que la tabla ALUMNOS_CURSOS contiene cientos de miles de registros. Entonces, si tomamos la anterior consulta, el motor SQL realizará la reunión de datos entre ambas tablas para después seleccionar únicamente los campos de la tabla CURSOS, eliminando los registros redundantes puesto que hemos especificado la función DISTINCT en la cláusula SELECT. Por tanto el motor SQL recorrerá la tabla ALUMNOS_CURSOS y buscará el ID_CURSO que contiene cada registro en la tabla CURSOS. Esto implica realizar cientos de miles de accesos sobre la tabla CURSOS, uno por cada registro de la tabla ALUMNOS_CURSOS, y todo ello para acabar mostrando cuatro registros, es decir, los cursos con alumnos matriculados. Sin embargo, si resolvemos la cuestión con el uso de una subconsulta tal que así:

Código 23.6

```
select *
  from CURSOS
 where ID_CURSO in (select distinct ID_CURSO
                      from ALUMNOS_CURSOS)
```

ID_CURSO	TITULO	ID_PROFE
1	Programación PHP	3
2	Modelos abstracto de datos	3
3	SQL desde cero	1
4	Dibujo técnico	2

El resultado es el mismo y la consulta es equivalente, ahora el motor SQL recorrerá la tabla ALUMNOS_CURSOS tal como ya hacía, pero no realizará accesos a la tabla CURSOS mientras la recorre, sino que elaborará una lista con los distintos cursos que encuentre en la tabla ALUMNOS_CURSOS. Posteriormente recorrerá la tabla CURSOS una sola vez y para cada registro evaluará si su identificador se encuentra en la lista de valores posibles, lo seleccionará si es el caso, y lo ignorará en caso contrario. Presumiblemente, bajo este escenario, es más eficiente usar la solución basada en subconsultas.

LISTAS DE PARES DE VALORES POSIBLES

Es posible también operar con listas de pares de valores posibles, e incluso con tríos de valores posibles o más, como una extensión de listas simples de valores posibles. Esto es especialmente aplicable cuando la clave primaria de una tabla es compuesta, como pasa con la tabla ALUMNOS_CURSOS. Para ilustrar este recurso vamos a suponer que tenemos una tabla llamada ACTUACIONES_DESTACADAS donde los profesores indican por alumno y curso una actuación destacada.

ID_ALUMNO	ID_CURSO	ACTUACION
3	1	10 en examen parcial
3	1	Práctica PHP muy bien desarrollada
5	3	Práctica de subconsultas en where perfecta
2	4	Diseño muy creativo

Si ahora nos planteamos la siguiente cuestión: ¿en qué relaciones de alumnos-cursos no se ha obtenido ninguna actuación destacada? Es posible usar el recurso de pares de valores posibles seleccionados desde una subconsulta para obtener el resultado.

```
Código 23.7
select *
  from ALUMNOS_CURSOS C
 where (ID_ALUMNO, ID_CURSO)
        not in  (select distinct ID_ALUMNO, ID_CURSO
                    from ACTUACIONES_DESTACADAS)
```

ID_ALUMNO	ID_CURSO
1	1
5	1
4	2
1	3
6	4

Fíjese como en esta ocasión la subconsulta retorna dos datos por fila, es decir, pares de valores, por lo que los campos de la consulta principal contra los que se condiciona esta lista deben ser dos. En este caso ID_ALUMNO, ID_CURSO. Estos campos deben encapsularse entre paréntesis tal como se muestra en el ejemplo anterior para que la consulta sea sintácticamente correcta.

EL OPERADOR EXISTS

El operador EXISTS permite filtrar registros en función de si el resultado de una subconsulta devuelve o no registros. Para explicar este recurso se plantea la misma cuestión que ya se trató en este capítulo.

¿En qué cursos que oferta la academia NO se ha matriculado ningún alumno?

```
Código 23.8
select *
  from CURSOS C
 where not exists (select *
                     from ALUMNOS_CURSOS AC
                    where C.ID_CURSO = AC.ID_CURSO)
```

ID_CURSO	TITULO	ID_PROFE
5	SQL avanzado	

Fíjese como en esta ocasión no se está comparando ningún campo de la consulta principal contra la subconsulta, sino que para cada registro de la tabla principal se evalúa si existen registros en otra tabla.

Veamos de forma lógica cómo opera el motor SQL al ejecutar la anterior consulta. El motor recorrerá la tabla CURSOS, para cada registro tomará el valor del campo ID_CURSO y evaluará si existe al menos un registro en la tabla ALUMNOS_CURSOS con dicho identificador. Dado que hemos combinado el operador NOT con el operador EXISTS, si no existen registros lo seleccionará, y lo ignorará en caso contrario.

Fíjese como es indiferente los campos que se indiquen en la cláusula SELECT de la subconsulta si se usa el operador EXISTS, puesto que lo determinante es que existan o no registros, y esto es independiente de los campos que se indiquen en la cláusula SELECT de la subconsulta. En el ejemplo se ha indicado un asterisco, es decir, todos los campos, pero se puede indicar por ejemplo un solo campo, o incluso una constante, la consulta en su conjunto es equivalente. Véase la siguiente consulta donde en lugar de indicar un asterisco en la cláusula SELECT se indica la constante 'Hola'.

¿Qué cursos tienen al menos un alumno matriculado?

Código 23.9
```
select *
  from CURSOS C
 where exists (select 'Hola'
                 from ALUMNOS_CURSOS AC
                where C.ID_CURSO = AC.ID_CURSO
              )
```

ID_CURSO	TITULO	ID_PROFE
1	Programación PHP	3
2	Modelos abstracto de datos	3
3	SQL desde cero	1
4	Dibujo técnico	2

EXISTS vs. IN

Mediante los ejemplos expuestos en este capítulo puede apreciarse cómo los operadores IN y EXISTS combinados con subconsultas permiten dar respuesta a las mismas cuestiones. A parte de la eficiencia que presenta el motor SQL resolviendo la consulta en su conjunto, que no depende solo del método empleado sino que depende además del volumen de datos que contienen las tablas. Dicho de otro modo, en función del número de registros que contienen las tablas involucradas es más eficiente usar un método u otro. Existe una diferencia que cabe destacar y que afecta al resultado obtenido dependiendo de qué método se emplee.

Ello tiene que ver con el valor NULL. Ya se trató en el capítulo 10 las particularidades de los campos con valor nulo cuando se filtran registros en una consulta. Por ello, recordará que al evaluar un campo de un registro que contiene un valor nulo en la cláusula WHERE de una consulta, el motor SQL no sabe resolver la operación y considera que el resultado de evaluar la expresión es falso salvo que se use el operador IS NULL o bien IS NOT NULL, en cuyo caso sí sabe resolverlo. Para ilustrar esta particularidad en el contexto de las subconsultas consideremos la tabla FECHAS.

Código 23.10
```
select *
  from FECHAS
```

FECHA
2008-12-01

Esta tabla contiene dos registros con un único campo: FECHA. Uno de los registros contiene un valor concreto y el otro un valor nulo. Consideremos esta tabla como una lista de fechas. Ahora queremos seleccionar de la tabla VEHICULOS las unidades cuyo valor en el campo ULTI_ITV NO están en esta lista de fechas. Recordemos el contenido de la tabla VEHICULOS.

ID_VEHICULO	MARCA	MODELO	PROX_ITV	ULTI_ITV
1	Alfa Romeo	Brera	2011-10-20	
2	Seat	Panda	2009-12-01	2008-12-01
3	BMW	X3	2010-07-18	
4	Citroën	C2	2010-08-24	2009-08-24
5	Ford	Fiesta	2011-04-22	

La consulta que recupera los registros cuya fecha ULTI_ITV NO están en la lista de fechas es:

Código 23.11
```
select *
  from VEHICULOS
 where ULTI_ITV not in (select FECHA
                          from FECHAS
                       )
```

ID_VEHICULO	MARCA	MODELO	PROX_ITV	ULTI_ITV

Era de esperar que el registro Citroën C2 cuya fecha ULTI_ITV no figura en la lista fuese seleccionado, pero no ocurre así. La consulta no devuelve ningún registro.

Ahora usemos el operador NOT EXISTS a ver qué ocurre. Construimos la siguiente consulta para dar respuesta a la cuestión planteada.

Código 23.12

```
select *
  from VEHICULOS V
 where not exists (select 1
                     from FECHAS F
                    where F.FECHA = V.ULTI_ITV
                  )
```

ID_VEHICULO	MARCA	MODELO	PROX_ITV	ULTI_ITV
1	Alfa Romeo	Brera	2011-10-20	
3	BMW	X3	2010-07-18	
4	Citroën	C2	2010-08-24	2009-08-24
5	Ford	Fiesta	2011-04-22	

Pero tampoco se ha comportado como se esperaba, esta vez el registro Citroën C2 sí ha sido seleccionado, pero los registros cuyo campo ULTI_ITV es nulo también han sido seleccionados cuando lo esperado era que los ignorara puesto que el valor nulo está en la lista y se ha construido la consulta para que ignore los registros cuyo valor en el campo ULTI_ITV estén en la lista.

El comportamiento de estas consultas es perfectamente correcto. El hecho de que no devuelva el resultado esperado atiende a las particularidades del valor NULL al ser evaluado en expresiones booleanas en la cláusula WHERE. Por tanto se reafirma lo que se afirmó en el Capítulo 10 relativo a esta cuestión, y en consecuencia, el desarrollador debe extremar las precauciones si en este tipo de consultas pueden aparecer valores nulos. Tanto en los campos de la tabla de la consulta principal, en este caso ULTI_ITV de la tabla VEHICULOS, como en los campos de la tabla de la subconsulta, en este caso el campo FECHA de la tabla FECHAS.

Tracemos por partes cómo evalúa el motor SQL la expresión booleana en cada uno de los métodos. Tomemos primero la consulta donde se usa el operador NOT IN, que no devuelve ninguna fila de resultado. Para comprender qué es lo que está evaluando el motor SQL transformamos la subconsulta de este caso concreto en una lista de valores constantes:

Código 23.13
```
select *
  from VEHICULOS
 where ULTI_ITV not in ('2008-12-01', null)
```

Que el valor del campo ULTI_ITV no esté en la lista definida, es decir, que sea distinto de cualquier elemento, por tanto que sea distinto de '2008-12-01' y que sea distinto de nulo:

Código 23.14
```
select *
  from VEHICULOS
 where ULTI_ITV != '2008-12-01'
   and ULTI_ITV != null
```

Fíjese que para la expresión " ULTI_ITV ¡= null " el resultado es indeterminado puesto que interviene un valor nulo y el motor SQL considera que es falso. Por tanto independientemente del resultado que devuelva la otra expresión "booleana: ULTI_ITV != '2008-12-01' " el resultado siempre será falso, puesto que (X and falso) = falso. De ahí que el resultado de la consulta en su conjunto devuelva un conjunto vacío de filas de resultado.

Una conclusión directa que obtenemos tras esta exposición es que en la lista de valores posibles que obtenemos mediante la subconsulta, carece de sentido que contengan valores nulos, puesto que el motor SQL no sabe evaluarlos salvo que se usen los operadores IS NULL / IS NOT NULL. Por tanto si se puede dar el caso necesitamos construir una consulta que trate esta posibilidad y la evite. Para ello filtramos los valores que devuelve la subconsulta para que no contenga valores nulos.

Código 23.15

```
select *
  from VEHICULOS
 where ULTI_ITV not in (select FECHA
                          from FECHAS
                     .     where FECHA is not null
                        )
```

ID_VEHICULO	MARCA	MODELO	PROX_ITV	ULTI_ITV
4	Citroën	C2	2010-08-24	2009-08-24

Si además usted determina que los registros con valores nulos en el campo ULTI_ITV también deben ser seleccionados, indíqueselo al SGBD en la consulta y le responderá como desea.

Código 23.16

```
select *
  from VEHICULOS
 where ULTI_ITV not in (select FECHA
                          from FECHAS
                         where FECHA is not null)
    or ULTI_ITV is null
```

ID_VEHICULO	MARCA	MODELO	PROX_ITV	ULTI_ITV
1	Alfa Romeo	Brera	2011-10-20	
3	BMW	X3	2010-07-18	
4	Citroën	C2	2010-08-24	2009-08-24
5	Ford	Fiesta	2011-04-22	

Tracemos ahora la consulta donde se usa el operador NOT EXISTS. La subconsulta que ahora separamos de la consulta principal para estudiarla se comportará del siguiente modo para aquellos registros de la tabla VEHICULOS donde el campo ULTI_ITV contiene un valor nulo. Recuerde que el registro de la tabla VEHICULOS será seleccionado si la subconsulta no devuelve registros.

Código 23.17

```
select 1
  from FECHAS F
 where F.FECHA = null
```

Y esta consulta jamás devolverá registros dado que para la expresión booleana "F.FECHA = null" el motor SQL siempre considerará que es falso, tal como ya se ha explicado. Por tanto la consulta no devuelve filas y los registros de la tabla VEHICULOS con nulos en el campo ULTI_ITV serán seleccionados.

Si usted determina que los registros con nulos en el campo ULTI_ITV sean ignorados, indíqueselo al SGBD en la consulta y le responderá como desea:

Código 23.18

```
select *
  from VEHICULOS V
 where not exists (select 1
                     from FECHAS F
                    where F.FECHA = V.ULTI_ITV
                   )
   and V.ULTI_ITV is not null
```

ID_VEHICULO	MARCA	MODELO	PROX_ITV	ULTI_ITV
4	Citroën	C2	2010-08-24	2009-08-24

SUBCONSULTAS EN LA CLÁUSULA HAVING

Todo lo expuesto sobre subconsultas en la cláusula WHERE es perfectamente aplicable en la cláusula HAVING. Solo que el filtro o filtros que determinan las subconsultas deben ser los apropiados para esta cláusula. Recordemos que en la cláusula HAVING se filtran filas de resultado, es decir, una vez el motor SQL ha resuelto la consulta se mostrarán solo aquellas filas de resultado que satisfacen dicha cláusula, tal como se explicó en el capítulo 8. Por tanto, dado que en esta cláusula se filtran cosas del estilo: que el recuento de registros sea igual a alguno de una lista de valores posibles, o por ejemplo, que la suma de salarios sea superior a un valor. Ahora el filtro o filtros que devuelven las subconsultas establecen o determinan estos valores con los que se condicionan los cálculos de totalización en la cláusula HAVING.

DESGLOSE DE LA CONSULTA

El grado de abstracción que es posible alcanzar construyendo consultas solo viene limitado por lo que el SGBD sea capaz de interpretar, de modo que podemos complicarlo tanto como el SGBD nos permita, y construir consultas por ejemplo donde se combinen filtros constantes con filtros que determina una subconsulta, que a su vez, en esta subconsulta, interviene otra subconsulta, pudiendo además intervenir subconsultas en la cláusula FROM, o en la cláusula SELECT de la consulta principal, etc.

Cuando usted se enfrente a una consulta compleja tal que en ella intervengan varias tablas, cláusulas, subconsultas, filtros, etc. no crea que el desarrollador que la construyó la sacó de una chistera como por arte de magia, sino que analizó el pedido, lo desglosó por partes, y construyó cada una de las partes para posteriormente ensamblarlas y obtener así el resultado deseado. Durante el proceso es posible que cometiera errores, que tuviese que cambiar de estrategia o de recurso, que le costase hallar la solución para alguno de los requerimientos, pero finalmente, tras quizás varias horas de trabajo, completó el pedido y la consulta que da respuesta a la cuestión que se planteó está resuelta y disponible para cuando sea necesario consultar la información. Por tanto la capacidad que el desarrollador muestre para, digamos, «montárselo bien», es decir, la capacidad de abordar el problema con creatividad y no complicarlo más de lo necesario es muy importante, tanto por una cuestión de eficiencia construyendo consultas, como por una cuestión de calidad de *software*, dado que ambas cuestiones le permiten abaratar costes. La primera, en tiempo de desarrollo; y la segunda, en mantenimiento del *software*. Esta capacidad es algo que usted irá adquiriendo con la práctica, conforme vaya acumulando experiencia irá adquiriendo más capacidad para no complicar lo simple y alcanzar lo que quizás cueste más, hacer fácil lo difícil.

Para ilustrar las subconsultas en la cláusula HAVING y cómo desglosar una especificación relativamente compleja, vamos a construir una consulta que permita obtener aquellas ubicaciones del centro de mascotas cuyo número de ejemplares supera la media de ejemplares por ubicación. Además, debemos acompañar las ubicaciones resultantes de los siguientes datos: la especie que reside, gatos o perros, y el número de ejemplares que contiene.

Al leer este enunciado uno puede pensar que no sabe por dónde empezar. Es necesario analizar el problema para trazar una estrategia de desarrollo.

De todo el anunciado subrayo esta parte: ubicaciones donde el número de ejemplares sea mayor a la media. Por lo que será necesario conocer la media de ejemplares por ubicación. Una vez tenga eso resuelto la cuestión se simplifica, deberé agrupar por ubicación y especie, haciendo un recuento de ejemplares, pero solo mostraré los que sean superior a la media.

De un primer análisis concluyo que debo:

- Calcular la media de ejemplares por ubicación.
- Construir una consulta sobre la tabla MASCOTAS que realice el recuento de ejemplares por ubicación y especie, pero solo muestre las ubicaciones donde el recuento de ejemplares sea superior a la media.

En un segunda parte del análisis me planteo cómo calcular la media de ejemplares por ubicación, y resuelvo que primero debo conocer el número de ejemplares de cada ubicación, teniendo así la información necesaria para calcular la media de ejemplares por ubicación.

Por tanto en su conjunto debo:

1. Construir una consulta que permita conocer el número de ejemplares por ubicación.
2. Construir una consulta que permita conocer, usando la información de la primera consulta, la media de ejemplares por ubicación.
3. Construir una consulta que permita dar respuesta al problema planteado usando como filtro el dato de la consulta anterior.

Consulta 1: Número de ejemplares por ubicación.

Código 23.19
```
select UBICACION, count(1) EJEMPLARES
  from MASCOTAS
 where estado = 'A'
 group by ubicacion
```

UBICACION	EJEMPLARES
E01	2
E02	4
E03	1
E04	3
E05	2

Consulta 2: Media de ejemplares por ubicación.

Para ello usamos el resultado anterior como fuente de datos y calculamos la media. Por tanto, usaremos el recurso de una subconsulta en la cláusula FROM.

Código 23.20

```
select avg(EJEMPLARES) MEDIA
  from (
       select UBICACION,
              count(1) EJEMPLARES
         from MASCOTAS
        where estado = 'A'
        group by ubicacion
        ) EJEMPLARES_UBICACION
```

MEDIA
2.4

Consulta 3: La cuestión inicialmente planteada

Con todas las partes resueltas las ensamblamos y resolvemos la cuestión:

Código 23.21

```
select UBICACION,
       if (ESPECIE = 'P', 'Perros', 'Gatos') ESPECIE,
       count(1) EJEMPLARES
  from MASCOTAS
 where estado = 'A'
 group by ubicacion, especie
having count(1) > (
                  select avg(ejemplares) MEDIA
                    from (
                         select UBICACION,
                                count(1) EJEMPLARES
                           from MASCOTAS
                          where estado = 'A'
                          group by ubicacion, especie
                         ) EJEMPLARES_UBICACION
                  )
```

UBICACION	ESPECIE	EJEMPLARES
E02	Perros	4
E04	Gatos	3

RESUMEN

Las subconsultas en la cláusula WHERE de una consulta SQL permiten filtrar registros sobre las tablas de la consulta principal. Los filtros vienen dados por el resultado que devuelve la subconsulta. Las clasificamos en tres tipos:

1. **Filtro de un solo valor:**

   La subconsulta devuelve un único dato, es decir, una única fila con una sola columna, por lo se pueden usar cualquiera de los operadores que se usan al filtrar por una constante: "=" , ">", "<=", etc.

2. **Filtro sobre una lista de valores posibles:**

   La subconsulta devuelve varias filas de datos en una única columna, esto es una lista de valores que condicionada con el operador IN sobre un campo de la consulta principal determinarán si el registro es o no seleccionado. Es posible operar con subconsultas que devuelvan pares de valores posibles e incluso tríos de valores o más, pero entonces los campos de la consulta principal contra los que se compara la lista de valores de la subconsulta debe ser coherente con las columnas que devuelve la subconsulta.

3. **Condicionar a que exista algún registro en otra tabla:**

   La subconsulta en este caso se ejecuta para cada registro que evalúa el motor SQL de la consulta principal. En la subconsulta se filtra por valores del registro de la consulta principal que se está evaluando y, en función de si la subconsulta devuelve filas de resultado o no, dependiendo de si se ha combinado con el operador EXISTS / NOT EXISTS, el registro de la consulta principal será o no seleccionado.

SQL fácil

El desarrollador debe siempre advertir de la posibilidad de que tanto los campos por los que se filtra de la consulta principal, o de la subconsulta combinada con el operador EXITS, como el filtro o filtros que devuelve la subconsulta, puedan contener valores nulos. En cuyo caso deberá establecer en la consulta SQL su tratamiento para obtener el resultado esperado considerando las particularidades del valor NULL cuando el motor SQL evalúa expresiones booleanas.

EJERCICIOS

Ejercicio 1
Construya una consulta que devuelva todos los empleados salvo el más joven y el más mayor.

Ejercicio 2
Construya una consulta que devuelva los profesores que no imparten ningún curso, resuelva el problema de dos modos, use el operador IN en uno de ellos y el operador EXISTS en el otro.

Para resolver el problema necesitará acceder a la tabla PROFESORES y a la tabla CURSOS. Recuerde las particularidades del valor nulo al evaluar expresiones booleanas.

Ejercicio 3
Construya una consulta que devuelva la ubicación del centro de mascotas con mayor número de ejemplares, en el resultado debe aparecer además de la ubicación, la especie y el número de ejemplares de la ubicación. No considere mascotas dadas de baja.

Es inevitable que la gente programe mal, y la formación no mejorará sustancialmente las cosas. Tenemos que aprender a vivir con ello.

Alan Perlis

Capítulo 24

VISTAS

Una vista es una consulta almacenada en la base de datos para reutilizarla cuando sea necesario como si de una tabla se tratara. Es otro caso de abstracción de tabla, tal como se expuso con las subconsultas en la cláusula FROM.

Para ilustrar este recurso que los SGDB proporcionan y, para poder compararlo con las subconsultas en la cláusula FROM que se trataron en el capítulo 22, a continuación se ilustrará cómo crear una vista que resuelva la suma de salarios agrupados por sexo de la tabla EMPLEADOS. Tal propósito se consigue mediante la siguiente instrucción DDL.

CREATE VIEW

Código 24.1

```
create view TOTALES_SALARIO_V as
select SEXO, sum(SALARIO) as TOTAL
  from EMPLEADOS
 group by SEXO
```

La vista TOTALES_SALARIO_V podemos considerarla a efectos lógicos como una tabla con dos campos: SEXO y TOTAL. Como en realidad es el resultado de sumar salarios agrupados por sexo, se sabe que solo contendrá dos registros. Uno con el total de salarios relativo el sexo masculino y otro con el total de salarios relativo al sexo femenino.

ACCESO A LOS DATOS

Código 24.2
```
select *
  from TOTALES_SALARIO_V
```

SEXO	TOTAL
H	2900
M	2625.5

Veamos cómo construir la consulta que resuelve el porcentaje del salario de cada empleado versus la suma de salarios de su sexo usando la vista TOTALES_SALARIO_V en lugar de usar subconsultas tal como se explicó en el capítulo 22.

Código 24.3
```
select EMP.NOMBRE,
       EMP.APELLIDOS,
       EMP.SEXO,
       EMP.SALARIO,
       TOT.TOTAL,
       EMP.SALARIO / TOT.TOTAL * 100 as PORCENTAJE
  from EMPLEADOS as EMP,
       TOTALES_SALARIO_V as TOT
 WHERE EMP.SEXO = TOT.SEXO
```

NOMBRE	APELLIDOS	SEXO	SALARIO	TOTAL	PORCENTAJE
Carlos	Jiménez Clarín	H	1500	2900	51.724137931034
Elena	Rubio Cuestas	M	1300	2625.5	49.514378213674
José	Calvo Sisman	H	1400	2900	48.275862068966
Margarita	Rodríguez Garcés	M	1325.5	2625.5	50.485621786326

La consulta es equivalente a la que se expuso en el capítulo 22 pero usando una vista en lugar de una subconsulta. Obviamente la consulta implícita de la vista TOTALES_SALARIO_V es la misma que la que se usó como subconsulta para calcular estos porcentajes.

Cabe destacar que las vistas, y en particular la vista TOTALES_SALARIO_V, ofrece siempre información dinámica, es decir, siempre ofrecerá la información actualizada aunque se actualicen los salarios de los empleados o bien se inserten o se eliminen registros en la tabla EMPLEADOS. Esto es así debido a que el motor SQL siempre ejecutará previamente las consultas implícitas de las vistas al ejecutar la consulta principal, del mismo modo que hace con las subconsultas de la cláusula FROM.

Las vistas permiten almacenar consultas como objetos en la base de datos bajo el nombre que se considere oportuno al diseñarse y pueden reutilizarse en las consultas siempre que se quiera como si de una tabla se tratase. Es también un modo más ordenado y estructurado de construir consultas que integrando subconsultas en la cláusula FROM que complican las sentencias y las hacen menos cómodas de interpretar a los ojos del desarrollador, aunque como ya se ha dicho son equivalentes y, por lo tanto, recursos igualmente válidos. Por contra, tanto las vistas como las subconsultas ofrecerán un peor rendimiento que si se tratase de tablas físicas y pueden ocasionar problemas de eficiencia dependiendo de cuán costoso le resulte al motor reunir la información que proviene de la vista. Por otro lado las vistas encapsulan consultas y en consecuencia ocultan la verdadera fuente de datos. Esto puede llevar a confusión al desarrollador que mantiene una BD, por lo que es recomendable nombrar las vistas con un nombre que denote que se trata de una vista y no de una tabla tal como se ha hecho con la vista

TOTALES_SALARIO_V, el sufijo _V denota que es una vista y al analizar o modificar una consulta que la integre en su cláusula FROM seremos conscientes de ello sin necesidad de verificarlo.

REUNIÓN DE DATOS

Vamos a suponer que usted está cansado de construir la misma consulta que realiza la reunión de los alumnos con los cursos que cursa cada alumno. Es una consulta que mientras desarrolla informes se encuentra a menudo y decide, aunque no tenga la necesidad de usarla como subconsulta, crear una vista para simplificar y por tanto ahorrarse tiempo y esfuerzo cada vez que debe construir dicha consulta.

Código 24.4

```
create view ALUMNOS_CURSOS_V as
select C.ID_CURSO,
       C.TITULO CURSO,
       A.ID_ALUMNO,
       A.APELLIDOS,
       A.NOMBRE
  from ALUMNOS_CURSOS AC, ALUMNOS A, CURSOS C
 where AC.ID_ALUMNO = A.ID_ALUMNO
   and AC.ID_CURSO = C.ID_CURSO
 order by C.TITULO , A.NOMBRE , A.APELLIDOS
```

Código 24.5

```
select *
  from ALUMNOS_CURSOS_V
```

ID_CURSO	CURSO	ID_ALUMNO	APELLIDOS	NOMBRE
4	Dibujo técnico	6	Dilma Perna	Carmen
4	Dibujo técnico	2	Santo Lote	Jeremías
2	Modelos abstracto de datos	4	Fuego García	Marta
1	Programación PHP	1	Hernandaz Mata	Pablo
1	Programación PHP	5	Ot Dirmet	Sergio
1	Programación PHP	3	Lomas Trillo	Teresa
3	SQL desde cero	1	Hernandaz Mata	Pablo
3	SQL desde cero	5	Ot Dirmet	Sergio

Sobre las vistas es aplicable todo lo expuesto con anterioridad en el libro relativo a tablas físicas. Esto es así conceptualmente, es decir, abstrayendo el concepto de tabla y considerando este concepto de forma lógica. Los datos de una vista no están disponibles de forma directa, sino que deben reunirse antes de combinarse con las tablas físicas u otras vistas que intervengan en la consulta si las hay. Esto no significa que necesariamente, por ejemplo en el caso de la vista ALUMNOS_CURSOS_V, el motor SQL reúna todos los registros que devuelve la vista, sino que aplicará sobre la consulta implícita de la vista los filtros que le afecten definidos en la consulta principal. Veamos por ejemplo la consulta que devuelve los alumnos matriculados en el curso de identificador 3.

Código 24.6
```
select NOMBRE, APELLIDOS, ID_ALUMNO
  from ALUMNOS_CURSOS_V
 where ID_CURSO = 3
```

NOMBRE	APELLIDOS	ID_ALUMNO
Pablo	Hernandaz Mata	1
Sergio	Ot Dirmet	5

En esta consulta se está filtrando por un campo de la vista, como no puede ser de otro modo puesto que solo interviene la vista, por tanto el motor SQL trasladará este filtro a la consulta implícita de la vista con el propósito de ser más eficiente e ignorar aquellos registros que no serán necesarios en la consulta principal.

TRATAMIENTO PREVIO DE DATOS

Para acabar el capítulo se expondrá un ejemplo de cómo las vistas pueden ser útiles, no solo como almacén de consultas que reúnen datos entre maestros, o realizan cálculos de totalización, sino como tratamiento previo de la información que se obtendrá. Un ejemplo de ello es la tabla EMPLEADOS, sobre la que nos puede interesar crear una vista para, por ejemplo, decodificar el campo SEXO y formatear la fecha de nacimiento. En el campo SEXO se está guardando un dato codificado que permite saber el sexo del empleado, pero no es un dato que se pueda mostrar en un informe sin tratar. Ocurre lo mismo con la fecha, en algunas culturas el formato más aceptado para un fecha es el de día / mes / año. Construyamos una vista que nos permitirá reutilizarla y no tener que realizar constantemente la decodificación del campo SEXO y el formateo de la fecha de nacimiento en nuestras consultas.

Código 24.7

```
create view EMPLEADOS_V as
select ID_EMPLEADO,
       NOMBRE,
       APELLIDOS,
       date_format(F_NACIMIENTO,'%d/%m/%Y') as F_NACIMIENTO,
       if(SEXO = 'M', 'Mujer', 'Hombre') as DESC_SEXO,
       SEXO,  CARGO, SALARIO
  from EMPLEADOS
```

Observe como en la consulta que forma la vista toda columna debe tener un nombre que no entre en conflicto con otras columnas. Usted puede rebautizarlas como más oportuno considere, especialmente las que como en el ejemplo anterior derivan de un función, o bien son el resultado de sumar dos columnas, etc. No deje columnas sin nombre, ni ponga el mismo nombre a dos o más columnas, de lo contrario la vista contendrá errores y no podrá usarse.

Una vez creada la vista en la BD podemos usarla en nuestras consultas como si de la tabla EMPLEADOS se tratase, con la salvedad de que para las columnas DESC_SEXO y F_NACIMIENTO el dato no se obtiene de forma directa, sino que viene tratado, justo lo que se pretendía.

Código 24.8

```
select *
  from EMPLEADOS_V
 where SALARIO > 1300
```

ID_EM...	NOMBRE	APELLIDOS	F_NACIMIENTO	DESC_SEXO	SEXO	CARGO	SALARIO
1	Carlos	Jiménez Clarín	03/05/1985	Hombre	H	Mozo	1500
3	José	Calvo Sisman	12/11/1990	Hombre	H	Mozo	1400
4	Margarita	Rodríguez Garcés	16/05/1992	Mujer	M	Secretaria	1325.5

En la vista EMPLEADOS_V se ha incorporado además del campo SEXO decodificado con el nombre DESC_SEXO, el campo SEXO codificado, es decir, tal como se guarda en la tabla EMPLEADOS. Esto puede resultar útil para nutrirse de uno u otro campo en función de donde se utilice la vista. Si es para un informe usaremos el campo decodificado, mientras que si la usamos internamente dentro de la lógica de un programa, por ejemplo en PHP, nos puede resultar más cómodo usar el campo codificado.

RESUMEN

Las vistas son un recurso que nos brindan los SGBD para almacenar consultas en la BD. En general es posible montar una vista basada en cualquier consulta, la única limitación la establece el SGBD, que puede no soportar vistas basadas en consultas complejas, tales que incluyan subconsultas, uniones de tablas, etc.

El propósito por el cual nos puede interesar crear un vista es múltiple, desde la reutilización de la consulta que almacena la vista, pasando por el tratamiento previo de los datos, cálculos de totalización que siempre nos devuelven datos actualizados, etc. De todos ellos quizás el más interesante sea el ahorro que supone la reutilización de las consultas que almacenan las vistas en la elaboración de otras consultas.

Cuando creamos una vista todas las columnas de la consulta que forma la vista deben tener un nombre que no entre en conflicto con otras columnas de la vista. Usted puede no indicar alias si el dato viene directamente de una tabla de la BD, pero deberá indicarlo si existen dos campos con el mismo nombre que provienen de tablas distintas, o bien el dato es el resultado de una operación matemática, cálculo de totalización, y en general el resultado de tratar uno o más datos de tabla.

Cuando reutilizamos una vista hemos de ser conscientes de que la información que esta proporciona no es directa, sino que el SGBD ejecutará la consulta que la vista tiene implícita y, aunque intentará trasladar los filtros de la consulta principal para optimizar el tiempo de ejecución en su conjunto, el rendimiento puede verse mermado dependiendo de cuán costoso le resulte al SGBD reunir la información que la vista debe proporcionar.

EJERCICIO

Construya una vista que decodifique el campo ESPECIE, SEXO y ESTADO de la tabla MASCOTAS con ayuda de la función IF. El resto de campos no se deben tratar, pero deben formar parte de la vista. Ponga un nombre a la vista para que cuando se reutilice en las consultas denote que se trata de una vista y no una tabla. El campo ESPECIE contiene una P para codificar perro y una G para codificar gato, el campo SEXO una H para hembra y una M para macho, y el campo ESTADO una A para alta en el centro y una B para baja en el centro. Recuerde que toda columna de la vista debe tener un nombre que no entre en conflicto con otras columnas de la misma vista.

Cuando se está depurando, el programador novato introduce código correctivo; el experto elimina el código defectuoso.

Richard Pattis

Capítulo 25

INSERCIONES MASIVAS

Vamos a tratar en este y en el siguiente capítulo cómo modificar la información de la BD mediante consultas y subconsultas. Ya se trató con anterioridad en el libro cómo realizar inserciones en una tabla de la BD. Para ello usábamos la instrucción INSERT tal como se indica a continuación:

Código 25.1

```
insert into ALUMNOS
        (ID_ALUMNO , NOMBRE , APELLIDOS , F_NACIMIENTO)
values
        (1 , 'Pablo' , 'Hernández Mata' , '1995-03-14')
```

Esta instrucción realiza la inserción de un solo registro, donde cada dato de la lista VALUES hace referencia a cada campo de la tabla en el mismo orden de aparición. Ahora vamos a exponer cómo realizar inserciones tomando como fuente de datos una consulta. Por tanto se insertarán tantos registros como filas de resultado devuelva la consulta.

INSERTAR RESULTADO DE UNA CONSULTA

Supongamos que en nuestra base de datos de la academia tenemos una serie de tablas que tienen como propósito registrar un histórico de la actividad en la academia. De modo que cuando empieza una nueva temporada se mueven los datos de la temporada anterior al histórico, y se vacían algunas de las tablas con las que se trabaja durante la temporada. Tomemos la tabla ALUMNOS_CURSOS, que guarda la relación de los alumnos matriculados en los cursos, y movamos sus datos a la tabla ALUMNOS_CURSOS_HIST que guarda la historia de todas las temporadas anteriores. La tabla ALUMNOS_CURSOS_HIST tendrá un campo más que la tabla ALUMNOS_CURSOS, y ese campo no es otro que la temporada a la que hace referencia cada registro; de otro modo no se podría saber a qué temporada pertenece la información que se guarda. Ahora supongamos que empieza una nueva temporada y necesitamos vaciar la tabla ALUMNOS_CURSOS, pero antes debemos mover los datos al histórico. Para ello construimos la siguiente instrucción.

Código 25.2
```
insert into ALUMNOS_CURSOS_HIST
        (TEMPORADA, ID_ALUMNO , ID_CURSO)
select '2012-2013', ID_ALUMNO, ID_CURSO
  from ALUMNOS_CURSOS
```

Esta instrucción insertará en la tabla ALUMNOS_CURSOS_HIST tantos registros como resuelva la consulta sobre la tabla ALUMNOS_CURSOS que aparece en la instrucción. Observe que en la tabla de la que obtenemos los datos no se guarda la temporada porque no se necesita, ya que siempre guarda información relativa a la temporada actual. Debemos incluir este dato en la instrucción como constante para que se inserte en el histórico. Este dato será común para todas las inserciones que realice la operación, lo cual nos viene perfecto porque ya es lo que se pretende: almacenar a qué temporada pertenece cada registro de información. Intuitivamente ya se ve que la consulta debe devolver tantas columnas como indica la lista de campos de la tabla que figura en la instrucción INSERT. Además, los tipos de datos deben ser compatibles, es decir, si la primera columna de la consulta devuelve un dato de tipo cadena, el primer campo de tabla de la instrucción INSERT no puede ser numérico. Si esto no se cumple, si el número de columnas que devuelve la consulta no es igual al número de campos de la instrucción INSERT y son del mismo tipo de dato o compatible, se produce un error y no se realizará la operación.

Si el SGBD es transaccional, esta operación necesitará confirmación para que las inserciones se guarden en la base de datos, esto es ejecutar la instrucción COMMIT una vez se han realizado las inserciones. Con ello los cambios realizados quedan guardados en la BD. Si por el contrario se quieren descartar las inserciones se debe ejecutar la instrucción ROLLBACK.

GENERAR *SCRIPT* DE INSERCIONES

Un *script* es un conjunto de instrucciones que se almacenan en un fichero para que, por ejemplo, un SGDB lo procese. Supongamos que queremos migrar los datos de la tabla PERSONAS a otra BD que cuenta también con una tabla PERSONAS y tiene el mismo diseño y estructura. Un modo de hacerlo es generar el set de instrucciones que al ser procesado por el SGBD destino realizará las inserciones. Ahora vamos a generar un *script* mediante una consulta tal que así:

Código 25.3

```
select CONCAT('insert into PERSONAS (ID_PERSONA, NOMBRE,',
            'RUBIA, ALTA, GAFAS) values (',
            ID_PERSONA, ' , ''', NOMBRE ,''' , ''',
            RUBIA, ''' , ''' , ALTA, ''' , ''' ,
            GAFAS, ''');') as INSTRUCCIONES
  From PERSONAS
```

INSTRUCCIONES
insert into PERSONAS (ID_PERSONA, NOMBRE,RUBIA, ALTA, GAFAS) values (1 , 'Manuel' , 'S' , 'S' , 'N');
insert into PERSONAS (ID_PERSONA, NOMBRE,RUBIA, ALTA, GAFAS) values (2 , 'María' , 'N' , 'N' , 'S');
insert into PERSONAS (ID_PERSONA, NOMBRE,RUBIA, ALTA, GAFAS) values (3 , 'Carmen' , 'S' , 'N' , 'S');
insert into PERSONAS (ID_PERSONA, NOMBRE,RUBIA, ALTA, GAFAS) values (4 , 'José' , 'S' , 'S' , 'S');
insert into PERSONAS (ID_PERSONA, NOMBRE,RUBIA, ALTA, GAFAS) values (5 , 'Pedro' , 'N' , 'S' , 'N');

Fíjese como la consulta anterior genera el *script* o conjunto de instrucciones para que otro SGBD lo procese realizando las inserciones en la BD destino; es, por tanto, un modo de migración de datos. En realidad existen multitud de herramientas que dada una BD generan los *scripts* no solo de migración de datos, sino también las instrucciones DDL para crear las tablas, establecer las claves primarias y foráneas, y todo lo necesario para migrar la BD origen a otro SGBD como BD destino. Por lo que este recurso rara vez se usará, aunque nos viene bien exponerlo para mostrar la versatilidad que nos proporciona el lenguaje SQL.

REPLICAR UNA TABLA Y SUS DATOS

Otro modo de realizar inserciones masivas en una tabla es crear una nueva tabla con el resultado de una consulta. Por ejemplo, imaginemos que a usted le piden realizar cambios sustanciales en una tabla de la BD, usted necesita realizar varias pasadas de actualización de modo que un error podría hacer que la información original fuese irrecuperable. Bajo este escenario lo más prudente es realizar copias de seguridad que le permitan recuperar la información en caso de pérdida. O mejor aún, crear una copia de la tabla que debe actualizar y trabajar con la copia hasta validar que el conjunto de operaciones que ha aplicado a la tabla copia es correcto y por tanto puede con más seguridad aplicar los cambios a la tabla definitiva, no sin antes hacer una nueva copia para más seguridad.

Vamos pues a crear una copia de la tabla EMPLEADOS que llamaremos EMPLEADOS_TMP.

Código 25.4
```
create table EMPLEADOS_TMP as
select *
  From EMPLEADOS
```

En general es posible crear una tabla con la estructura e información que resuelva cualquier consulta. Del mismo modo que ocurre al crear las vistas, es necesario que las columnas de resultado de la consulta tengan un nombre que no entre en conflicto con otras columnas de la consulta, ya que los nombres de campo de la nueva tabla los heredará de la consulta, por lo tanto no se pueden repetir nombres ni omitirlos, de lo contrario el SGBD no será capaz de ejecutar con éxito la instrucción.

A diferencia de las vistas ahora los datos no son dinámicos, sino que el SGBD creará la tabla e insertará las filas de datos que recupere la consulta. Estos nuevos datos estarán físicamente en la BD y son independientes de la fuente de datos origen, por lo que es posible manipularos sin riesgos a alterar los datos del origen.

Esta instrucción no precisa realizar un COMMIT, aun cuando el SGBD sea transaccional, puesto que el COMMIT va implícito en la propia instrucción como ocurre con cualquier instrucción DDL. Es muy importante tener esto en cuenta, ya que al realizar una operación de este tipo se estará confirmando una posible transacción en curso, y todos los cambios realizados con anterioridad pendientes de confirmar se guardarán en la BD.

RESUMEN

Se han expuesto tres métodos distintos para realizar inserciones en la BD de forma masiva tomando como fuente de datos consultas SQL.

- INSERT de SELECT: realiza las inserciones en la tabla indicada de las filas de datos que devuelve la consulta, el número de columnas que devuelve la consulta debe coincidir con las lista de campos de la instrucción INSERT, además deben ser del mismo tipo de dato o de un tipo compatible. Esta instrucción precisa realizar un COMMIT para guardar definitivamente los datos en la BD.

- CREATE TABLE as SELECT: crea una nueva tabla en la base de datos con tantos campos y del mismo tipo de dato como columnas devuelva la consulta, e inserta tantos registros como filas de resultado resuelva la consulta. Toda columna de la consulta debe tener un nombre que no entre en conflicto con otras columna de la consulta, ya que la nueva tabla heredará estos nombres para crear los campos. Esta instrucción no precisa COMMIT ya que está implícito al ser CREATE TABLE una instrucción DDL.

- Creación del set de instrucciones INSERT mediante una consulta: se trata de construir dinámicamente las instrucciones INSERT realizando una consulta. Es la consulta la que genera las instrucciones en base a las constantes que indicamos en la cláusula SELECT (sintaxis de la instrucción INSERT) y los datos de los registros seleccionados (datos de la instrucción INSERT). Generará una instrucción por cada registro que seleccione la consulta.

EJERCICIO

Cree una nueva tabla en la BD llamada ALUMNOS_CURSOS_TMP con la siguiente información:

ID_CURSO, TITULO, ID_ALUMNO, NOMBRE, APELLIDOS

Al tiempo que se crea la tabla, inserte en ella el resultado de realizar una consulta sobre las siguientes tablas relacionadas:

ALUMNOS, CURSOS, ALUMNOS_CURSOS

Capítulo 26

SUBCONSULTAS EN UPDATE

La instrucción UPDATE permite actualizar algunos o todos los datos de uno o más registros de una tabla de la BD tal como ya se explicó en el capítulo 18. En esta ocasión se va a profundizar y se expondrá cómo integrar subconsultas en la instrucción UPDATE y con qué propósito. Recordemos su sintaxis con uno de los ejemplos mostrados en el capítulo 18.

Código 26.1

```
update EMPLEA2
   set SALARIO = SALARIO * 1.02,
       PRECIO_HORA = PRECIO_HORA * 1.01
 where SALARIO < 3000
```

En las instrucciones UPDATE se pueden usar subconsultas como fuente del dato a actualizar, en cuyo caso se integrarán en la cláusula SET, o bien como filtro de los registros que se quieren actualizar, para lo cual se integran en la cláusula WHERE.

Cuando la subconsulta tiene el propósito de filtrar registros, es decir, seleccionar los registros que se actualizarán, es aplicable todo lo expuesto al respecto en el capítulo 23, con la salvedad de que entonces las subconsultas se usaban para filtrar los registros de una consulta, y ahora se usarán para filtrar los registros que la instrucción UPDATE actualizará. Por tanto no se van a volver a tratar ahora las subconsultas en la cláusula WHERE de la instrucción UPDATE; para ello puede repasar el capítulo 23 ya que usted puede aplicar los conceptos de igual modo en la instrucción UPDATE para seleccionar los registros que se actualizarán. Esto mismo es extensible a la instrucción DELETE, es decir, usted puede usar subconsultas en la cláusula WHERE de una instrucción DELETE, pero entonces el propósito será filtrar los registros que serán eliminados de la tabla.

ACTUALIZAR UNA TABLA CON DATOS DE OTRA TABLA

Las subconsultas en la cláusula SET de una instrucción UPDATE es un recurso que se usa cuando el dato a actualizar está en otra tabla de la BD. El modo que tenemos para obtener datos de una tabla es mediante consultas, por lo tanto si queremos obtener el dato a actualizar para modificarlo y ese dato está en una tabla de la BD, necesitaremos construir una consulta que devuelva el dato e integrarla en la cláusula SET de la instrucción UPDATE.

Supongamos que en nuestra BD tenemos una tabla ARTICULOS que guarda información sobre los productos que se comercializan.

ID_ARTICULO	DESCRIPCION	PRECIO
1	Leche 1L.	0.95
2	Café 250 gr.	9.98
3	Agua 5L.	1.65
4	Galletas 200 gr.	1

Por otro lado tenemos la tabla NOVEDADES con idéntica estructura.

ID_ARTICULO	DESCRIPCION	PRECIO
2	Café 250 gr.	9.92
3	Agua 5L.	1.59

La tabla NOVEDADES contiene solo los artículos cuyo precio ha variado. La relación entre estas tablas es de 1 a 1. El campo ID_ARTICULO es la clave primaria de la tabla NOVEDADES y a su vez, es también clave foránea de la tabla ARTICULOS.

Ahora necesitamos actualizar los registros de la tabla ARTICULOS con los nuevos precios que contiene la tabla NOVEDADES, pero solo para aquellos artículos que figuran en la tabla NOVEDADES.

Véase la siguiente instrucción UPDATE:

Código 26.2
```
update ARTICULOS as ART
   set PRECIO = ( select PRECIO
                  from NOVEDADES as NOV
                  where NOV.ID_ARTICULO = ART.ID_ARTICULO
               );
```

Observe como **la subconsulta del ejemplo anterior devuelve un solo dato, es decir, una única columna en una única fila,** ya que por un lado se está filtrando por la clave primaria, y por otro en la cláusula SELECT tan solo se ha indicado un campo. Las subconsultas en la cláusula SET de una instrucción UPDATE deben devolver un solo dato o ningún dato, pero si devuelven más de una fila o más de una columna, se producirá un error y la operación será rechazada.

EL motor SQL recorrerá toda la tabla ARTICULOS, puesto que se ha omitido la cláusula WHERE de la instrucción UPDATE, y para cada registro ejecutará la subconsulta de la cláusula SET para recuperar el precio que contiene el ID_ARTICULO del registro en curso en la tabla NOVEDADES. La instrucción hace lo que se pretende pero la cuestión está resuelta solo en parte. Para aquellos registros de la tabla ARTICULOS que no figure su identificador en la tabla NOVEDADES, la subconsulta no encontrará el dato y el precio será actualizado a nulo, o bien se producirá un error si el campo no puede contener valores nulos. Veamos cómo solucionarlo filtrando los registros que se han de actualizar con ayuda de la cláusula WHERE:

Código 26.3

```
update ARTICULOS as ART
   set PRECIO = ( select PRECIO
                    from NOVEDADES as NOV
                   where NOV.ID_ARTICULO = ART.ID_ARTICULO
                )
 where ID_ARTICULO in (select ID_ARTICULO
                        from NOVEDADES);
```

O bien usando el operador EXISTS en lugar del operador IN:

Código 26.4

```
update ARTICULOS as ART
   set PRECIO = ( select PRECIO
                    from NOVEDADES as NOV
                   where NOV.ID_ARTICULO = ART.ID_ARTICULO
                )
 where exists (select 1
                 from NOVEDADES as NVD
                where NVD.ID_ARTICULO = ART.ID_ARTICULO)
```

De este modo se garantiza que solo se actualicen los registros cuyo identificador está en la tabla NOVEDADES.

Otro modo de evitar que los registros no encontrados en la tabla NOVEDADES se actualicen a nulo es tratando el resultado de la subconsulta mediante la función

IfNull de MySQL, en Oracle la función equivalente es NVL (null value). La instrucción se construye de la siguiente manera:

Código 26.5

```
update ARTICULOS as ART
   set PRECIO = IfNull(
           ( select PRECIO
               from NOVEDADES as NOV
               where NOV.ID_ARTICULO = ART.ID_ARTICULO
           )
           , ART.PRECIO);
```

El motor SQL recorrerá toda la tabla ARTICULOS, y si un identificador no figura en la tabla NOVEDADES devolverá un resultado nulo, por lo que la función ifNull lo remplazará por ART.PRECIO, es decir, el valor que ya contiene el registro que se está actualizando. En estos casos la función IfNull evita actualizar a nulo, o que se produzca un error de ejecución si el campo no puede contener un valor nulo.

USO DE FUNCIONES EN INSTRUCCIONES INSERT Y UPDATE

Las funciones pueden ser usadas tanto en la inserción como en la modificación de registros, es parecido al uso que se le da en las consultas, solo que ahora las funciones en lugar de procesar la información que será visualizada, procesan información que se guardará en BD. Imagine que en todas las tablas de su BD usted ha diseñado un campo de AUDITORIA que informa de la fecha y hora en que se modificó el registro por última vez. De este modo, al insertar un nuevo registro o modificarlo, en el campo AUDITORIA debe guardarse el valor que retorna la función nativa LOCALTIME de MySQL, que devuelve la fecha y hora actual del servidor de BD. Suponiendo que la tabla ARTICULOS tuviese el campo AUDITORIA las instrucciones INSERT y UPDATE se realizarían del siguiente modo:

Código 26.6

```
insert into ARTICULOS (ID_ARTICULO, DESCRIPCION,
                        PRECIO, AUDITORIA)
values (32, 'Fregasuelos', 1.34, localtime);
```

Código 26.7

```
update ARTICULOS
   set PRECIO = 1.25,
       AUDITORIA = localtime
 where ID_ARTICULO = 32;
```

Obviamente el tipo de dato que devuelve la función debe ser el mismo que el tipo de dato del campo en el que se actualiza o inserta el valor que retorna la función.

SCRIPT PARA CAMBIAR DE TIPO DE DATO UN CAMPO DE TABLA

En el capítulo 17 relativo a instrucciones DDL se describió los pasos para cambiar de tipo de dato un campo sin perder información. Ahora que ya se ha tratado todo cuanto es necesario conocer para entender este procedimiento, vamos a construir un *script* con el conjunto de instrucciones que da solución al hipotético caso que se expuso en el capítulo 17. Se trataba de cambiar de tipo INT a FLOAT el campo NOTA de la tabla ALUMNOS_CURSOS. La modificación de un tipo de dato de un campo de tabla puede precisar que el campo esté vacío para todo registro de la tabla, es decir, debe contener un valor nulo en todos los registros. La secuencia de acciones para este propósito es la siguiente:

1. Copia de los datos.
2. Actualizar el campo a nulo en toda la tabla.
3. Cambio del tipo de dato.
4. Restaurar la información.
5. Eliminar la copia de datos.

Código 26.8

```
-- copia de datos
create table ALUMNOS_CURSOS_TMP as
select *
  from ALUMNOS_CURSOS;

-- actualizar a nulo el campo
update ALUMNOS_CURSOS
   set NOTA = null;

-- cambio del tipo de dato
alter table ALUMNOS_CURSOS modify NOTA float;

-- restaurar la información
update ALUMNOS_CURSOS as AC
   set NOTA = (select NOTA
                 from ALUMNOS_CURSOS_TMP as ACT
                where AC.ID_ALUMNO = ACT.ID_ALUMNO
                  and AC.ID_CURSO  = ACT.ID_CURSO);

-- eliminación de la copia de datos
drop table ALUMNOS_CURSOS_TMP;
```

Veamos ahora un método alternativo que no precisa de una tabla auxiliar o temporal. Este método tiene la siguiente secuencia de acciones:

1. Crear un campo temporal en la tabla.
2. Informar el nuevo campo con la información a salvar y actualizar a nulo el campo al que cambiaremos el tipo.
3. Cambio del tipo de dato.
4. Restaurar la información en el campo original.
5. Eliminar el campo temporal.

Código 26.9

```
-- creación campo temporal
alter table ALUMNOS_CURSOS add (NOTA_TMP int);


-- salvar el dato y actualizar a nulo el campo origen
update ALUMNOS_CURSOS
   set NOTA_TMP = NOTA,
       NOTA = null;


-- cambio del tipo de dato
alter table ALUMNOS_CURSOS modify NOTA float;


-- resturar la información
update ALUMNOS_CURSOS
   set NOTA = NOTA_TMP;


-- eliminación del campo temporal
alter table ALUMNOS_CURSOS drop column NOTA_TMP;
```

RESUMEN

En este capítulo se ha tratado cómo actualizar datos mediante la instrucción UPDATE usando como fuente de datos subconsultas. Las subconsultas deben devolver un único valor, es decir, una única fila de resultado con una sola columna. También deben devolver un tipo de dato compatible con el tipo de dato de tabla al que se asignará el valor que devuelve la subconsulta.

Las subconsultas en la cláusula SET se ejecutan tantas veces como registros determine que hay que actualizar la cláusula WHERE de la instrucción UPDATE. Por tanto es posible filtrar en las subconsultas por valores de la tabla que está actualizando. La subconsulta selecciona en tal caso un resultado en función de los datos que contienen el registro en curso seleccionado por la instrucción UPDATE.

Es posible actualizar varios campos de tabla usando para cada uno de ellos una subconsulta como fuente de datos. También es posible asignar el resultado de llamar a una función del SGBD. Sea cual sea la fuente de datos debe existir coherencia en los tipos de datos entre la fuente del dato y el campo de la tabla destino.

EJERCICIO

Supongamos que usted mantiene una BD en la que se ha detectado un error en los datos. El problema radica en que un proceso automático ha resuelto mal el precio de algunos artículos y les ha asignado un cero como precio de venta. Tras analizar el problema se ha decidido que se recalculará el precio de los artículos asignándole el precio medio del artículo tomando como fuente las facturas del año 2013. Por tanto, se debe modificar el campo PRECIO de la tabla ARTICULOS cuyo campo PRECIO vale cero, es decir, los erróneos. El nuevo valor se asignará tomando el valor medio del campo PRECIO de la tabla LINEAS_FACTURAS del artículo a tratar. Solo deben considerarse facturas del año 2013. Si un artículo se ha facturado varias veces a un mismo precio solo se considerará una sola vez para calcular la media. Si el artículo no se ha facturado nunca durante el año 2013 debe guardarse un cero.

Construya una instrucción UPDATE que realice la actualización del precio de los artículos con precio cero según la especificación anterior.

Campos que necesita conocer de cada una de las tablas:

FACTURAS: ID_FACTURA, FECHA_FACTURA

LINEAS_FACTURA: ID_FACTURA, ID_ARTICULO, PRECIO

ARTICULOS: ID_ARTICULO, PRECIO

Es importante destacar que ningún ingeniero de software con ética consentiría escribir un procedimiento llamado DestruirBaghdad. Su ética le obligaría a escribir un procedimiento DestruirCiudad, al que se pasaría el parámetro Baghdad.

Nathaniel S. Borenstein

Capítulo 27

FUNCIONES Y PROCEDIMIENTOS ALMACENADOS

Tratar con detalle cómo programar procedimientos y funciones dentro del núcleo de una BD se asemeja más conceptualmente a los lenguajes de programación que al SQL. Por lo que profundizar sobre este aspecto de las BBDD queda fuera del alcance de este libro. Aun así se le ha dedicado un espacio para que usted conozca este recurso, sepa de su existencia y adquiera una base con la que poder iniciarse.

LENGUAJE DE PROGRAMACIÓN

El hecho de que en una BD el lenguaje de programación esté integrado en ella, le permite usar el SQL como parte de las instrucciones que el lenguaje reconoce. En Oracle por ejemplo el lenguaje de programación se llama PL/SQL (*Procedural Language/Structured Query Language*). En MySQL, sin embargo, no se habla de un lenguaje de programación sino de procedimientos almacenados y funciones. Es sin duda un lenguaje mucho más limitado que el PL/SQL que incorpora Oracle.

Algunos afirman que el lenguaje de MySQL no se puede considerar un lenguaje de programación propiamente dicho. Quizás no sea posible hacer todo lo que otros lenguajes permiten hacer, pero aun así es claramente un lenguaje dado que tiene un set de instrucciones y podemos realizar programas combinando estas instrucciones para trazar la lógica que se aplicará al ejecutarse. Un lenguaje de programación por tanto presenta un set o conjunto de instrucciones acompañado de unas reglas sintácticas que permiten construir programas que al ejecutarse desempeñarán tareas de diferente índole. En el ámbito de las BBDD los lenguajes están orientados al procesamiento de datos y han sido diseñados para tal propósito, por lo que resulta sumamente sencillo acceder a las tablas tanto para obtener información como para modificarla.

FUNCIÓN MYSQL

Las funciones programadas por el usuario se comportan igual que las funciones nativas de los SGBD. Pueden verse de igual modo como cajas negras a las que se les puede pasar de cero a varios parámetros de entrada, y devuelven un único valor de salida. Para ilustrar cómo programar una función sencilla, vamos a considerar que necesitamos unificar en una tercera columna, dos columnas numéricas que retorna una consulta SQL, de modo que la nueva columna contenga el valor mayor de entre las otras dos columnas. La función tiene que ser genérica, es decir, para dos valores dados debe determinar el mayor y retornarlo como resultado de la operación.

Al construir la función se han usado mayúsculas para diferenciar los nombres que elige el programador de las instrucciones y por tanto palabras reservadas del lenguaje.

Código 27.1

```
create function MAYOR (P_VALOR_1 int,
                       P_VALOR_2 int) returns int
begin

 declare V_RETORNO int;

   if P_VALOR_1 > P_VALOR_2 then
      set V_RETORNO = P_VALOR_1;
   else
      set V_RETORNO = P_VALOR_2;
   end if;


   return V_RETORNO;
end;
```

Analizando las partes del código de la anterior función observamos que el programador la ha llamado MAYOR. P_VALOR_1 y P_VALOR_2 son los dos parámetros de entrada, para los cuales debe especificarse el tipo de dato, en este caso ambos son de tipo INT. Vemos también en la cabecera de la función cómo se especifica el tipo de dato que retorna, en este caso tipo INT. Por tanto la función MAYOR recibe dos enteros como parámetros de entrada, y retorna un entero como resultado de la operación o valor de salida.

A continuación viene el bloque de código entre las palabras reservadas BEGIN y END, en este espacio se programa la lógica que ha de realizar la función. La primera instrucción que aparece es una declaración de variable: V_RETORNO, para la cual debe también especificarse el tipo de dato, en este caso también tipo INT. La variable tiene el propósito de guardar el valor que la función acabará retornando.

Seguidamente encontramos la instrucción IF, que permite establecer condiciones. En función del resultado de la condición, que solo puede ser cierto o falso, se realizan unas acciones u otras. En este caso se observa como la instrucción IF compara los parámetros de entrada entre sí de modo que si P_VALOR_1 es mayor que P_VALOR_2, entonces se ejecuta la instrucción SET que hay dentro del IF, es decir, se asigna el valor que contiene P_VALOR_1 a la variable V_RETORNO. Si por el contrario la condición resulta ser falsa, en lugar de ejecutarse la instrucción que hay dentro del IF se ejecutará la que hay dentro del ELSE, y se asignará el valor que contiene P_VALOR_2 a la variable V_RETORNO.

Al final de todo está la instrucción RETURN que retorna el contenido de la variable V_RETORNO previamente calculado y finaliza la ejecución de la función.

Veamos a continuación una aplicación de la función MAYOR.

Código 27.2
```
select MAYOR(34, 27)
```

MAYOR(34, 27)
34

Aplicado a dos columnas de una consulta:

Código 27.3

```
select ID_ALUMNO,
       ID_CURSO,
       MAYOR(ID_ALUMNO, ID_CURSO) as MAYOR
  from ALUMNOS_CURSOS
```

ID_ALUMNO	ID_CURSO	MAYOR
1	1	1
3	1	3
5	1	5
4	2	4
1	3	3
5	3	5
2	4	4
6	4	6

FUNCIÓN ORACLE

Esta misma funcionalidad se implementa en un SGBD Oracle tal como se muestra a continuación:

Código 27.4

```
create or replace function MAYOR (P_VALOR_1 number,
                                  P_VALOR_2 number)
                                  return number is
   V_RETORNO number;
begin
```

```
   if P_VALOR_1 > P_VALOR_2 then
      V_RETORNO := P_VALOR_1;
   else
      V_RETORNO := P_VALOR_2;
   end if;


   return V_RETORNO;
end;
```

Fíjese como en este ejemplo las diferencias de sintaxis entre estos dos SGBD son mínimas. Observe también como en Oracle existe un espacio específico para la declaración de variables, concretamente entre la cabecera de la función y la palabra reservada BEGIN, que es donde empieza, o donde se programa la lógica de la función.

FUNCIÓN CON ACCESO A DATOS

La siguiente función de ejemplo MySQL calcula la suma de salarios de la tabla EMPLEADOS, tiene un parámetro de entrada para indicarle el sexo de los empleados que se deben considerar para el cálculo, pero si no se especifica el sexo, o lo que es lo mismo, la invocamos pasándole un valor nulo, calcula la suma de salarios de toda la tabla.

Código 27.5

```
create function SUMA_SALARIOS (P_SEXO char(1))
                                returns float
begin
   declare V_SUMA float;

   select sum(SALARIO)
     into V_SUMA
```

```
      from EMPLEADOS
    where SEXO = P_SEXO
       or P_SEXO is null;


    return V_SUMA;
end;
```

Fíjese como en la consulta que contiene la función aparece una cláusula que no se había tratado con anterioridad en el libro, la cláusula INTO. Esta cláusula solo tiene sentido en las consultas que se usan dentro de un bloque de código. Tiene el propósito de asignar los valores que devuelve la consulta a variables para su tratamiento o uso. En este caso la suma de salarios que devuelve la consulta se asigna a la variable V_SUMA, que se usa como valor de retorno de la función. Si en la cláusula SELECT aparecen más columnas o campos, deberá especificar en la cláusula INTO una variable para cada columna que indique en la cláusula SELECT, separando una variable de otra por comas. Estas variables deben ser del mismo tipo que el valor que devuelve la consulta en su columna correspondiente. Si intuitivamente usted presiente que para estas consultas se espera que devuelvan una sola fila de resultado, está en lo cierto, si devuelven dos o más se produce un error en tiempo de ejecución, dado que no es posible asignar a una variable los valores de varias filas de resultado.

Probemos el buen funcionamiento de la función SUMA_SALARIOS mediante la siguiente consulta:

Código 27.6

```
select 'Hombres' as AMBITO,
       SUMA_SALARIOS('H') as TOTAL_SALARIOS
 union
select 'Mujeres', SUMA_SALARIOS('M')
 union
select 'Todos', SUMA_SALARIOS(null)
```

AMBITO	TOTAL_SALARIOS
Hombres	2900
Mujeres	2625.5
Todos	5525.5

Si usted recuerda el ejercicio que plantea el cálculo del porcentaje que cobra cada empleado sobre el total de salarios, tendrá presente que se resolvió de dos modos: con una subconsulta en la cláusula SELECT, y con una subconsulta en la cláusula FROM. Se expone en esta ocasión una solución basada en la llamada a la función SUMA_SALARIOS.

Código 27.7

```
select NOMBRE,
       APELLIDOS,
       SALARIO / suma_salarios(null) * 100 as PORCENTAJE
  from EMPLEADOS
```

NOMBRE	APELLIDOS	PORCENTAJE
Carlos	Jiménez Clarín	27.146864537146
Elena	Rubio Cuestas	23.5272825988598
José	Calvo Sisman	25.3370735680029
Margarita	Rodríguez Garcés	23.9887792959913

Otro problema que se planteó era el mismo cálculo pero considerando la suma de salario de las mujeres si el empleado es mujer, y la suma de salarios de los hombres si el empleado es hombre. La siguiente consulta resuelve este cálculo haciendo uso de la función SUMA_SALARIOS.

Código 27.8

```
select NOMBRE,
       APELLIDOS,
       SALARIO / suma_salarios(SEXO) * 100 as PORCENTAJE
  from EMPLEADOS
```

NOMBRE	APELLIDOS	PORCENTAJE
Carlos	Jiménez Clarín	51.7241379310345
Elena	Rubio Cuestas	49.5143782136736
José	Calvo Sisman	48.2758620689655
Margarita	Rodríguez Garcés	50.4856217863264

PROCEDIMIENTOS

Los procedimientos son también bloques de código almacenados que a diferencia de las funciones no devuelven ningún valor. Bajo esta premisa su cometido es ligeramente distinto, puesto que no se espera un resultado tras finalizar su ejecución, aunque las acciones que haga el procedimiento y las posibles modificaciones de los datos que realice puedan verse como el resultado de su ejecución, pero un procedimiento no devuelve al punto desde el que se llamó un resultado propiamente dicho.

PROCEDIMIENTO MYSQL

Vamos a programar un procedimiento que actualice el precio de los productos de la tabla ARTICULOS en función de los precios que indica la tabla NOVEDADES.

Código 27.9

```
create procedure ACTUALIZA_PRECIOS()
begin
   update ARTICULOS as ART
     set PRECIO = ( select PRECIO
                    from NOVEDADES as NOV
                    where NOV.ID_ARTICULO = ART.ID_ARTICULO
                  )
   where exists (select 1
                 from NOVEDADES as NVD
                 where NVD.ID_ARTICULO = ART.ID_ARTICULO);
end;
```

Observe como en este caso se ha creado un procedimiento sin parámetros de entrada, en el que se ha incluido una instrucción UPDATE que vimos con anterioridad en el libro, por lo tanto un procedimiento permite, entre otras cosas, almacenar instrucciones DML. Este procedimiento puede ser llamado desde otro procedimiento o desde una consola SQL conectada al SGBD. En MySQL este procedimiento se ejecutaría desde la consola del siguiente modo:

Código 27.10
```
call ACTUALIZA_PRECIOS;
```

CURSORES

Con anterioridad en este capítulo se explicó el propósito de la cláusula INTO cuando se realizan consultas desde un procedimiento o función. Se explicó también que estas consultas deben devolver una única fila de resultado. ¿Cómo realizar entonces consultas de las que se esperan varios registros o filas de resultado y cómo podemos procesar cada una de ellas? Los cursores establecen el medio a tal propósito, permiten iterar registro a registro hasta procesarlos todos, uno a uno en cada iteración. Este tipo de operaciones requieren un bucle dentro del código, es decir, una instrucción que realiza tantas pasadas como registros devuelva la consulta y una vez los ha procesado todos continúa la ejecución del programa.

Construyamos un procedimiento que actualice los precios de los productos de la tabla ARTICULOS en función de los precios que indica la tabla NOVEDADES, pero enfoquemos el problema de distinta forma. Ahora lo que se pretende es recorrer la tabla NOVEDADES y para cada registro se realizará la actualización de ese identificador en la tabla ARTICULOS. En esta ocasión presentaremos el procedimiento con sintaxis Oracle y posteriormente se verá la versión MySQL, un tanto más tupida por cuestiones de la sintaxis que requiere cada uno de los lenguajes.

CURSOR ORACLE

```
código 27.11

create procedure ACTUALIZA_NOVEDADES is

    cursor C_NOVEDADES is
        select ID_ARTICULO, PRECIO
            from NOVEDADES;
begin

    for REGISTRO in C_NOVEDADES loop
        update ARTICULOS
            set PRECIO = REGISTRO.PRECIO
        where ID_ARTICULO = REGISTRO.ID_ARTICULO;
    end loop;
end;
```

En el procedimiento ACTUALIZAR_NOVEDADES se observa cómo se declara el cursor C_NOVEDADES como una consulta sobre la tabla NOVEDADES de la que se obtiene el identificador y el precio de todos los registros de la tabla. La instrucción FOR itera para cada registro que devuelve la consulta y los valores de cada fila se asignan a la estructura REGISTRO, que tiene tantas variables y del mismo nombre como campos se han indicado en la cláusula SELECT del cursor. Dentro del *loop* o bucle se procesa cada registro de la consulta actualizando la tabla ARTICULOS según la información que contiene cada registro. Observe como la estructura REGISTRO no es necesario declararla como ocurre con las variables. Esto es una particularidad de Oracle y ocurre solo con la instrucción FOR. De hecho la estructura REGISTRO solo es visible entre el LOOP y el END LOOP del FOR. De modo que no puede usarla al salir del bucle para por ejemplo conocer el identificador de la última iteración. Para ello debería salvar el valor dentro de una varialble previamente declarada.

CURSOR MYSQL

La versión MySQL de esta misma funcionalidad puede parecer muy complicada pero en realidad es más de lo mismo, solo que los recursos del lenguaje MySQL obligan a programarlo así. De hecho en Oracle también es posible programar un código muy parecido a este.

Código 27.12

```
create procedure ACTUALIZA_NOVEDADES()
begin

   declare V_ID_ARTICULO int;
   declare V_PRECIO float;
   declare V_HAY_REGISTROS boolean default true;

   declare C_NOVEDADES cursor for
           select ID_ARTICULO, PRECIO
              from NOVEDADES;
   declare continue handler for not found
           set V_HAY_REGISTROS = false;

   open C_NOVEDADES;
   fetch C_NOVEDADES into V_ID_ARTICULO, V_PRECIO;

   while V_HAY_REGISTROS do

      update ARTICULOS
         set PRECIO = V_PRECIO
       where ID_ARTICULO = V_ID_ARTICULO;

      fetch C_NOVEDADES into V_ID_ARTICULO, V_PRECIO;
```

```
    end while;
    close C_NOVEDADES;
end;
```

En esta ocasión es necesario declarar las variables a las que se asignarán los valores que recupera la consulta del cursor: V_ID_ARTICULO y V_PRECIO. Una variable booleana para controlar si se han procesado todos los registros que devuelve la consulta: V_HAY_REGISTROS. Se declara también el cursor C_NOVEDADES y una formalidad para cambiar el valor de la variable booleana V_HAY_REGISTROS a falso cuando al estirar el siguiente registro del cursor ya no existen más. Hay que reconocer que esto último es poco elegante, en Oracle por ejemplo no es necesario declarar la variable de control V_HAY_REGISTROS ya que el PL/SQL proporciona un modo de interrogar si se han agotado los registros del cursor sin necesidad de declarar variables de control.

La primera instrucción que aparece tras las declaraciones es OPEN que abre el cursor para empezar a estirar registros. Esto lo hace la instrucción FETCH, que asigna la primera fila del cursor a las variables V_ID_ARTICULO y V_PRECIO. A continuación empieza el bucle mediante la instrucción WHILE. Mientras la variable booleana V_HAY_REGISTROS valga cierto, entrará dentro del WHILE y realizará el UPDATE en la tabla ARTICULOS en función del contenido de las variables V_ID_ARTICULO y V_PRECIO. Antes de la siguiente iteración se vuelve a realizar un FETCH, es decir, se estira el siguiente registro del cursor y se asigna de nuevo a las variables V_ID_ARTICULO y V_PRECIO sobrescribiendo su contenido. Tras recorrer todas las filas que devuelve el cursor se realizará un último FETCH que al no encontrar más registros cambiará el valor de la variable V_HAY_REGISTROS a falso y la instrucción WHILE acaba siendo esa la última iteración. Por último se cierra el cursor C_NOVEDADES y finaliza la ejecución del procedimiento.

ANÁLISIS DESCENDIENTE

Los procedimientos y funciones resultan de gran ayuda para organizar el código. Por ejemplo, usted puede necesitar programar un procedimiento que realice una tarea tal que requiera de cientos de líneas de código. Es aconsejable dividir el problema en apartados más pequeños, es decir, en subtareas que programará en diversos procedimientos y funciones para después desde un procedimiento o función principal ir invocando cada uno ellos en el orden adecuado, teniendo así el algoritmo que resuelve su problema mejor organizado. De este modo usted tendrá un código más ordenado y le resultará más cómodo su mantenimiento.

El análisis descendiente es un estudio previo a la programación que divide en tareas más pequeñas el algoritmo en su conjunto. Una vez dividido el problema se realiza la programación de cada una de estas partes. Por último se programa el procedimiento o función principal que usará cada una de estas partes previamente programadas.

Veamos un símil de análisis descendiente en el mundo culinario: cocinar un pastel. Se trata de una tarea que podemos dividir en varias subtareas:

1. Preparar molde
2. Preparar ingredientes
3. Mezclar ingredientes
4. Elaborar masa
5. Llenar molde
6. Hornear molde

Cada una de estas subtareas se invocaría desde el procedimiento principal, que programaremos en pseudocódigo, del siguiente modo.

Pseudocódigo

```
programa PASTEL

   variable V_MASA_LISTA = falso
   variable V_MASA_HORNEADA = falso

   PREPARAR_MOLDE
   PREPARAR_INGREDIENTES
   MEZCLAR_INGREDIENTES
   mientras no V_MASA_LISTA hacer
      V_MASA_LISTA = ELABORAR_MASA
   fin mientras

   LLENAR_MOLDE
   mientras no V_MASA_HORNEADA hacer
      V_MASA_HORNEADA = HORNEAR_MOLDE
   fin mientras

fin programa
```

VIDEOJUEGO

Realicemos ahora en MySQL un ejemplo de análisis descendiente considerando el siguiente videojuego: acertar el número secreto. Para ello vamos a suponer que tenemos una tabla JUEGO, con cinco campos: ID_JUEGO, JUGADOR, NUMERO, INTENTOS y FINALIZADO, esta tabla contiene por ID_JUEGO un registro con el número secreto en el campo NUMERO y los intentos de acertarlo se van almacenando en el campo INTENTOS. El número secreto es un entero comprendido entre 0 y 999. Cada vez que el jugador aventure un número como solución, el juego debe responder si el número secreto es mayor al propuesto o bien es menor. En el caso de que el número propuesto sea igual al número secreto el juego acaba y se muestra el número de intentos que ha necesitado el jugador para acertarlo, además se actualizará el campo FINALIZADO del juego en curso. Dividamos el problema en subtareas.

1. Obtener juego (determina el juego en curso para un jugador, si no lo hay crea una nueva partida)
2. Obtener número secreto (obtiene el número secreto del juego en curso)
3. Incrementar intento (actualiza el número de intentos del juego en curso y devuelve los intentos realizados hasta el momento)
4. Finalizar juego (actualiza el campo FINALIZADO del juego en curso)

Empecemos a programar cada una de estas subtareas:

Código 27.13
```
create function OBTENER_JUEGO(P_JUGADOR char(30))
                returns int
begin
   declare V_JUEGO int;

   -- si no existe registro a V_JUEGO se le asigna nulo.
   select ID_JUEGO
     into V_JUEGO
     from JUEGO
    where JUGADOR = P_JUGADOR
      and FINALIZADO = 'N';

   if V_JUEGO is null then
      insert into JUEGO(JUGADOR, NUMERO)
      values (P_JUGADOR, round ( rand() * 999 ));

      select last_insert_id()
        into V_JUEGO;
```

```
      end if;
      return V_JUEGO;
end;
```

Para generar números aleatorios se usa la función RAND. Observe también como en el INSERT no se especifican todos los valores para todos los campos de la tabla JUEGO. Esto es debido a que se han definido valores por defecto al construir la tabla para los campos INTENTOS y FINALIZADO, que se inserta un cero y una 'N' respectivamente. Además el campo ID_JUEGO se ha definido como AUTO_INCREMENT, esto es una particularidad de MySQL que de forma automática encuentra valores para el campo ID_JUEGO que es clave primaria y los asigna para cada inserción. El modo de saber qué identificador ha asignado al nuevo registro es mediante la función LAST_INSERT_ID.

Código 27.14

```
create function OBTENER_NUMERO(P_JUEGO int) returns int
begin

   declare V_NUMERO int;

   select NUMERO
     into V_NUMERO
     from JUEGO
    where ID_JUEGO = P_JUEGO;

   return V_NUMERO;
end;
```

Código 27.15

```
create function INCREMENTAR_INTENTOS(P_JUEGO int) returns int
begin
    declare V_INTENTOS int;
    update JUEGO
        set INTENTOS = INTENTOS + 1
      where ID_JUEGO = P_JUEGO;

    select INTENTOS
      into V_INTENTOS
      from JUEGO
     where ID_JUEGO = P_JUEGO;

    return V_INTENTOS;
end;
```

Código 27.16

```
create procedure FINALIZAR_JUEGO(P_JUEGO int)
begin
    update JUEGO
        set FINALIZADO = 'S'
      where ID_JUEGO = P_JUEGO;
end;
```

Ahora una vez programadas todas las partes vamos a programar la función principal usando cada una de ellas para programar el videojuego. Necesitamos pasarle a esta función principal dos parámetros: el jugador, que es un nombre cualquiera que fijaremos al empezar una partida, y el número que aventuramos como solución. Para próximos intentos del mismo juego deberemos pasarle el mismo nombre de jugador, de lo contrario el algoritmo abrirá un nuevo juego.

Código 27.17

```
create function NUMERO_SECRETO(P_JUGADOR char(30),
                               P_NUMERO int)
               returns char(200)
begin
   declare V_JUEGO int;
   declare V_NUMERO int;
   declare V_INTENTOS int;
   declare V_RETORNO char(200);
    -- control de parametros de entrada
   if P_JUGADOR is null then
      return 'Debe indicar un nombre de jugador';
   elseif not (P_NUMERO >= 0 and P_NUMERO < 1000)
            or P_NUMERO is null then
      return 'Debe indicar un numero entre 0 y 999';
   end if;
   set V_JUEGO = OBTENER_JUEGO(P_JUGADOR);
   set V_NUMERO = OBTENER_NUMERO(V_JUEGO);
   set V_INTENTOS = INCREMENTAR_INTENTOS(V_JUEGO);

   if V_NUMERO = P_NUMERO then
      call FINALIZAR_JUEGO(V_JUEGO);
      set V_RETORNO = concat('Correcto, ha necesitado ',
                             V_INTENTOS, ' intentos');
   else
      if V_NUMERO < P_NUMERO then
         set V_RETORNO = 'El número secreto es menor que';
      elseif V_NUMERO > P_NUMERO then
         set V_RETORNO = 'El número secreto es mayor que';
      end if;

      set V_RETORNO = concat(V_RETORNO, ' ', P_NUMERO,
```

```
                                   '. Intentos: ', V_INTENTOS);
    end if;
    return V_RETORNO;
end;
```

Y ahora vamos a jugar:

Código 27.18

```
select NUMERO_SECRETO('test', 500)
```

NUMERO_SECRETO('TEST', 500)
El número secreto es mayor que 500. Intentos: 1

Código:

```
select NUMERO_SECRETO('test', 750)
```

NUMERO_SECRETO('TEST', 750)
El número secreto es menor que 750. Intentos: 2

Código:

```
select NUMERO_SECRETO('test', 600)
```

NUMERO_SECRETO('TEST', 600)
El número secreto es mayor que 600. Intentos: 3

Código:

```
select NUMERO_SECRETO('test', 625)
```

NUMERO_SECRETO('TEST', 625)
El número secreto es menor que 625. Intentos: 4

Código:

```
select NUMERO_SECRETO('test', 620)
```

NUMERO_SECRETO('TEST', 620)

Correcto, has necesitado 5 intentos

Puede acceder a la web sqlfacil.com y usar la consola SQL para probar el juego si lo desea.

Fíjese como en este videojuego que se acaba de mostrar se están usando consultas, es decir, *selects* para jugar. En estas consultas se está invocando la función NUMERO_SECRETO que indirectamente contiene instrucciones de inserción y actualización sobre la tabla JUEGO de la BD. Esto es conceptualmente una transgresión, ya que por definición las consultas no modifican información, sino que solo reúnen la información solicitada sin modificarla. Dependiendo del SGBD en el que trabaje, este le devolverá un error si pretende, como en el juego anterior, modificar la información de la BD desde una consulta invocando una función que ejecuta instrucciones de inserción, modificación o borrado.

RESUMEN

Los procedimientos almacenados y funciones de una BD permiten construir bloques de código donde se pueden programar tareas de diferente índole. En ellos se programa la lógica para desempeñar la tarea requerida.

Las funciones reciben como parámetros de entrada de cero a varios valores, y devuelven o retornan un único resultado o valor de salida al punto desde donde fueron invocadas. Los procedimientos, sin embargo, no devuelven ningún resultado sino que realizan diferentes acciones en función de los parámetros de entrada que pueden ser también de cero a varios valores.

Los procedimientos pueden usarse como almacén de instrucciones DML, como el procedimiento que actualiza los precios de la tabla ARTICULOS y que solo contiene una instrucción UPDATE. Pero también es posible elaborar lógica más sofisticada como en el procedimiento que actualiza la tabla ARTICULOS usando un cursor que recorre la tabla NOVEDADES.

Las funciones resultan de gran ayuda para realizar cálculos y obtener resultados desde las consultas y que de otro modo no podríamos resolver. Por tanto sin las funciones las consultas SQL perderían un recurso que limitaría notablemente sus posibilidades.

Tanto los procedimientos como las funciones son un potente recurso para la reutilización de código. Si se programan de forma genérica pueden ser invocadas desde diferentes puntos del código pasándoles en cada ocasión diferentes parámetros de entrada.

Para algoritmos complejos que requieran de cientos de líneas de código, o incluso aunque no sean tan extensos como es el caso del videojuego visto en este capítulo, es aconsejable dividir el algoritmo en subtareas que se implementan dentro de procedimientos y/o funciones para después desde un bloque de código principal ser invocados. Esto permite una mejor organización del código, es más cómodo de mantener dado que es más fácil para el desarrollador trazar el código y determinar dónde se debe establecer la corrección o mejora.

Aprender a programar procedimientos y funciones en una BD y en general aprender a desarrollar programas, no es algo que se consiga con unas pocas horas de teoría y práctica. Usted debe empezar realizando pequeños programas a modo de ejercicios que le permitirán ir adquiriendo los conocimientos, descubrir los recursos de los lenguajes y adquirir la técnica para abordar diferentes situaciones. En definitiva es un camino que debe recorrer trabajando la materia.

Programar es una tarea que requiere creatividad, no se conforme con que el programa funcione y realice las operaciones correctamente, intente desarrollar un código eficiente, bien estructurado y organizado. No duplique código que podría perfectamente encapsular en funciones genéricas para su reutilización. Intente ser metódico en sus desarrollos, realice un análisis descendiente de sus algoritmos y no improvise. Usted está desarrollando un producto, intente darle un mínimo de calidad al código y no se centre solo en la parte visible del programa, la que el usuario ve. En resumen, intente trabajar bien. Probablemente al principio no lo logrará, pero proponérselo en cada desarrollo le permitirá con el tiempo adquirir esa virtud.

EJERCICIOS

Ejercicio 1

En este capítulo se ha construido la función MAYOR, que recibe dos enteros como parámetros de entrada y devuelve el mayor de los dos valores como resultado de salida.

Código 27.19

```
create function MAYOR (P_VALOR_1 int,
                       P_VALOR_2 int) returns int
begin
   declare V_RETORNO int;

   if P_VALOR_1 > P_VALOR_2 then
      set V_RETORNO = P_VALOR_1;
   else
      set V_RETORNO = P_VALOR_2;
   end if;

   return V_RETORNO;
end;
```

Esta función contiene un error, o mejor dicho, no trata la posibilidad que los parámetros de entrada contengan un valor nulo, de modo que si el primer parámetro contiene un valor nulo, la condición del IF no se cumplirá y la función retornará el valor del segundo parámetro como el mayor de los dos. Esto no es correcto, si uno de los parámetros contiene un valor nulo el resultado de la función MAYOR debe devolver un valor nulo o indeterminado, puesto que no se puede determinar cuál es mayor de los dos.

Modifique la función MAYOR para que si cualquiera de los dos parámetros de entrada contiene un valor nulo, la función retorne un valor nulo o indeterminado como resultado de la operación. Puede tomar como patrón el IF que aparece en la función NUMERO_SECRETO, donde se establece un IF con varias condiciones de modo que se ejecute el código de la primera condición que se cumpla.

Ejercicio 2

Construya la función de MySQL:

Código 27.20
```
create function ES_PAR(P_VALOR int) returns char(2)
begin
   -- implemente el código aquí
end;
```

La función debe devolver 'SI' si el número es par y 'NO' en caso contrario. Puede ayudarse de la función nativa MOD(divisor, dividendo) que devuelve el módulo o resto de una división. Advierta que si dividimos un número entero entre dos y el resto es cero, el número es par, de lo contrario es impar.

Pruebe a ejecutar la siguiente consulta en la consola SQL:

Código 27.21

```
select 5 as NUMERO, mod(5,2) as RESTO_ENTRE_2
union all
select 8, mod(8,2)
```

Es raro que mantener el código de otro desarrollador sea como entrar en un edificio de gran diseño que admiras mientras paseas por él y planeas cómo añadirle un ala o algún elemento decorativo. Lo más frecuente es que sea como tirarse de cabeza a un gran montón de basura maloliente.

Bill Venners

Capítulo 28

TRIGGERS

Los *triggers* o disparadores de una BD son objetos asociados a las tablas que contienen lógica o código procedimental, muy parecido a lo que encontramos dentro de un procedimiento o función. El desarrollador puede realizar «pequeños» programas que se ejecutarán tras darse el evento que dispara el *trigger*.

CREATE TRIGGER

Para crear los disparadores en la BD se usa la instrucción CREATE TRIGGER, que forma parte del conjunto de instrucciones DDL. Al crear un disparador se deberá especificar a qué tabla está asociado y qué evento lo dispara. Un *trigger* lo puede disparar una instrucción de INSERT, DELETE o UPDATE sobre su tabla asociada. Debe también especificarse si se dispara antes o después de insertar, eliminar o modificar un registro. Por otro lado también es posible indicarle si se dispara para cada registro que elimine o modifique la instrucción, o bien una sola vez por instrucción, es decir, independientemente del número de registros que la instrucción elimine o modifique, el disparador se ejecuta una sola vez. Lo más habitual es que los disparadores se ejecuten para cada registro de la tabla y rara vez encontraremos casos donde se diseñen para ejecutarse una sola vez por instrucción DML.

EJEMPLO MYSQL

En capítulos anteriores se explicó que tras ejecutar la siguiente instrucción de actualización, los artículos cuyo identificador no figure en la tabla NOVEDADES serán actualizados con un valor nulo en el campo PRECIO. Esto ocurre debido a que para estas referencias la subconsulta no encuentra el dato, tal como ya se trató.

Código 28.1

```
update ARTICULOS as ART
   set PRECIO = ( select PRECIO
                    from NOVEDADES as NOV
                  where NOV.ID_ARTICULO = ART.ID_ARTICULO
              );
```

El asunto quedó resulto modificando la instrucción. Vamos a ver ahora otro modo de evitar la actualización a nulo a través de un *trigger*. Para ello crearemos un disparador asociado a la tabla ARTICULOS que se ejecute antes de modificar cada registro.

Código 28.2.1

```
create trigger ARTICULOS_TRG
before update on ARTICULOS for each row
begin
   if NEW.PRECIO is null then
      set NEW.PRECIO = OLD.PRECIO;
   end if;
end;
```

Este *trigger* se disparará antes de modificar la tabla ARTICULOS ya que se ha indicado BEFORE UPDATE en su construcción, y lo hará para cada registro que modifique la instrucción UPDATE, ya que se ha indicado FOR EACH ROW.

Entre el BEGIN y el END se implementa la lógica que debe ejecutarse. Observe como precediendo a los campos de la tabla, en este caso el campo PRECIO, se indica si se está haciendo referencia al nuevo valor "NEW.PRECIO", o bien al que ya existe en el registro que se va a actualizar "OLD.PRECIO". Si analizamos el código de este disparador se aprecia que en el caso de que se esté actualizando el precio a nulo se cumple la condición de la instrucción IF, es decir, NEW.PRECIO contendrá un valor nulo y se ejecutará la instrucción SET que hay dentro del IF, esta instrucción asigna el valor OLD.PRECIO a NEW.PRECIO, que es el valor que se acabará actualizado. De este modo el _trigger_ garantiza que por mucho que nos empeñemos en actualizar los precios a nulo, en tal caso, los registros mantendrán el valor que el campo PRECIO ya contiene, es decir, no actualizará el valor del campo PRECIO, puesto que el disparador cambia el valor nulo por el valor que tiene el registro. Recuerde que en este caso el trigger se ha definido como BEFORE UPDATE.

Con esto usted ya conoce uno de los propósitos que nos pueden llevar a construir un disparador: tratar y determinar los datos que finalmente se actualizarán justo antes de modificar un registro.

Los disparadores tiene la capacidad por tanto de procesar información, justo antes o después de una instrucción DML, pudiendo, si se ejecutan antes de actualizar o insertar, cambiar los valores que se acabarán guardando.

Siguiendo con este recurso, vamos a modificar el _trigger_ anterior para que además de tratar la posible actualización a nulo del precio de un artículo, guarde en el campo AUDITORIA de la tabla el día y la hora de la última actualización. De este modo no es necesario indicar explícitamente la actualización de este dato tal como se mostró en el capítulo 26, sino que pasará a estar implícito en la instrucción de actualización gracias al disparador.

Código 28.2.2

```
create TRIGGER ARTICULOS_TRG
before update on ARTICULOS for each row
begin
   if NEW.PRECIO is null then
      set NEW.PRECIO = OLD.PRECIO;
   end if;

   set NEW.AUDITORIA = localtime;
end;
```

Con esto usted se asegura de que en todo registro se guarde la fecha y hora de la última vez que fue actualizado. Liberando al desarrollador que realiza o programa las actualizaciones.

MANTENER TABLAS DESDE *TRIGGERS*

Vamos a exponer un ejemplo de cómo se puede mantener una tabla en función de la información que fluctúa en otra tabla. Supongamos la tabla LINEAS_FACTURA que es una entidad débil de su maestro FACTURAS. Esta tabla identifica los registros con ayuda de una clave primaria compuesta: ID_FACTURA, ID_LINEA. Además tiene los siguientes campos: ID_ARTICULO, CANTIDAD, PRECIO y TOTAL_LINEA.

ID_FACTURA	ID_LINEA	ID_ARTICULO	CANTIDAD	PRECIO	TOTAL_LINEA
1	1	2	3	9.26	27.78
1	2	4	2	1	2
1	3	3	4	1.65	6.6

Lo que se pretende es tener siempre actualizado el campo TOTAL_FACTURA de la tabla FACTURAS cada vez que cambia la información en la tabla LINEAS_FACTURA. Además se debe calcular el campo TOTAL_LINEA de la propia tabla LINEAS_FACTURA. Para ello se van a crear tres disparadores MySQL, uno para cada tipo de instrucción: INSERT, DELETE y UPDATE.

ID_FACTURA	TOTAL_FACTURA	FECHA_FACTURA
1	36.38	2013-11-02

Para INSERT:

Código 28.3

```
create TRIGGER LINEAS_FACTURA_INS_TRG
before insert on LINEAS_FACTURA for each row
begin
   set NEW.TOTAL_LINEA =  NEW.PRECIO * NEW.CANTIDAD;
   update FACTURAS
      set TOTAL_FACTURA = TOTAL_FACTURA + NEW.TOTAL_LINEA
    where ID_FACTURA = NEW.ID_FACTURA;
end;
```

Para DELETE:

Código 28.4

```
create TRIGGER LINEAS_FACTURA_DEL_TRG
after delete on LINEAS_FACTURA for each row
begin
   update FACTURAS
      set TOTAL_FACTURA = TOTAL_FACTURA - OLD.TOTAL_LINEA
    where ID_FACTURA = OLD.ID_FACTURA;
end;
```

Para UPDATE:

Código 28.5

```
create TRIGGER LINEAS_FACTURA_UPD_TRG
before update on LINEAS_FACTURA for each row
begin
   -- declaración de variables
   declare V_VARIACION float;

   -- calculos
   set NEW.TOTAL_LINEA = NEW.PRECIO *  NEW.CANTIDAD;
   set V_VARIACION = NEW.TOTAL_LINEA - OLD.TOTAL_LINEA;

   -- actualizacion del total factura
   update FACTURAS
      set TOTAL_FACTURA = TOTAL_FACTURA + V_VARIACION
    where ID_FACTURA = NEW.ID_FACTURA;
end;
```

Estos disparadores van manteniendo siempre calculado el importe total de la factura en función de la información de las líneas que componen la factura. Observe como en el caso de insertar no tiene sentido hablar de valores OLD puesto que el registro se está creando, de modo que los valores OLD de los campos contendrán valores nulos. En el caso de eliminar registros ocurre lo mismo pero a la inversa: no tiene sentido hablar de valores NEW puesto que no se aporta nueva información sino que se elimina la que existe, por lo tanto los valores NEW de los campos serán nulos. No ocurre así cuando se actualizan datos, donde sí varían los valores NEW y OLD dentro del trigger para los campos que actualice la instrucción UPDATE.

En el disparador asociado a la instrucción DELETE se ha definido que se ejecute después de borrar el registro, mientras que los otros dos disparadores lo hacen antes de insertar y modificar el registro. Es necesario que se disparen antes de insertar o modificar puesto que se está calculando el campo de la propia tabla TOTAL_LINEA, por lo que si se ejecutaran después de la instrucción ya no es posible asignar un valor para que se guarde en tabla, por lo tanto en disparadores AFTER no se puede cambiar el valor de los valores NEW, para ello debe diseñarse el *trigger* como BEFORE, es decir, que se ejecute antes de la instrucción DML. Al eliminar en este caso una línea de la factura, solo será necesario recalcular el total de la factura en la tabla maestra, y no el campo TOTAL_LINEA, puesto que se está eliminando la línea. Por lo tanto es indiferente que el *trigger* se ejecute antes o después de eliminar el registro, ya que en ambos casos se puede realizar la actualización de la tabla maestra FACTURAS.

EJEMPLO EN ORACLE

En Oracle es posible integrar toda la funcionalidad en un solo disparador que se ejecute cuando se inserte, se actualice o bien se elimine un registro. El siguiente disparador Oracle integra toda la funcionalidad expuesta en el anterior ejemplo:

```
Código 28.6
create or replace trigger LINEAS_FACTURA_TRG
   before insert or delete or update
   on LINEAS_FACTURA
   for each row
declare
   v_linea_new number;
   v_linea_old number;
   v_variacion number;

begin
   -- inicialización de variables
   v_linea_new := 0;
   v_linea_old := 0;
```

```
-- calculos en funcion de la instruccion que dispara
if inserting or updating then
   v_linea_new := :NEW.PRECIO * :NEW.CANTIDAD;
   :NEW.TOTAL_LINEA := v_linea_new;
end if;

if deleting or updating then
   v_linea_old := :OLD.TOTAL_LINEA;
end if;

v_variacion := v_linea_new - v_linea_old;

-- actualizacion del total factura
update FACTURAS
   set TOTAL_FACTURA = TOTAL_FACTURA + v_variacion
 where ID_FACTURA = nvl(:NEW.ID_FACTURA, :OLD.ID_FACTURA);
end;
```

Este disparador va manteniendo siempre calculado el importe total de la factura en función de la información de las líneas que componen la factura. Oracle permite integrar la funcionalidad en un solo disparador gracias a las variables booleanas: INSERTING, DELETING y UPDATING que tomarán valores cierto o falso dependiendo de qué instrucción haya disparado el *trigger*. Mediante condicionantes en el código puede realizar, tal como muestra el ejemplo, diferentes acciones acordes al objetivo o propósito que le llevó a construir el *trigger*.

RESTRICCIONES

Un mensaje de error típico que se nos puede presentar en tiempo de ejecución en un disparador es: «La tabla está mutando». Este error ocurre cuando se accede desde el disparador a la misma tabla que lo ha disparado. Si por ejemplo usted necesita saber cuántos registros contiene la tabla para realizar algún cálculo y asignarlo a un valor NEW antes de insertar un nuevo registro, se le puede ocurrir realizar un recuento de registros de la tabla dentro del disparador, pero esa tabla es la misma en que se está insertando un nuevo registro, por lo que no es accesible dentro del disparado. Por tanto usted puede acceder, actualizar, eliminar, insertar en las tablas de la BD dentro de un disparador, exceptuando la propia tabla que ha disparado el *trigger*.

Otra restricción, por otra parte lógica, es que no se pueden realizar asignaciones dentro de un disparador a valores NEW en el caso de que el disparador se ejecute después de insertar o modificar un registro, para ello el disparador debe ejecutarse antes de insertar o modificar el registro. Tampoco podrá asignar un valor NEW en el caso que se esté eliminando un registro, se ejecute antes o después de ser eliminado, en este caso no tiene ningún sentido puesto que el registro dejará de existir.

RESUMEN

Los *triggers* o disparadores permiten procesar datos durante la inserción, modificación o eliminación de registros de una tabla. Permiten tanto cambiar los valores que serán insertados o modificados, como realizar todo tipo de acciones sobre otras tablas de la BD.

Los valores NEW serán nulos si se está eliminando un registro, y los valores OLD serán los que contiene el registro a eliminar. Del mismo modo pero a la inversa los valores OLD serán nulos si se está insertando un registro, y los NEW serán los indicados en la instrucción INSERT. En la operación de actualización los valores NEW serán los que contiene el registro salvo para los campos que está actualizando la instrucción UPDATE, que tomarán los valores indicados en la propia instrucción. Los valores OLD serán los que ya contiene el registro a actualizar.

No realice accesos dentro del *trigger* a la tabla que lo dispara, ya que la tabla está mutando y esto provocaría un error en tiempo de ejecución. Tampoco asigne valores

NEW en el caso de eliminar registros o bien en disparadores que se ejecutan después de insertar o modificar registros. Esto provocará un error en tiempo de ejecución.

Los disparadores ofrecen grandes posibilidades de procesamiento de datos durante la ejecución de una instrucción DML, por el contrario ofuscan en cierto modo las propias instrucciones DML, ya que se puede estar insertando un valor en un campo para que el disparador lo cambie justo antes de realizar la inserción. El operador que realiza la inserción puede llegar a pensar que hay brujas si no cae en la cuenta de que un disparador le está confundiendo. La ventaja más clara a destacar sobre los disparadores además de las vistas durante el capítulo, es el hecho de que al margen de dónde venga la instrucción DML (página web, interfaz de usuario, consola SQL, proceso automático, etc.) un supuesto tratamiento *preinsert* por ejemplo, que es requerido por la actividad e importante para el buen funcionamiento de la misma, queda encapsulado en el disparador y siempre se realiza, garantizando así su ejecución y liberando en cierto modo a los desarrolladores que programan la inserciones desde las distintas posibles interfaces de usuario o procesos automáticos de mantenimiento de datos.

EJERCICIOS

Ejercicio 1

Construya un disparado llamado ARTICULOS_INS_TRG para MySQL que garantice que, al insertar un nuevo registro en la tabla ARTICULOS se guarda la fecha y hora de la inserción en el campo AUDITORIA.

Ejercicio 2

Supongamos que usted gestiona una base de datos de una empresa que distribuye una gran variedad de productos, por lo que el maestro de productos de esta BD es una gran tabla que contiene cientos de miles de registros. Para cada producto que cambia de precio debe realizarse un cálculo un tanto pesado para el *hardware*, que realiza un proceso nocturno todos los días.

Sabiendo que el programa nocturno procesa aquellos registros de la tabla PRODUCTOS cuyo campo RECALCULAR contiene una «S», y que una vez finaliza el cálculo actualiza el campo RECALCULAR con una «N», construya un disparador sobre la tabla PRODUCTOS para que cuando cambie el campo PRECIO marque el registro para su recálculo guardando una «S» en el campo RECALCULAR.

Puede realizarlo tomando como modelo los disparadores de ejemplo en MySQL o en Oracle que aparecen en este capítulo. Encontrará la solución para ambos SGBD al final del libro en el apartado de soluciones.

Obtener información de Internet es como intentar beber agua de una boca de incendios.

Mitchell Kapor

Capítulo 29

SÍNTESIS DE LA TERCERA PARTE

FUNCIONES NATIVAS

Las funciones permiten formatear fechas, manipular cadenas, redondear números... y un sinfín de funcionalidades que son de gran ayuda sobre todo en las consultas SQL, aunque también es posible aplicarlas a las instrucciones DML de inserción y modificación.

Las funciones esperan parámetros con los que, en función de estos y aplicados al algoritmo que implementa la función, retornar un valor como resultado. Este valor será considerado como un campo de tabla o un valor constante por la instrucción DML. El tipo de dato de los parámetros y el tipo de dato que retorna la función dependerá de la especificación de cada función.

Las funciones en ocasiones permiten agrupar por valores que de otro modo sería imposible, por ejemplo, agrupar datos por año cuando la fuente del año es un campo de tipo fecha. Otras veces nos simplificarán el trabajo pudiendo obtener el resultado en la propia consulta evitando así un tratamiento posterior por código, es decir, desde el programa donde se lanza la consulta, por ejemplo php o java.

SUBCONSULTAS

Las subconsultas son un recurso de gran ayuda para obtener, con diferentes propósitos, información de la DB para desarrollar consultas o para actualizar datos.

Dentro de una consulta las clasificamos en tres categorías:

1. **En cláusula SELECT:** Deben devolver un solo dato, es decir, una única fila con una sola columna. La subconsulta se ejecutará tantas veces como registros devuelva la consulta principal, y pueden usarse referencias de la consulta principal dentro de la subconsulta, con el propósito de filtrar la información que devuelve la subconsulta.

2. **En cláusula FROM:** Se usan como fuente de datos. La subconsulta puede verse como una tabla con tantos campos y registros como columnas y filas de resultado devuelve la subconsulta. En este caso las subconsultas se ejecutan una sola vez por instrucción.

3. **En cláusula WHERE:** Para el filtraje de registros. Los valores por los cuales se filtra los determina la subconsulta. Que se ejecutará una sola vez siempre que esta establezca una lista de valores posibles, y se ejecutará para cada registro de la consulta principal en el caso de usar el operador EXISTS, en cuyo caso se usan referencias de la consulta principal dentro de la subconsulta para determinar si existen o no registros.

En la actualización de datos las subconsultas determinan el dato a reemplazar o a actualizar, por lo que una subconsulta solo puede actualizar un solo campo, aunque en la instrucción UPDATE pueden aparecer más campos, pudiendo cada uno de ellos obtener el valor a actualizar mediante una subconsulta. Estas subconsultas se ejecutarán para cada registro que la instrucción UPDATE determine que hay que actualizar, y lo habitual será que aparezcan referencias del registro que se está actualizando dentro de la subconsulta para determinar qué dato se asigna a ese registro.

VISTAS

Las vistas son consultas almacenadas en la BD, pero su funcionalidad no acaba aquí, ya que es posible usarlas en la construcción de consultas como si de tablas físicas se tratase y por tanto ser reutilizadas cuando sea necesario. Esto se entiende abstrayendo el concepto de tabla y considerando el conjunto de filas y columnas de resultado de una consulta como el conjunto de registros y campos que una tabla física almacena.

Cuando una vista interviene en una consulta la información que la vista recupera es siempre dinámica, por tanto el motor SQL debe reunirla en memoria, es decir, ejecutar la consulta implícita de la vista, antes de resolver la consulta principal en su conjunto. Obviamente cualquier filtro que aparezca en la consulta principal y que afecte a la consulta implícita de la vista será considerado por el motor al reunir la información de la vista si le es posible, no tendría sentido llevar filas de resultado a memoria sabiendo que esa información no va a ser usada debido a un filtro en la consulta principal.

INSERCIONES MASIVAS

Se han descrito en el libro tres modos de realizar inserciones masivas en tablas de la BD:

1. CREATE TABLE as SELECT.
2. INSERT as SELECT.
3. Generar script de inserciones mediante SELECT.

Estos recursos de inserción resultan especialmente útiles para realizar copias de datos para por ejemplo garantizar el no perder información si se está trabajando en una secuencia de instrucciones que realizan cambios sustanciales en los datos y se comete un error. También resultan útiles para, por ejemplo, archivar datos en tablas de historia que se nutren de tablas de trabajo, que solo contienen información relativa a casos en curso, y, una vez se cierran, se mueven de la tabla de trabajo a la tabla de histórico. Pueden usarse también como recurso de migración de datos aunque en tal caso suele ser más efectivo usar algún *software* de ayuda que genere los *scripts* con el conjunto de instrucciones que describen la estructura e información de una BD o una parte de ella.

En general puede usar este recurso para mover o copiar datos entre tablas dentro de una misma BD o para migrar datos a otros SGBD generando los *scripts* de migración.

FUNCIONES Y PROCEDIMIENTOS ALMACENADOS

Las funciones y procedimientos definidos por el usuario dotan a los SGBD de una potente y flexible herramienta para el procesamiento de información. La versatilidad que ofrece este recurso permite construir y almacenar algoritmos en el núcleo de la BD para realizar tareas de diferente índole y ser ejecutados de forma periódica o cuando se estime oportuno.

Esta funcionalidad se asemeja más conceptualmente a los lenguajes de programación que al lenguaje de consulta SQL y resto de instrucciones DML. Si usted domina la programación imperativa comprobará que tiene mucho camino recorrido. Si no ha programado nunca deberá iniciarse en ello. Aunque en el mercado se demande mucho la tecnología, es decir, el lenguaje de programación para optar a las vacantes, en realidad no es tan importante dominar un lenguaje como la capacidad que el profesional presente para adaptarse a ese lenguaje. Es parecido a lo que le pasa a un percusionista, no depende tanto de si le ponen delante unos bongos o una batería, un tambor o una caja. El percusionista ha trabajado el sentido del ritmo, por lo que una vez tiene desarrollado este sentido, no le resultará complicado adaptarse a un nuevo instrumento de percusión. Por tanto un percusionista que nunca ha tocado un instrumento pero que al tocar otros es un reloj, no pierde el ritmo y entra siempre a tiempo, será seguramente mejor candidato que otro que domina el instrumento pero presenta carencias en momentos puntuales manteniendo el ritmo. En el mundo que nos ocupa un desarrollador que posee creatividad conceptual, es resolutivo y encuentra soluciones a problemas de forma ágil y eficiente, es seguramente más capaz que un desarrollador que aun conociendo muy bien un lenguaje presenta carencias o le cuesta encontrar la estrategia para abordar un problema concreto, o bien la solución que aporta la ha complicado en exceso. Al principio el segundo será más productivo que el primero, pero a corto y medio plazo lo más probable es que se vea superado. Esta capacidad es lo más difícil de alcanzar. Cuanta más experiencia se tenga mayor capacidad de adaptación tendrá y por tanto menor período de adaptación necesitará para aprender un nuevo lenguaje.

TRIGGERS

Los *triggers* o disparadores son bloques de código que se ejecutan o son disparados al insertar, modificar o eliminar registros de una tabla de la BD. Dentro de los *triggers* puede implementarse lógica o código como en las funciones y procedimientos, pueden invocarse funciones nativas o definidas por el usuario así como procedimientos nativos o definidos por el usuario.

Este recurso resulta de gran ayuda para focalizar la lógica que debe aplicarse a una instrucción DML, de modo que no importe desde qué parte del sistema se ejecute la instrucción DML, ya que el disparador garantiza que siempre se aplique el tratamiento. Esta centralización libera a los desarrolladores de tener que implementar la lógica que ya implementa el *trigger*, independientemente del punto del sistema desde donde se invoque la instrucción DML.

Salvo en el paso de parámetros y en algunas restricciones y particularidades que presentan los disparadores, programar un *trigger* se asemeja a la programación de una función o procedimiento en cuanto a set de instrucciones que el lenguaje permite y el modo en que las usamos. Conceptualmente, sin embargo, son muy diferentes. Los disparadores están diseñados para ser ejecutados tras una instrucción DML de inserción, modificación o borrado, mientras que las funciones y procedimientos encapsulan fragmentos de código que pueden ser invocados y reutilizados desde procesos automáticos, interfaces de usuarios, e incluso desde dentro de los propios disparadores. Por tanto los procedimientos y funciones cubren o dan respuesta a cuestiones más genéricas que los disparadores, que se diseñan para una tabla en concreto y se implementa en ellos el tratamiento a aplicar cuando cambia la información de dicha tabla.

EJERCICIOS

En general en el ámbito de los entornos de programación, y en particular en el de las BBDD, Internet resulta de gran ayuda para ampliar el conocimiento de la materia, investigar aspectos que desconocemos, como abordar e implementar una necesidad que se nos presenta etc. Internet se ha consolidado por tanto como un potentísimo recurso al cual acudir para obtener información. En esta ocasión se plantean dos ejercicios para trabajar esto.

Ejercicio 1

En el capítulo 13 del libro se trató cómo unir dos consultas mediante el operador UNION y UNION ALL. Para ello ambas consultas debían devolver el mismo número de columnas y debían ser del mismo tipo. Investigue con ayuda de Internet y aprenda la funcionalidad de los operadores: MINUS e INTERSECT. Estos operadores se aplican de igual modo que UNION y UNION ALL, pero tienen distinta funcionalidad.

Ejercicio 2

A lo largo del libro se ha usado el operador IN para filtrar registros cuyos valores de un campo coinciden con algún valor de una lista de valores posibles, ya sea una lista de valores constantes o una lista de valores que devuelve una subconsulta. Investigue con ayuda de Internet la funcionalidad de los operadores: ANY y ALL. Estos operadores se aplican de igual modo que IN, pero tienen distinta funcionalidad.

Cuarta Parte

Hacer lo simple complicado es bastante corriente;
hacer lo complicado simple, sorprendentemente
simple, eso es la creatividad.

Charles Mingus

Capítulo 30

APLICACIÓN SQL

En este último capítulo del libro se va a desarrollar a modo de ejemplo una pequeña aplicación donde se pretende mostrar las fases a nivel de BD para el desarrollo de una aplicación.

Primero esquematicemos las fases de esta aplicación de ejemplo:

- Toma y análisis de requerimientos.
- Modelo entidad-relación.
- Creación de la estructura o modelo de datos.
- Creación de claves primarias y foráneas de las tablas.
- Inserción de registros en las tablas.
- Informes o explotación de datos.

ANÁLISIS DE REQUERIMIENTOS

Para analizar los requerimientos primero debemos conocer cuáles son, así pues consideremos lo siguiente:

Requerimientos

Se necesita una aplicación que permita gestionar las apuestas de quinielas futbolísticas para un único apostante, es decir, para uno mismo. La aplicación deberá ser capaz de escrutar los pronósticos una vez se tiene el resultado de la jornada, e informar de cuántos aciertos se han logrado. No es necesario que gestione los gastos y premios ni apuestas múltiples (con dobles y/o triples). En general deberá permitir mantener los datos referentes a las jornadas de liga y a las quinielas para explotar los datos referentes a los aciertos.

Análisis

Dadas estas especificaciones debemos conocer esencialmente cómo funcionan las quinielas futbolísticas. En el mundo del fútbol podemos afirmar que se convocan jornadas en las que se organizan eventos. En estos eventos participan equipos, y sobre estos eventos se pronostican resultados a 1, X, 2. El conjunto de pronósticos sobre los eventos de una misma jornada es lo que se llama quiniela. Y el conjunto de resultados de los eventos de una misma jornada es lo que se llama combinación ganadora.

Entidades

Del análisis anterior proponemos las siguientes entidades:

- EQUIPOS
- JORNADAS
- EVENTOS
- QUINIELAS
- PRONÓSTICOS

MODELO ENTIDAD-RELACIÓN

Mostremos primero el diagrama resultante:

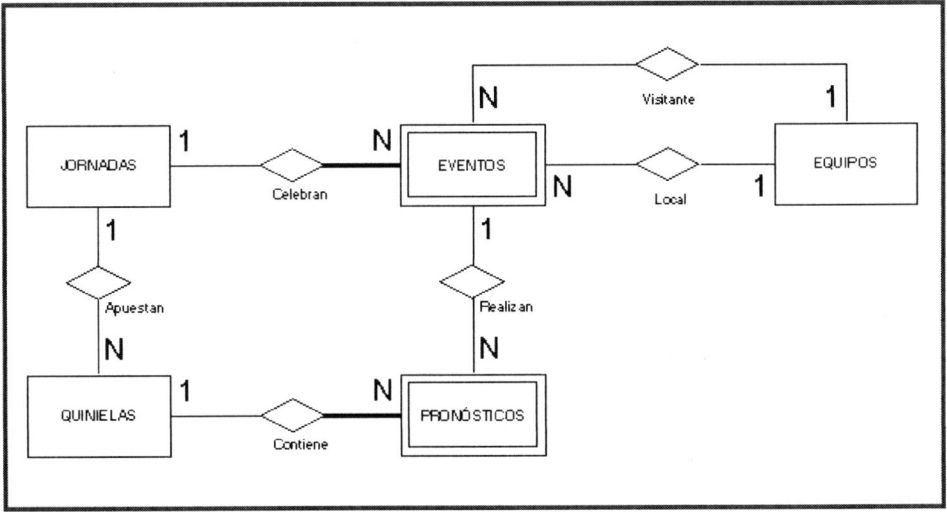

Y estos son los razonamientos que se hicieron mientras se elaboraba el diagrama de los cuales se obtiene la cardinalidad de las relaciones.

- En una jornada se organizan varios eventos mientras que un evento se celebra en una jornada. Eventos es una entidad débil dependiente de jornadas.
- Un equipo participa en varios eventos como local mientras que en un evento solo hay un equipo local.
- Un equipo participa en varios eventos como visitante mientras que en un evento solo hay un equipo visitante.
- En una jornada se sellan varias quinielas mientras que una quiniela solo es válida para una jornada.
- En una quiniela se realizan varios pronósticos mientras que un pronóstico pertenece a una quiniela concreta. Pronósticos es una entidad débil dependiente de quinielas.
- Sobre un evento se realizan varios pronósticos mientras que un pronóstico pertenece a un evento concreto.

Las entidades EVENTOS y PRONOSTICOS se han considerado débiles. Por lo tanto la clave primaria de estas entidades será compuesta interviniendo en ella la clave foránea de la entidad fuerte de la que dependen. EVENTOS depende de JORNADAS, y PRONÓSTICOS depende de QUINIELAS.

Atributos de cada entidad

Este apartado se debería integrar en el modelo entidad-relación, en su lugar lo haremos aparte con la intención de no cargar el diagrama, de modo que el modelo presentado con anterioridad es un modelo simplificado. En la primera columna de la siguiente propuesta de atributos se especifica el nombre del atributo, en la segunda el tipo de dato, en la tercera si puede ser o no nulo, y en la cuarta columna, si se tercia, si es clave primaria, foránea, o los posibles valores si es un campo codificado.

EQUIPOS:

CAMPO	TIPO	NULO?	COMENTARIO
ID_EQUIPO	numérico	no nulo	clave primaria
EQUIPO	cadena(30)	no nulo	

JORNADAS:

CAMPO	TIPO	NULO?	COMENTARIO
ID_JORNADA	numérico	no nulo	clave primaria
NOMBRE	cadena(30)	no nulo	
FECHA	fecha	no nulo	
DISPUTADA	cadena(1)	no nulo	posibles valores: ('S' , 'N') S -> sí , N -> No

EVENTOS:

CAMPO	TIPO	NULO?	COMENTARIO
ID_JORNADA	numérico	no nulo	clave primaria
ID_EVENTO	numérico	no nulo	clave primaria
LOCAL	numérico	no nulo	clave foránea de la entidad EQUIPOS
VISITANTE	numérico	no nulo	clave foránea de la entidad EQUIPOS
RESULTADO	cadena(1)	nulo	posibles valores: ('1' , 'X' , '2')

QUINIELAS:

CAMPO	TIPO	NULO?	COMENTARIO
ID_QUINIELA	numérico	no nulo	clave primaria
ID_JORNADA	numérico	no nulo	clave foránea de la entidad JORNADAS
NOMBRE	cadena(30)	nulo	
ESCRUTADA	cadena(1)	no nulo	posibles valores: ('S', 'N') S -> sí, N -> No
ACIERTOS	numérico	nulo	

PRONÓSTICOS:

CAMPO	TIPO	NULO?	COMENTARIO
ID_QUINIELA	numérico	no nulo	clave primaria
ID_PRO	numérico	no nulo	clave primaria
ID_JORNADA	numérico	no nulo	clave foránea de la entidad EVENTOS junto con ID_EVENTO
ID_EVENTO	numérico	no nulo	clave foránea de la entidad EVENTOS junto con ID_JORNADA
PRONOSTICO	cadena(1)	no nulo	posibles valores: ('1' , 'X' , '2')

CREACIÓN DE TABLAS Y CLAVES PRIMARIAS

Tabla **EQUIPOS**:

Código 30.1

```
create table EQUIPOS (
  ID_EQUIPO int        not null,
  EQUIPO    varchar(30) not null
);
```

Clave primaria de **EQUIPOS**:

Código 30.2

```
alter table EQUIPOS
  add constraint primary key EQUIPOS_PK (ID_EQUIPO);
```

Tabla **EVENTOS:**

Código 30.3
```
create table EVENTOS (
  ID_JORNADA int        not null,
  ID_EVENTO  int        not null,
  LOCAL      int        not null,
  VISITANTE  int        not null,
  RESULTADO  varchar(1) null
);
```

Clave primaria de **EVENTOS:**

Código 30.4
```
alter table EVENTOS
add constraint primary key EVENTOS_PK (ID_JORNADA,ID_EVENTO);
```

Tabla **JORNADAS:**

Código 30.5
```
create table JORNADAS (
  ID_JORNADA int        not null,
  NOMBRE     varchar(30) not null,
  FECHA      date        not null,
  DISPUTADA  varchar(1)  not null default 'N'
);
```

Clave primaria de **JORNADAS:**

Código 30.6
```
alter table JORNADAS
  add constraint primary key JORNADAS_PK (ID_JORNADA);
```

Tabla **QUINIELAS**:

Código 30.7

```
create table QUINIELAS (
  ID_QUINIELA int        not null,
  ID_JORNADA  int        not null,
  NOMBRE      varchar(30) null,
  ESCRUTADA   varchar(1)  not null default 'N',
  ACIERTOS    int        null
);
```

Clave primaria de **QUINIELAS**:

Código 30.8

```
alter table QUINIELAS
  add constraint primary key QUINIELAS_PK (ID_QUINIELA);
```

Tabla **PRONÓSTICOS**:

Código 30.9

```
create table PRONOSTICOS (
  ID_QUINIELA int        not null,
  ID_PRO      int        not null,
  ID_JORNADA  int        not null,
  ID_EVENTO   int        not null,
  PRONOSTICO  varchar(1) not null
);
```

Clave primaria de **PRONÓSTICOS**:

Código 30.10

```
alter table PRONOSTICOS
add constraint primary key PRONOSTICOS_PK (ID_QUINIELA,ID_PRO
);
```

CLAVES FORÁNEAS

A continuación se mostrarán las instrucciones que crean las claves foráneas según indica el modelo entidad-relación. Las claves foráneas es insalvable crearlas una vez se han creado todas las tablas con sus claves primarias, de lo contrario puede que se esté intentando crear una clave foránea que hace referencia a una tabla que todavía no existe en la base de datos; en ese caso la instrucción fallará y devolverá un error.

Claves foráneas de **EVENTOS**:

Código 30.11

```
alter table EVENTOS
  add constraint EVENTOS_ID_JORNADA_FK    foreign key
      (ID_JORNADA) references JORNADAS (ID_JORNADA),
  add constraint EVENTOS_ID_LOCAL_FK       foreign key
      (LOCAL) references EQUIPOS (ID_EQUIPO),
  add constraint EVENTOS_ID_VISITANTE_FK foreign key
      (VISITANTE) references EQUIPOS (ID_EQUIPO);
```

Clave foránea de **QUINIELAS**:

Código 30.12

```
alter table QUINIELAS
  add constraint QUINIELAS_ID_JORNADA_FK foreign key
      (ID_JORNADA) references JORNADAS (ID_JORNADA);
```

Clave foránea de **PRONOSTICOS**:

Código 30.13

```
alter table PRONOSTICOS
  add constraint PRONOSTICOS_ID_QUINIELA_FK foreign key
      (ID_QUINIELA) references QUINIELAS (ID_QUINIELA),
  add constraint PRONOSTICOS_ID_JOR_ID_EVEN_FK foreign key
      (ID_JORNADA,ID_EVENTO) references EVENTOS
      (ID_JORNADA,ID_EVENTO);
```

INSERCIÓN DE REGISTROS EN LAS TABLAS

Para alimentar la BD lo habitual es disponer de alguna pantalla, o interfaz de usuario, donde mediante un formulario permita realizar las inserciones. Como esto queda fuera del alcance de este libro los registros se han creado con instrucciones de inserción directamente sobre la BD, aunque lo habitual hubiese sido que un usuario insertara los datos desde los formularios de entrada de datos y mantenimiento de la aplicación.

Para simplificar vamos a suponer que en la competición participan solo seis equipos y, por tanto, se celebrarán diez jornadas de liga, cinco la primera vuelta y cinco más la segunda, con un total de tres eventos por jornada. Supondremos también que la competición se encuentra en un momento tal que la jornada 8 todavía no se ha disputado, es decir, se han disputado ya 7 jornadas, por lo que en los registros de las tabla JORNADAS referentes a las jornadas 8, 9 y 10 el campo DISPUTADA contendrá una «N» y los registros de la tabla eventos referentes a las mismas jornadas el campo RESULTADO estará a nulo.

En el libro solo se incluye una parte de las instrucciones para algunas de las tablas por motivos de espacio, el conjunto de inserciones completo lo encontrará en la página web del libro: sqlfacil.com

Inserciones en la tabla **EQUIPOS:**

Código 30.14
```
insert into EQUIPOS (ID_EQUIPO, EQUIPO) values (1, 'Las Palma
s');
insert into EQUIPOS (ID_EQUIPO, EQUIPO) values (2, 'Xerez');
insert into EQUIPOS (ID_EQUIPO, EQUIPO) values (3, 'Getafe');
insert into EQUIPOS (ID_EQUIPO, EQUIPO) values (4, 'Nastic');
insert into EQUIPOS (ID_EQUIPO, EQUIPO) values (5, 'Celta');
insert into EQUIPOS (ID_EQUIPO, EQUIPO) values (6, 'Alcorcón');
```

Inserciones en la tabla **JORNADAS**:

Código 30.15

```
insert into JORNADAS (ID_JORNADA, NOMBRE, FECHA, DISPUTADA)
values (1, 'Jornada 1', '2010-01-10', 'S');
insert into JORNADAS (ID_JORNADA, NOMBRE, FECHA, DISPUTADA)
values (2, 'Jornada 2', '2010-01-17', 'S');
insert into JORNADAS (ID_JORNADA, NOMBRE, FECHA, DISPUTADA)
values (3, 'Jornada 3', '2010-01-24', 'S');
insert into JORNADAS (ID_JORNADA, NOMBRE, FECHA, DISPUTADA)
values (4, 'Jornada 4', '2010-02-07', 'S');
insert into JORNADAS (ID_JORNADA, NOMBRE, FECHA, DISPUTADA)
values (5, 'Jornada 5', '2010-02-14', 'S');
insert into JORNADAS (ID_JORNADA, NOMBRE, FECHA, DISPUTADA)
values (6, 'Jornada 6', '2010-02-21', 'S');
insert into JORNADAS (ID_JORNADA, NOMBRE, FECHA, DISPUTADA)
values (7, 'Jornada 7', '2010-03-07', 'S');
insert into JORNADAS (ID_JORNADA, NOMBRE, FECHA, DISPUTADA)
values (8, 'Jornada 8', '2010-03-21', 'N');
insert into JORNADAS (ID_JORNADA, NOMBRE, FECHA, DISPUTADA)
values (9, 'Jornada 9', '2010-04-04', 'N');
insert into JORNADAS (ID_JORNADA, NOMBRE, FECHA, DISPUTADA)
values (10, 'Jornada 10', '2010-04-18', 'N');
```

Inserciones en la tabla **EVENTOS**:

Código 30.16

```
insert into EVENTOS (ID_JORNADA, ID_EVENTO, LOCAL, VISITANTE,
 RESULTADO) values (1, 1, 5, 1, '1');
insert into EVENTOS (ID_JORNADA, ID_EVENTO, LOCAL, VISITANTE,
 RESULTADO) values (1, 2, 2, 3, '1');
...
```

Inserciones en la tabla **QUINIELAS:**

Código 30.17
```
insert into QUINIELAS (ID_QUINIELA, ID_JORNADA, NOMBRE,
ESCRUTADA, ACIERTOS) values (1, 1, 'Quini 1.1', 'S', 0);
insert into QUINIELAS (ID_QUINIELA, ID_JORNADA, NOMBRE,
ESCRUTADA, ACIERTOS) values (2, 1, 'Quini 1.2', 'S', 1);
...
```

Inserciones en la tabla **PRONÓSTICOS:**

Código 30.18
```
insert into PRONOSTICOS (ID_QUINIELA, ID_PRO, ID_JORNADA, ID_
EVENTO, PRONOSTICO) values (1, 1, 1, 1, 'X');
insert into PRONOSTICOS (ID_QUINIELA, ID_PRO, ID_JORNADA, ID_
EVENTO, PRONOSTICO) values (1, 2, 1, 2, 'X');
insert into PRONOSTICOS (ID_QUINIELA, ID_PRO, ID_JORNADA, ID_
EVENTO, PRONOSTICO) values (1, 3, 1, 3, 'X');
...
```

INFORMES O EXPLOTACIÓN DE DATOS

Al igual que para las inserciones, lo más normal de una aplicación es que disponga de alguna funcionalidad en las pantallas de gestión que permita obtener informes. Esto también está fuera del ámbito de este libro, así que lo haremos con consultas SQL directamente sobre la BD.

Usted debería estar capacitado para desarrollar esta parte de la aplicación, puesto que es lo que más se ha estado trabajando a lo largo del libro. No voy a quitarle el protagonismo que merece y dejaré que ponga en práctica lo aprendido. Los informes o consultas a desarrollar las encontrará a continuación, en el apartado de ejercicios. En este capítulo, por ser el último, no se han publicado las soluciones de los ejercicios en que se debe construir una consulta, aunque sí los resultados de las consultas que se deben obtener para que usted pueda contrastarlos con los resultados que obtenga.

Sin embargo, hay una cuestión que por la naturaleza de esta aplicación de ejemplo es preferible refrescar, ya que aunque se trató en el libro, quizás usted no lo tenga presente y ello le confunda y le imposibilite encontrar una solución. En los ejercicios se le pedirá un tipo de consultas que requieren que aparezca dos veces la tabla EQUIPOS en la cláusula FROM. Esto es debido a que en todo evento participan dos equipos, el local y el visitante. El modo de poder usar la misma tabla por duplicado en la cláusula FROM es mediante alias de tabla, con ello se rompe la ambigüedad. Veamos esto con un ejemplo:

Qué calendario tiene en la competición el Xerez, equipo de identificador 2:

Código 30.19

```
select  J.ID_JORNADA,
        date_format(J.FECHA,'%d-%m-%Y') FECHA,
        L.EQUIPO LOCAL,
        V.EQUIPO                                    VISITANTE
    from  JORNADAS  J,  EVENTOS  E,  EQUIPOS  L,  EQUIPOS  V
        where    J.ID_JORNADA          =      E.ID_JORNADA
        and    E.LOCAL                 =    L.ID_EQUIPO
        and    E.VISITANTE        =   V.ID_EQUIPO
        and    (E.LOCAL   =   2   or   E.VISITANTE   =   2)
    order  by  J.FECHA
```

ID_JORNADA	FECHA	LOCAL	VISITANTE
1	10-01-2010	Xerez	Getafe
2	17-01-2010	Las Palmas	Xerez
3	24-01-2010	Alcorcón	Xerez
4	07-02-2010	Xerez	Nastic

ID_JORNADA	FECHA	LOCAL	VISITANTE
5	14-02-2010	Celta	Xerez
6	21-02-2010	Xerez	Las Palmas
7	07-03-2010	Getafe	Xerez
8	21-03-2010	Xerez	Alcorcón
9	04-04-2010	Nastic	Xerez
10	18-04-2010	Xerez	Celta

EJERCICIOS

Ejercicio 1

Desarrolle un informe que muestre los pronósticos de una quiniela, pruebe su funcionamiento con la quiniela de identificador 4.

Resultado a obtener:

ID_QUINIELA	ID_EVENTO	LOCAL	VISITANTE	PRONÓSTICO
4	1	Las Palmas	Xerez	1
4	2	Getafe	Nastic	2
4	3	Alcorcón	Celta	2

Ejercicio 2

Desarrolle un informe que muestre la combinación ganadora de una jornada, pruebe su funcionamiento con la jornada de identificador 3.

Resultado a obtener:

ID_JORNADA	ID_EVENTO	LOCAL	VISITANTE	RESULTADO
3	1	Las Palmas	Nastic	X
3	2	Getafe	Celta	2
3	3	Alcorcón	Xerez	1

SQL fácil

Ejercicio 3.1

Desarrolle un informe que escrute una quiniela, es decir, que muestre los eventos en los que se acertó el resultado. Pruebe el funcionamiento con la quiniela de identificador 6.

Nota: Deberá usar la función IF para calcular la columna ACIERTO.

Resultado a obtener:

ID_QUINIELA	ID_JORNADA	ID_EVENTO	LOCAL	VISITANTE	RESULTADO	PRONÓSTICO	ACIERTO
6	3	1	Las Palmas	Nastic	X	X	Sí
6	3	2	Getafe	Celta	2	1	No
6	3	3	Alcorcón	Xerez	1	X	No

Ejercicio 3.2.1

Tomando como patrón la consulta resultante del ejercicio 3.1, desarrolle una consulta que calcule los aciertos de las quinielas, es decir, escrute las quinielas. Agrupe los datos por quiniela. Si una quiniela no tiene ningún acierto no es necesario que aparezca en la lista resultante.

Resultado a obtener:

ID_QUINIELA	ACIERTOS
2	1
4	1
5	1
6	1
7	1
8	3
9	2
10	2

ID_QUINIELA	ACIERTOS
13	2
14	2
16	1
18	1
19	1

Ejercicio 3.2.2

Construya una instrucción UPDATE, donde deberá incorporar una subconsulta, para actualizar el campo ACIERTOS de la tabla QUINIELAS. Esta instrucción UPDATE es de hecho la que escruta las quinielas. La subconsulta a integrar es prácticamente calcada a la del ejercicio inmediatamente anterior, y solo deberá adaptarla para incluir las referencias del registro en curso de la tabla QUINIELAS que está actualizando la instrucción UPDATE. No es un problema volver a escrutar quinielas ya escrutadas, pero no escrute quinielas de jornadas no disputadas. No olvide que si la quiniela que se está escrutando no presenta aciertos, es decir, la subconsulta no devuelve ningún registro, debe guardarse un cero y no NULL. Repase el capítulo 26 si lo cree conveniente. Para este ejercicio encontrará la solución al final del libro por no tratarse de una consulta sino de una instrucción UPDATE.

Ejercicio 3.3

Desarrolle una consulta que calcule los aciertos de las quinielas pero esta vez considerando las quinielas que no presentan ningún acierto.

Resultado a obtener:

ID_QUINIELA	ACIERTOS
1	0
2	1
3	0

ID_QUINIELA	ACIERTOS
4	1
5	1
6	1
7	1
8	3
9	2
10	2
11	0
12	0
13	2
14	2
15	0
16	1
17	0
18	1
19	1
20	0
21	0

Ejercicio 4

Desarrolle un informe que muestre la media de aciertos agrupado por jornada. No considere quinielas de jornadas no disputadas. No es necesario recalcular los aciertos de las quinielas, en su lugar use el campo ACIERTOS de la tabla QUINIELAS.

Resultado a obtener:

ID_JORNADA	QUINIELAS	MEDIA_ACIERTOS
1	3	0.33
2	2	1.00
3	4	1.75
4	3	0.67
5	2	2.00

ID_JORNADA	QUINIELAS	MEDIA_ACIERTOS
6	3	0.33
7	2	1.00

Ejercicio 5

Desarrolle un informe que muestre la media de aciertos agrupado por meses. No considere quinielas de jornadas no disputadas, ni recalcule los aciertos de las quinielas.

Nota: deberá utilizar la siguiente función de MySQL para poder agrupar por mes-año

DATE_FORMAT(FECHA_A_FORMATEAR,'%m-%Y')

Resultado a obtener:

MES	QUINIELAS	MEDIA_ACIERTOS
01-2010	9	1.11
02-2010	8	0.88
03-2010	2	1.00

SOLUCIONES

CAPÍTULO 2. CONSULTAS SQL I

Ejercicio 1

Intente hallar una consulta que devuelva el nombre, apellidos y la fecha de nacimiento de aquellos empleados que cobren más de 1350 euros.

Código S2.1

```
select NOMBRE , APELLIDOS , F_NACIMIENTO
  from EMPLEADOS
 where SALARIO > 1350
```

NOMBRE	APELLIDOS	F_NACIMIENTO
Carlos	Jiménez Clarín	1985-05-03
José	Calvo Sisman	1990-11-12

CAPÍTULO 3. CONSULTAS SQL II

Ejercicio 1

Intente hallar una consulta que devuelva el nombre y apellidos de los empleados que cobren menos de 1350 euros.

Código S3.1.1

```
select NOMBRE , APELLIDOS
  from EMPLEADOS
 where 1350 > SALARIO
```

O bien:

Código S3.1.2

```
select NOMBRE , APELLIDOS
  from EMPLEADOS
 where SALARIO < 1350
```

Y el resultado que nos devuelve el SGBD es:

NOMBRE	APELLIDOS
Elena	Rubio Cuestas
Margarita	Rodríguez Garcés

CAPÍTULO 4. TIPOS DE DATOS

Ejercicio 1

Defina de qué tipo de dato crearía los campos, y su tamaño máximo si se tercia, para albergar los siguientes datos:

- Hola mundo -> VARCHAR(10)

- 9.36 -> FLOAT

- 4564 -> INT

- Esto es un ejercicio de tipos de datos -> VARCHAR(38)

- 8 de enero de 1998 -> DATE

Ejercicio 2

Formatee en una cadena, según se ha visto en este capítulo, las siguientes fechas:

- 23 de agosto de 1789 -> '17890823'

- 8 de enero de 1998 -> '19980108'

CAPÍTULO 5. OPERADORES

Ejercicio 1

Cree una consulta SQL que devuelva las personas que son altas, o bien son rubias con gafas.

Código S5.1

```
select NOMBRE
  from PERSONAS
 where ALTA = 'S' or (RUBIA = 'S' and GAFAS = 'S')
```

NOMBRE
Manuel
Carmen
José
Pedro

Ejercicio 2

Cree una consulta SQL que devuelva los empleados que son mujer y cobran más de 1300 euros.

Código S5.2

```
select NOMBRE,APELLIDOS
  from EMPLEADOS
 where SEXO = 'M'
   and SALARIO > 1300
```

NOMBRE	APELLIDOS
Margarita	Rodríguez Garcés

Ejercicio 3

Usando solo expresiones (ALTA = 'S') , (RUBIA = 'S') , (GAFAS = 'S') combinadas con el operador NOT resuelva: ¿Quién es quién? Lleva gafas y no es alta ni rubia.

Código S5.3

```
select NOMBRE
  from PERSONAS
 where GAFAS = 'S'
   and not RUBIA = 'S'
   and not ALTA = 'S'
```

NOMBRE
María

Ejercicio 4

Suponiendo que A vale *cierto* y B vale *falso*, evalúe la siguiente expresión booleana:

C= ((A and B) and (A or (A or B))) or A

A = cierto
B = falso
C= ((A and B) and (A or (A or B))) or A

En este caso no hace falta evaluar toda la expresión, sabemos que lo que está entre paréntesis dará cierto o falso, de momento digámosle a este resultado X, luego:

C= X or A

Sabemos qu   es cierto, evaluemos la expresión para los dos posibles valores de X:

X = cierto ->   = cierto or cierto = cierto
X = falso -> C = falso or cierto = cierto

Y, por lo tanto, valga lo que valga X el resultado es cierto.

C= X or A = X or cierto = **cierto**

CAPÍTULO 6. TOTALIZAR DATOS

Ejercicio 1

En todos los ejemplos de este capítulo se ha omitido la cláusula WHERE, construya una consulta, donde necesitará establecer una condición en la cláusula WHERE, que devuelva el salario medio de los empleados que son hombres. Renombre la cabecera del resultado con un título que deje claro qué dato se está mostrando.

Código S6.1

```
select avg(SALARIO) as MEDIA_SALARIO_HOMBRES
  from EMPLEADOS
 where SEXO = 'H'
```

MEDIA_SALARIO_HOMBRES
1450

Ejercicio 2

Construya una consulta que devuelva en la misma fila el salario máximo y mínimo de entre todos los empleados. Renombre las cabeceras de resultados con un título que deje claro qué datos se están mostrando.

Código S6.2

```
select min(SALARIO) as SALARIO_MINIMO,
       max(SALARIO) as SALARIO_MAXIMO
  from EMPLEADOS
```

SALARIO_MINIMO	SALARIO_MAXIMO
1300	1500

Ejercicio 3

Construya una consulta que responda a lo siguiente: ¿Qué cuesta pagar a todas las mujeres en total? Renombre la cabecera del resultado con un título que deje claro qué dato se está mostrando.

Código S6.3
```
select sum(SALARIO) as TOTAL_SALARIO_MUJERES
  from EMPLEADOS
 where SEXO = 'M'
```

TOTAL_SALARIO_MUJERES
2625.5

CAPÍTULO 7. AGRUPACIÓN DE DATOS

Ejercicio 1

Construya una consulta que devuelva el salario medio, máximo y mínimo de los empleados agrupado por sexo.

Código S7.1
```
select SEXO,
       avg(SALARIO) as SALARIO_MEDIO ,
       min(SALARIO) as SALARIO_MINIMO ,
       max(SALARIO) as SALARIO_MAXIMO
  from EMPLEADOS
 group by SEXO
```

SQL fácil

SEXO	SALARIO_MEDIO	SALARIO_MINIMO	SALARIO_MAXIMO
H	1450	1400	1500
M	1312.75	1300	1325.5

Ejercicio 2

Construya una consulta que devuelva cuántos perros y cuántos gatos han pasado por el centro y ya no están.

Código S7.2

```
select ESPECIE , count(*) as BAJAS
  from MASCOTAS
 where ESTADO = 'B'
 group by ESPECIE
```

ESPECIE	BAJAS
G	2
P	2

Ejercicio 3

Construya una consulta que devuelva cuántos perros macho hay actualmente en el centro agrupado por ubicación.

Código S7.3

```
select UBICACION , count(*) as PERROS_MACHO
  from MASCOTAS
 where ESTADO = 'A'
   and ESPECIE = 'P'
   and SEXO = 'M'
 group by UBICACION
```

UBICACION	PERROS_MACHO
E02	1
E03	1

Ejercicio 4

Con ayuda del filtro DISTINCT, construya una consulta que devuelva las diferentes especies que hay actualmente en cada jaula o ubicación del centro.

Código S7.4

```
select distinct UBICACION , ESPECIE
  from MASCOTAS
 where ESTADO = 'A'
```

UBICACIÓN	ESPECIE
E02	P
E03	P
E04	G
E05	P
E01	G

CAPÍTULO 8. FILTRAR CÁLCULOS DE TOTALIZACIÓN

Ejercicio 1

Usando el operador BETWEEN que vimos en los capítulos 3 y 5, construye una consulta que devuelva las ubicaciones del centro de mascotas que tiene entre 2 y 3 ejemplares.

Código S8.1

```
select UBICACION , count(*) as EJEMPLARES
  from MASCOTAS
 where ESTADO = 'A'
 group by UBICACION
having count(*) between 2 and 3
```

UBICACIÓN	EJEMPLARES
E01	2
E04	3
E05	2

CAPÍTULO 9. ORDENACIÓN DEL RESULTADO

Ejercicio 1

Obtenga una lista de las personas de la tabla PERSONAS, donde primero aparezcan las rubias, después las altas, y finalmente las que llevan gafas. De manera que la primera persona de la lista, si la hay, será rubia alta y sin gafas, y la última, si la hay, no será rubia ni alta y llevará gafas.

Código S9.1

```
select *
  from PERSONAS
 order by RUBIA desc, ALTA desc, GAFAS
```

ID_PERSONA	NOMBRE	RUBIA	ALTA	GAFAS
1	Manuel	S	S	N
4	José	S	S	S
3	Carmen	S	N	S
5	Pedro	N	S	N
2	María	N	N	S

Ejercicio 2

Obtenga el número actual de ejemplares de cada ubicación del centro de mascotas, que tengan dos o más ejemplares ordenado de mayor a menor por número de ejemplares y en segundo término por ubicación.

Código S9.2

```
select UBICACION, count(*) as EJEMPLARES
  from MASCOTAS
 where ESTADO = 'A'
 group by UBICACION
having count(*) > 1
 order by count(*) desc, UBICACION
```

UBICACIÓN	EJEMPLARES
E02	4
E04	3
E01	2
E05	2

CAPÍTULO 10. EL OPERADOR LIKE / EL VALOR NULL

Ejercicio 1

¿Qué empleados se apellidan Calvo?

Código S10.1

```
select *
  from EMPLEADOS
 where APELLIDOS like '%calvo%'
```

ID_EMPLEADO	NOMBRE	APELLIDOS	F_NACIMIENTO	SEXO	CARGO	SALARIO
3	José	Calvo Sisman	1990-11-12	H	Mozo	1400

Ejercicio 2

Considerando que en la tabla VEHICULOS el campo PROX_ITV guarda la fecha de la próxima ITV que ha de pasar cada vehículo, ¿qué vehículos que nunca han pasado la ITV deben pasar la primera revisión durante el año 2011?

Código S10.2

```
select *
  from VEHICULOS
 where PROX_ITV between '20110101' and '20111231'
   and ULTI_ITV is null
```

ID_VEHICULO	MARCA	MODELO	PROX_ITV	ULTI_ITV
1	Alfa Romeo	Brera	2011-10-20	
5	Ford	Fiesta	2011-04-22	

CAPÍTULO 11. SÍNTESIS DE LA PRIMERA PARTE

Ejercicio 1

Supongamos que usted tiene un amigo que es jugador de póquer, el pobre no sabe si sus ganancias en el juego son positivas o negativas porque no lleva un control sobre ello, por lo que usted se ofrece a gestionarle las ganancias. Le dice a su amigo que cuando acabe una sesión de juego le comunique a usted el dinero que ha ganado o perdido, entendiendo pérdida como una ganancia o número en negativo.

Diseñe una tabla, es decir, los campos y tipo de dato de cada campo, para poder registrar la información que su amigo le facilita, y mediante SQL pueda responder en cualquier momento a las siguientes preguntas:

¿Cuáles son las ganancias actuales?

¿Cuánto dinero se ganó durante el mes de marzo de 2009? Una vez diseñada la tabla construya las consultas SQL que responden a cada una de estas preguntas.

Una solución posible es:

Tabla POKER:

```
ID_SESION  -> INT
F_SESION   -> DATE
GANANCIA   -> FLOAT
```

¿Cuáles son las ganancias actuales?

Código S11.1

```
select sum(GANANCIA)
   from POKER
```

¿Cuánto dinero se ganó durante el mes de marzo de 2009?

Código S11.2

```
select sum(GANANCIA)
   from POKER
 where F_SESION between '20090301' and '20090331'
```

CAPÍTULO 12. EL PRODUCTO CARTESIANO

Ejercicio 1

Realice una consulta que devuelva las combinaciones posibles entre los pantalones y los calzados, sin más columnas que la descripción de cada prenda. Use alias de tabla para indicar a qué tabla pertenece cada campo de la cláusula SELECT.

Código S12.1

```
select P.PANTALON , Z.CALZADO
  from PANTALONES P , CALZADOS Z
```

PANTALÓN	CALZADO
tela azul marino	deportivas
pana marrón claro	deportivas
tela azul marino	mocasines
pana marrón claro	mocasines
tela azul marino	botas
pana marrón claro	botas

Ejercicio 2

Si en una BD existe una tabla T1 con 4 campos y 12 registros, y una tabla T2 con 7 campos y 10 registros, ¿cuántas filas y columnas devolvería la siguiente consulta?

Código

```
select *
  from T1 , T2
```

---

filas = 12 x 10 = 120

columnas = 4 + 7 = 11

CAPÍTULO 13. ABSTRACCIÓN DE TABLA

Ejercicio 1

Construya una consulta SQL que devuelva el peso medio de todas las mudas confeccionables entre camisas y pantalones. Modifique la consulta para obtener el mismo resultado entre camisas, pantalones y calzados.

Peso medio de todas las mudas confeccionables entre camisas y pantalones:

Código S13.1.1

```
select avg( C.PESO_GR + P.PESO_GR) PESO_MEDIO_MUDAS
  from CAMISAS C , PANTALONES P
```

PESO_MEDIO_MUDAS
853.3333

Peso medio de todas las mudas confeccionables entre camisas, pantalones y calzados.

Código S13.1.2

```
select avg( C.PESO_GR + P.PESO_GR + Z.PESO_GR) PESO_MEDIO_MUDAS
  from CAMISAS C , PANTALONES P , CALZADOS Z
```

PESO_MEDIO_MUDAS
1695.0000

Ejercicio 2

Construya una consulta SQL que devuelva el peso medio de todas las mudas confeccionables entre camisas y pantalones agrupado por camisa. Modifique la consulta de manera que devuelva el mismo resultado pero de los grupos cuyo peso medio sea superior a 850 gramos.

Peso medio de todas las mudas confeccionables entre camisas y pantalones agrupado por camisa:

Código S13.2.1

```
select C.CAMISA ,
       avg( C.PESO_GR + P.PESO_GR) PESO_MEDIO_MUDAS
   from CAMISAS C , PANTALONES P
group by C.CAMISA
```

CAMISA	PESO_MEDIO_MUDAS
algodón naranja	890.0000
lino blanca	810.0000
seda negra	860.0000

Peso medio de todas las mudas confeccionables entre camisas y pantalones agrupado por camisa con peso superior a 850 gramos:

Código S13.2.2

```
select C.CAMISA ,
       avg( C.PESO_GR + P.PESO_GR) PESO_MEDIO_MUDAS
   from CAMISAS C , PANTALONES P
group by C.CAMISA
  having avg( C.PESO_GR + P.PESO_GR) > 850
```

CAMISA	PESO_MEDIO_MUDAS
algodón naranja	890.0000
seda negra	860.0000

Ejercicio 3

Construya una consulta SQL que devuelva las combinaciones de las camisas con los pantalones de manera que: la primera camisa se combine con todos los pantalones menos con el primero, la segunda camisa se combine con todos los pantalones menos con el segundo, y así sucesivamente.

Código S13.3
```
select *
  from CAMISAS C , PANTALONES P
 where C.ID_CAMISA != P.ID_PANTALON
```

ID_CAMISA	CAMISA	PESO_GR	ID_PANTALON	PANTALON	PESO_GR
1	lino blanca	210	2	pana marrón claro	730
2	algodón naranja	290	1	tela azul marino	470
3	seda negra	260	1	tela azul marino	470
3	seda negra	260	2	pana marrón claro	730

Ejercicio 4

Construye una consulta que devuelva la lista de prendas de una maleta que contiene todas las camisas, pantalones y calzados.

Código S13.4
```
   select concat('Camisa de ',CAMISA) as PRENDA
     from CAMISAS
union all
   select concat('Pantalón de ',PANTALON)
     from PANTALONES
union all
   select concat('Calzado: ',CALZADO)
     from CALZADOS
```

PRENDA
Camisa de lino blanca
Camisa de algodón naranja
Camisa de seda negra
Pantalón de tela azul marino
Pantalón de pana marrón claro
Calzado: deportivas
Calzado: mocasines
Calzado: botas

CAPÍTULO 14. RELACIONES, CLAVES PRIMARIAS Y FORÁNEAS

Ejercicio 1

Construya una consulta que devuelva los cursos en que se ha matriculado el alumno con identificador 1. Modifique la anterior consulta para que devuelva los nombres y apellidos de los alumnos, y los cursos en que se han matriculado, tales que el nombre de pila del alumno contenga una E.

Cursos en que se ha matriculado el alumno con identificador 1:

Código S14.1.1
```
select C.TITULO CURSO
  from ALUMNOS_CURSOS AC, CURSOS C
 where AC.ID_CURSO = C.ID_CURSO
   and AC.ID_ALUMNO = 1
```

CURSO
Programación PHP
SQL desde cero

Nombres y apellidos de los alumnos, y los cursos en que se han matriculado, que el nombre de pila del alumno contenga un E:

Código S14.1.2

```
select A.NOMBRE,A.APELLIDOS,C.TITULO CURSO
  from ALUMNOS_CURSOS AC, CURSOS C, ALUMNOS A
 where AC.ID_CURSO = C.ID_CURSO
   and AC.ID_ALUMNO = A.ID_ALUMNO
   and A.NOMBRE like '%E%'
```

NOMBRE	APELLIDOS	CURSO
Teresa	Lomas Trillo	Programación PHP
Sergio	Ot Dirmet	Programación PHP
Sergio	Ot Dirmet	SQL desde cero
Jeremías	Santo Lote	Dibujo técnico
Carmen	Dilma Perna	Dibujo técnico

Ejercicio 2

¿Cuántos cursos imparte cada profesor? Construya una consulta que responda a esta cuestión de modo que el resultado muestre el nombre completo del profesor acompañado del número de cursos que imparte.

Código S14.2

```
select P.NOMBRE, P.APELLIDOS , count(1) CURSOS
  from PROFESORES P, CURSOS C
 where P.ID_PROFE = C.ID_PROFE
 group by P.NOMBRE, P.APELLIDOS
```

NOMBRE	APELLIDOS	CURSOS
Ana	Saura Trenzo	1
Federico	Gasco Daza	1
Rosa	Honrosa Pérez	2

Ejercicio 3

¿Cuántos alumnos hay matriculados en cada uno de los cursos? Construya una consulta que responda a esta cuestión de modo que el resultado muestre el título del curso acompañado del número de alumnos matriculados. Modifique la anterior consulta de modo que muestre aquellos cursos que el número de alumnos matriculados sea exactamente de dos alumnos.

Número de alumnos matriculados en cada uno de los cursos:

Código S14.3.1

```
select C.TITULO CURSO, count(1) ALUMNOS
  from ALUMNOS_CURSOS AC, CURSOS C
 where AC.ID_CURSO = C.ID_CURSO
 group by C.TITULO
```

CURSO	ALUMNOS
Dibujo técnico	2
Modelos abstracto de datos	1
Programación PHP	3
SQL desde cero	2

Cursos en los que hay matriculados exactamente dos alumnos:

Código S14.3.2

```
select C.TITULO CURSO
  from ALUMNOS_CURSOS AC, CURSOS C
 where AC.ID_CURSO = C.ID_CURSO
 group by C.TITULO
having count(1) = 2
```

CURSO
Dibujo técnico
SQL desde cero

Ejercicio 4

Si ahora a usted le pidiesen que adaptara la BD, que consta de las tres tablas presentadas en este capítulo, a la siguiente necesidad: a todo alumno se le asignará un profesor que lo tutele. ¿Qué cambios realizaría en la BD?

La solución pasa por añadir un campo en la tabla ALUMNOS que apunte a la tabla PROFESORES, en este campo se guardará el identificador del profesor que tutela al alumno. Por tanto añadiremos un campo en la tabla ALUMNOS llamado por ejemplo ID_TUTOR, que será una clave foránea de la tabla PROFESORES.

CAPÍTULO 15. REUNIÓN INTERNA Y EXTERNA

Ejercicio 1

Construya una consulta que resuelva el número de cursos que imparte cada profesor usando la cláusula INNER JOIN.

Código S15.1

```
select P.NOMBRE, P.APELLIDOS , count(1) CURSOS
   from PROFESORES P inner join CURSOS C
     on P.ID_PROFE = C.ID_PROFE
group by P.NOMBRE, P.APELLIDOS
```

NOMBRE	APELLIDOS	CURSOS
Ana	Saura Trenzo	1
Federico	Gasco Daza	1
Rosa	Honrosa Pérez	2

Ejercicio 2

Realice una consulta entre las tablas CURSOS, ALUMNOS y ALUMNOS_CURSOS de modo que aparezcan los alumnos matriculados en cada curso pero mostrando todos los cursos aunque no tengan alumnos matriculados.

Código S15.2

```
select C.TITULO CURSO, A.NOMBRE,A.APELLIDOS
  from (ALUMNOS_CURSOS AC inner join ALUMNOS A
    on AC.ID_ALUMNO = A.ID_ALUMNO) right join CURSOS C
    on AC.ID_CURSO = C.ID_CURSO
```

CURSO	NOMBRE	APELLIDOS
Programación PHP	Pablo	Hernandaz Mata
Programación PHP	Teresa	Lomas Trillo
Programación PHP	Sergio	Ot Dirmet
Modelos abstracto de datos	Marta	Fuego García
SQL desde cero	Pablo	Hernandaz Mata
SQL desde cero	Sergio	Ot Dirmet
Dibujo técnico	Jeremías	Santo Lote
Dibujo técnico	Carmen	Dilma Perna
SQL avanzado	NULL	NULL

CAPÍTULO 16. EL MODELO ENTIDAD-RELACIÓN

Ejercicio 1

Modifique el modelo entidad-relación presentado en este capítulo para que considere la siguiente premisa: todo alumno tendrá un profesor que lo tutele.

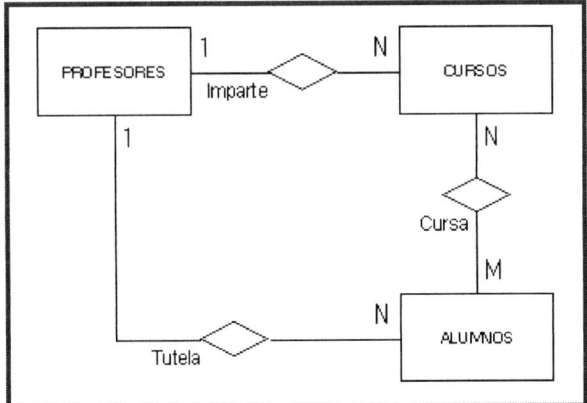

La premisa implica establecer una nueva relación entre ALUMNOS y PROFESORES de modo que un profesor puede tutelar a más de un alumno y un alumno es tutelado por un profesor. Por lo que en la BD se deberá montar una clave foránea en la tabla ALUMNOS que apunte a la tabla PROFESORES.

CAPÍTULO 17. LEGUAJE DE DEFINICIÓN DE DATOS

Ejercicio 1

En el capítulo anterior se le pidió que modificase el modelo entidad-relación de la academia para que considerase la siguiente premisa: todo alumno tendrá un profesor que lo tutele. En esta ocasión se le pide que construya las instrucciones DDL que permitan incorporar al modelo definido en la BD ACADEMIA dicha premisa. Recuerde que el nuevo campo es una referencia a la tabla PROFESORES.

Código S17.1

```
alter t     ALUMNOS add (ID_TUTOR int);


alter tal   ALUMNOS add constraint ALUMNOS_ID_TUTOR_FK
foreign key (ID_TUTOR) references PROFESORES (ID_PROFE);
```

Ejercicio 2

Suponiendo que las restricciones de la BD ACADEMIA se guardan en la tabla de metadatos TABLE_CONSTRAINTS_ACADEMIA, construya una consulta que devuelva las claves foráneas que presenta la tabla ALUMNOS_CURSOS.

Código S17.2

```
select *
  from TABLE_CONSTRAINTS_ACADEMIA
 where TABLE_NAME = 'ALUMNOS_CURSOS'
   and CONSTRAINT_TYPE = 'FOREIGN KEY'
```

CAPÍTULO 18. INSERT, UPDATE, DELETE

Ejercicio 1

Construya una instrucción de inserción en la tabla CURSOS para guardar un nuevo curso de pintura y asígnele una clave que no entre en conflicto con las existentes, posteriormente construya la instrucción para eliminar de la tabla el registro que acaba de crear.

Insert:

código S18.1.1

```
insert into CURSOS(ID_CURSO,TITULO)
values (6,'Pintura')
```

Delete:

código S18.1.2

```
delete from CURSOS
 where ID_CURSO = 6
```

Ejercicio 2

En este capítulo se puso como ejemplo la actualización del salario de la tabla EMPLEA2 donde este se incrementaba un 2 % para empleados con un sueldo inferior a 3000 euros. Sin embargo, no parece muy justo que un empleado con un sueldo de 3000 euros no reciba incremento alguno, y otros que rozan los 3000 euros pero no llegan reciban el incremento superando el importe de corte una vez aplicado dicho incremento. Construya una instrucción de actualización, que se debería ejecutar previamente a la actualización de sueldos, de modo que evite que para estos empleados el sueldo tras el incremento sea superior a 3000 euros. Para ello la instrucción que se le pide debe actualizar el salario de los empleados afectados a 3000 euros, para que cuando se realice el incremento no se les aplique la subida puesto que su sueldo será entones de 3000 euros justos.

Código S18.2
```
update EMPLEA2
   set SALARIO = 3000
 where SALARIO < 3000
   and SALARIO * 1.02 > 3000
```

CAPÍTULO 19. SÍNTESIS DE LA SEGUNDA PARTE

Ejercicio 1

Supongamos que tenemos las siguientes entidades en un modelo relacional que gestiona la liga profesional de fútbol: EQUIPOS y JUGADORES. La cardinalidad de esta relación es 1 a N, puesto que un equipo tiene una plantilla de N jugadores mientras que un jugador milita en un solo equipo. ¿Es JUGADORES una entidad débil?

JUGADORES es claramente una entidad fuerte, entre otras cosas porque un jugador no está sujeto a un equipo eternamente, sino que durante una campaña milita en un equipo pero la siguiente, o incluso antes, puede cambiar de club.

Ejercicio 2

Supongamos que tenemos las siguientes entidades en un modelo relacional que gestiona las reparaciones del alumbrado público de una urbanización: FAROLAS y REPARACIONES. La cardinalidad de esta relación es 1 a N, puesto que a una farola se le realizan N reparaciones mientras que una reparación se practica a una farola. ¿Es REPARACIONES una entidad débil?

REPARACIONES es una entidad débil, quizás fuese más apropiado llamarla REPARACIONES_FAROLA. Por farola se espera un número de reparaciones relativamente pequeño, hasta que la farola sea desechada y cambiada por otra. Es claramente dependiente de la entidad fuerte FAROLAS y los registros están claramente asociados a una y solo una farola. La entidad REPARACIONES no podría existir, en este contexto claro está, sin la existencia de la entidad FAROLAS.

Ejercicio 3

Supongamos que tenemos las siguientes entidades en un modelo relacional que gestiona la actividad de un almacén de distribución de género: ARTICULOS y FAMILIAS. La cardinalidad de esta relación es 1 a N, puesto que una familia agrupa N artículos mientras que un artículo pertenece a una sola familia. ¿Es ARTICULOS una entidad débil?

ARTICULOS es una entidad fuerte, puesto que la familia es solo un modo de agrupación de artículos y en ocasiones puede ser dudoso a qué familia asociar un artículo. Cabe considerar además que ARTICULOS se relacione con otras muchas entidades tales como PEDIDOS, FACTURAS, VENTAS, etc. No parece práctico acarrear una clave compuesta al crear las claves foráneas en todas estas entidades. Por lo tanto ARTICULOS debe identificar sus registros con una clave propia y FAMILIAS es solo un modo de agrupar artículos.

CAPÍTULO 20. FUNCIONES NATIVAS

Ejercicio 1

Realice una consulta que devuelva la media de salarios de la tabla EMPLEADOS agrupado por sexo. Redondee la media de salarios a un solo decimal y decodifique la columna sexo para que aparezca el literal HOMBRES y MUJERES en lugar de H y M. No olvide rebautizar las columnas con un alias apropiado.

Código S20.1

```
select if(SEXO='M','MUJERES','HOMBRES') SEXO ,
       round(avg(SALARIO),1) MEDIA
  from EMPLEADOS
 group by if(SEXO='M','MUJERES','HOMBRES')
```

SEXO	MEDIA
HOMBRES	1450.0
MUJERES	1312.8

Ejercicio 2

Realice una consulta sobre la tabla EMPLEADOS que devuelva el nombre, los apellidos, la fecha de nacimiento y la edad actual en años de cada empleado. Para aquellos empleados con 18 años o más. Nota: la edad de un empleado en años es el número de días transcurridos desde el nacimiento dividido entre los 365 días que tiene un año.

Código S20.2

```
select NOMBRE,
       APELLIDOS,
       F_NACIMIENTO,
       truncate( datediff(current_date, f_nacimiento)
               / 365 , 0) EDAD
```

```
from EMPLEADOS
where truncate( datediff(current_date ,f_nacimiento)
               / 365 , 0) >= 18
```

NOMBRE	APELLIDOS	F_NACIMIENTO	EDAD
Carlos	Jiménez Clarín	1985-05-03	28
Elena	Rubio Cuestas	1978-09-25	35
José	Calvo Sisman	1990-11-12	22
Margarita	Rodríguez Garcés	1992-05-16	21

Ejercicio 3

Realice una consulta sobre la tabla vehículos que devuelva el número de vehículos que deben pasar la revisión agrupado por el año en que deben pasarla.

Código S20.3

```
select date_format(PROX_ITV,'%Y') AÑO_ITV, count(1) VEHICULOS
  from VEHICULOS
 group by date_format(PROX_ITV,'%Y')
```

AÑO_ITV	VEHICULOS
2009	1
2010	2
2011	2

CAPÍTULO 21. SUBCONSULTAS EN CLÁUSULA SELECT

Resuelva en una sola consulta usando una subconsulta en la cláusula SELECT, el porcentaje de individuos que contiene cada ubicación del centro de mascotas versus el total de mascotas en el centro. No considere mascotas dadas de baja.

Código S21.1.1

```
select UBICACION,
       count(1) / (select count(1)
                        from MASCOTAS S
                        where ESTADO = 'A') * 100 as PORCENTAJE
  from MASCOTAS
 where ESTADO = 'A'
 group by UBICACION
```

UBICACIÓN	PORCENTAJE
E01	16.6667
E02	33.3333
E03	8.3333
E04	25.0000
E05	16.6667

Realice el mismo ejercicio pero discriminando por especie, es decir, el porcentaje de gatos o perros que contiene cada ubicación versus el total de gatos o de perros que hay en el centro.

Código S21.1.2

```
select UBICACION, ESPECIE,
       count(1) / (select count(1)
                        from MASCOTAS S
                        where S.ESTADO = 'A'
                          and S.ESPECIE = M.ESPECIE)
                   * 100 as PORCENTAJE
```

```
    from MASCOTAS M
  where M.ESTADO = 'A'
  group by UBICACION, ESPECIE
```

UBICACIÓN	ESPECIE	PORCENTAJE
E01	G	40.0000
E02	P	57.1429
E03	P	14.2857
E04	G	60.0000
E05	P	28.5714

CAPÍTULO 22. SUBCONSULTAS EN CLÁUSULA FROM

Resuelva en una sola consulta usando una subconsulta en la cláusula FROM, el porcentaje de individuos que contiene cada ubicación del centro de mascotas versus el total de mascotas en el centro. No considere mascotas dadas de baja.

Código S22.1.1

```
select M.UBICACION,
       count(1) / T.TOTAL_MASCOTAS * 100 as PORCENTAJE
  from MASCOTAS as M,
       (select count(1) as TOTAL_MASCOTAS
          from MASCOTAS
         where ESTADO = 'A') as T
 where ESTADO = 'A'
 group by M.UBICACION, T.TOTAL_MASCOTAS
```

UBICACIÓN	PORCENTAJE
E01	16.6667
E02	33.3333
E03	8.3333
E04	25.0000
E05	16.6667

Realice el mismo ejercicio pero discriminando por especie, es decir, el porcentaje de gatos o perros que contiene cada ubicación versus el total de gatos o de perros que hay en el centro.

Código S22.1.2

```
select M.UBICACION, M.ESPECIE,
       count(1) / T.TOTAL_ESPECIE * 100 as PORCENTAJE
  from MASCOTAS M,
       (select ESPECIE, count(1) as TOTAL_ESPECIE
          from MASCOTAS
         where ESTADO = 'A'
         group by ESPECIE) as T
 where M.ESTADO = 'A'
   and M.ESPECIE = T.ESPECIE
 group by M.UBICACION, M.ESPECIE, T.TOTAL_ESPECIE
```

UBICACIÓN	ESPECIE	PORCENTAJE
E01	G	40.0000
E02	P	57.1429
E03	P	14.2857
E04	G	60.0000
E05	P	28.5714

CAPÍTULO 23. SUBCONSULTAS EN CLÁUSULA WHERE

Ejercicio 1

Construya una consulta que devuelva todos los empleados salvo el más joven y el más mayor.

código S23.1.1

```
select *
  from EMPLEADOS
```

```
where F_NACIMIENTO not in (select max(F_NACIMIENTO)
                                    from EMPLEADOS
                                    union
                                    select min(F_NACIMIENTO)
                                    from EMPLEADOS)
```

O bien:

Código S23.1.2

```
select *
  from EMPLEADOS
 where F_NACIMIENTO != (select max(F_NACIMIENTO)
                                from EMPLEADOS)
   and F_NACIMIENTO != (select min(F_NACIMIENTO)
                                from EMPLEADOS)
```

ID_EMPLEADO	NOMBRE	APELLIDOS	F_NACIMIENTO	SEXO	CARGO	SALARIO
1	Carlos	Jiménez Clarín	1985-05-03	H	Mozo	1500
3	José	Calvo Sisman	1990-11-12	H	Mozo	1400

Ejercicio 2

Construya una consulta que devuelva los profesores que no imparten ningún curso. Resuelva el problema de dos modos: use el operador IN en uno de ellos y el operador EXISTS en el otro.

código S23.2.1

```
select *
  from PROFESORES
 where ID_PROFE not in (select distinct ID_PROFE
                                from CURSOS
                                where ID_PROFE is not null
                        )
```

ID_PROFE	NOMBRE	APELLIDOS	F_NACIMIENTO
4	Carlos	García Martínez	1985-05-24

Código S23.2.2

```
select *
  from PROFESORES P
 where not exists (select ID_PROFE
                     from CURSOS C
                    where P.ID_PROFE = C.ID_PROFE
                   )
```

ID_PROFE	NOMBRE	APELLIDOS	F_NACIMIENTO
4	Carlos	García Martínez	1985-05-24

Ejercicio 3

Construya una consulta que devuelva la ubicación del centro de mascotas con mayor número de ejemplares. En el resultado debe aparecer además de la ubicación, la especie y el número de ejemplares de la ubicación. No considere mascotas dadas de baja.

Código S23.3

```
select UBICACION, ESPECIE, count(1) as EJEMPLARES
  from MASCOTAS
 where ESTADO = 'A'
 group by UBICACION, ESPECIE
having count(1) = ( select max(EJEMPLARES)
                     from (
                           select UBICACION,
                                  count(1) EJEMPLARES
                             from MASCOTAS
                            where ESTADO = 'A'
```

```
                              group by UBICACION
                          ) as E
                )
```

UBICACIÓN	ESPECIE	EJEMPLARES
E02	P	4

CAPÍTULO 24. VISTAS

Construya una vista que decodifique el campo ESPECIE, SEXO y ESTADO de la tabla MASCOTAS con ayuda de la función IF. El resto de campos no se deben tratar, pero deben formar parte de la vista. Ponga un nombre a la vista para que cuando se reutilice en las consultas, denote que se trata de una vista y no de una tabla.

Código S24.1

```
create view MASCOTAS_V as
select ID_MASCOTA,
       NOMBRE,
       if(ESPECIE = 'P', 'Perro', 'Gato' ) ESPECIE,
       if(SEXO = 'M', 'Macho', 'Hembra') SEXO,
       UBICACION,
       if (ESTADO = 'A', 'Alta', 'Baja') ESTADO
  from MASCOTAS
```

código S24.2

```
select *
  from MASCOTAS_V
 where ESTADO = 'Baja'
```

ID_MASCOTA	NOMBRE	ESPECIE	SEXO	UBICACION	ESTADO
1	Budy	Perro	Macho	E05	Baja

ID_MASCOTA	NOMBRE	ESPECIE	SEXO	UBICACIÓN	ESTADO
2	Pipo	Perro	Macho	E02	Baja
8	Talia	Gato	Hembra	E01	Baja
11	Titito	Gato	Macho	E04	Baja

CAPÍTULO 25. INSERCIONES MASIVAS

Cree una nueva tabla en la BD llamada ALUMNOS_CURSOS_TMP con la siguiente información:

ID_CURSO, TITULO, ID_ALUMNO, NOMBRE, APELLIDOS

Al tiempo que se crea la tabla, inserte en ella el resultado de realizar una consulta sobre las siguientes tablas relacionadas:

ALUMNOS, CURSOS, ALUMNOS_CURSOS

Código S25.1

```
create table ALUMNOS_CURSOS_TMP as
select C.ID_CURSO,
       C.TITULO,
       A.ID_ALUMNO,
       A.NOMBRE,
       A.APELLIDOS
  from ALUMNOS_CURSOS AC,
       CURSOS C,
       ALUMNOS A
 where AC.ID_CURSO = C.ID_CURSO
   and AC.ID_ALUMNO = A.ID_ALUMNO
```

CAPÍTULO 26. SUBCONSULTAS EN UPDATE

Supongamos que usted mantiene una BD en la que se ha detectado un error en los datos. El problema radica en que un proceso automático ha resuelto mal el precio de algunos artículos y les ha asignado un cero como precio de venta. Tras analizar el problema se ha decidido que se recalculará el precio de estos artículos asignándole el precio medio del artículo tomando como fuente las facturas del año 2013. Por tanto, se debe modificar el campo PRECIO de la tabla ARTICULOS cuyo campo PRECIO vale cero, es decir, los erróneos. El nuevo valor se asignará tomando el valor medio del campo PRECIO de la tabla LINEAS_FACTURAS del artículo a tratar. Solo deben considerarse facturas del año 2013. Si un artículo se ha facturado varias veces a un mismo precio solo se considerará una sola vez para calcular la media. Si el artículo no se ha facturado nunca durante el año 2013 debe guardarse un cero.

Construya una instrucción UPDATE que realice la actualización del precio de los artículos con precio cero según la especificación anterior.

Campos que necesita conocer de cada una de las tablas:

FACTURAS: *ID_FACTURA, FECHA_FACTURA*
LINEAS_FACTURA: *ID_FACTURA, ID_ARTICULO, PRECIO*
ARTICULOS: *ID_ARTICULO, PRECIO*

Código S26.1

```
update ARTICULOS A
   set PRECIO = ifNull(
                        (select avg(distinct L.PRECIO)
                         from FACTURAS F,
                              LINEAS_FACTURA L
                       where F.FECHA_FACTURA > '20121231'
                         and F.FECHA_FACTURA < '20140101'
                         and F.ID_FACTURA = L.ID_FACTURA
```

```
                         and L.ID_ARTICULO = A.ID_ARTICULO
                    )
              ,0)
where PRECIO = 0
```

CAPÍTULO 27. FUNCIONES Y PROCEDIMIENTOS ALMACENADOS

Ejercicio 1

En este capítulo se ha construido la función MAYOR, que recibe dos enteros como parámetros de entrada y devuelve el mayor de los dos valores como resultado de salida.

Código S27.1.1
```
create function MAYOR (P_VALOR_1 int,
                       P_VALOR_2 int) returns int
begin
   declare V_RETORNO int;

   if P_VALOR_1 > P_VALOR_2 then
      set V_RETORNO = P_VALOR_1;
   else
      set V_RETORNO = P_VALOR_2;
   end if;

   return V_RETORNO;
end;
```

Esta función contiene un error, es decir, no trata la posibilidad de que los parámetros de entrada contengan un valor nulo, así, si el primer parámetro contiene un valor nulo, la condición del IF no se cumplirá y la función retornará el valor del segundo parámetro como el mayor de los dos. Esto no es correcto, si uno de los parámetros contiene un valor nulo el resultado de la función MAYOR debe devolver un valor nulo o indeterminado, puesto que no se puede determinar cuál es mayor de los dos.

Modifique la función MAYOR para que si cualquiera de los dos parámetros de entrada contiene un valor nulo, la función retorne un valor nulo o indeterminado como resultado de la operación. Puede tomar como patrón el IF que aparece en la función NUMERO_SECRETO, donde se establece un IF con varias condiciones de modo que se ejecute el código de la primera condición que se cumpla.

Código S27.1.2

```
create function MAYOR (P_VALOR_1 int,
                       P_VALOR_2 int) returns int
begin
   declare V_RETORNO int;

   if P_VALOR_1 is null or P_VALOR_2 is null then
      set V_RETORNO = null;
   elseif P_VALOR_1 > P_VALOR_2 then
      set V_RETORNO = P_VALOR_1;
   else
      set V_RETORNO = P_VALOR_2;
   end if;

   return V_RETORNO;
end;
```

Ejercicio 2

Construya la función de MySQL:

Código

```
create function ES_PAR(P_VALOR int) returns char(2)
begin
   -- implemente el código aquí
end;
```

La función debe devolver 'SÍ' si el número es par y 'NO' en caso contrario. Puede usar la función nativa MOD (divisor, dividendo) que devuelve el módulo o resto de una división. Recuerde que si dividimos un número entero entre dos y el resto es cero, el número es par; en caso contrario, es impar.

Código S27.2

```
create function ES_PAR(P_VALOR int) returns char(2)
begin
   declare V_RETONRO char(2);

   if mod(P_VALOR, 2) = 0 then
      set V_RETORNO = 'SI';
   else
      set V_RETORNO = 'NO';
   end if;

   return V_RETORNO;
end;
```

CAPÍTULO 28. *TRIGGERS*

Ejercicio 1

Construya un disparado llamado ARTICULOS_INS_TRG para MySQL que garantice que, al insertar un nuevo registro en la tabla ARTICULOS, se guarda la fecha y hora de la inserción en el campo AUDITORIA.

Código S28.1.1
```
create TRIGGER ARTICULOS_INS_TRG
before insert on ARTICULOS for each row
begin
   set AUDITORIA = localtime;
end;
```

Ejercicio 2

Supongamos que usted gestiona una base de datos de una empresa que distribuye una gran variedad de productos, por lo que el maestro de productos de esta BD es una gran tabla que contiene cientos de miles de registros. Para cada producto que cambia de precio debe realizarse un cálculo un tanto pesado para el *hardware*, que realiza un proceso nocturno todos los días.

Sabiendo que el programa nocturno procesa aquellos registros de la tabla PRODUCTOS cuyo campo RECALCULAR contiene una «S», y que una vez finaliza el cálculo actualiza el campo RECALCULAR con una «N», construya un disparador sobre la tabla PRODUCTOS para que cuando cambie el valor del campo PRECIO marque el registro para su recálculo guardando una «S» en el campo RECALCULAR.

Solución MySQL:

Código S28.2.1

```
create TRIGGER PRODUCTOS_TRG
before update on PRODUCTOS for each row
begin
   if NEW.PRECIO != OLD.PRECIO then
      set NEW.RECALCULAR = 'S';
   end if;
end;
```

Solución Oracle:

Código S28.2.2

```
create or replace trigger PRODUCTOS_TRG
before update on PRODUCTOS for each row
begin
   if :NEW.PRECIO != :OLD.PRECIO then
      :NEW.RECALCULAR := 'S';
   end if;
end;
```

CAPÍTULO 30. APLICACIÓN SQL

Ejercicio 3.2.2

Construya una instrucción UPDATE, donde deberá incorporar una subconsulta, para actuali el campo ACIERTOS de la tabla QUINIELAS. Esta instrucción UPDATE e   hecho quien escruta las quinielas. La subconsulta a integrar es prácticamen calcada a la del ejercicio inmediatamente anterior, y solo deberá adaptarla para incluir las referencias del registro en curso de la tabla QUINIELAS

SQL fácil

que está actualizando la instrucción UPDATE. No es un problema volver a escrutar quinielas ya escrutadas, pero no escrute quinielas de jornadas no disputadas. No olvide que si la quiniela que se está escrutando no presenta aciertos, es decir, la subconsulta no devuelve ningún registro, debe guardarse un cero y no NULL.

Código S30.1

```
update QUINIELAS Q
        set ACIERTOS = ( select ifNull( count(1), 0)
                            from EVENTOS E, PRONOSTICOS P
                          where E.ID_JORNADA  = P.ID_JORNADA
                            and E.ID_EVENTO   = P.ID_EVENTO
                            and P.PRONOSTICO  = E.RESULTADO
                            and P.ID_QUINIELA =
Q.ID_QUINIELA
                                )
 where exists (select 1
                   from JORNADAS J
                  where J.ID_JORNADA = Q.ID_JORNADA
                    and J.DISPUTADA = 'S')
```